监管科技(RegTech) 法链(RegChain)
是金融科技安全发展的根本保障。

本书系 2017 年国家社会科学基金一般项目"技术驱动型金融监管的法律问题研究"（17BFX098）的研究成果。

A COURSE IN
CHINA'S FINTECH AND SECURITY

中国金融科技安全教程

杨 东　林 侃　臧俊恒◎著

人 民 出 版 社

杨 东

中国人民大学金融科技与互联网安全研究中心（中国支付清算协会金融科技专委会副主任单位、中关村区块链产业联盟副理事长单位）主任、区块链研究院执行院长、大数据区块链与监管科技实验室主任。教育部"长江学者"特聘教授、教育部首批青年长江学者，全国十大杰出青年法学家提名奖，中国证券法学会研究会副会长，教育部高等学校创新创业教学指导委员会委员，获国家级教学成果奖一等奖、北京市教学成果奖特等奖。

赴中南海、全国人大、网信办、教育部、人民银行、银保监会等专题讲解互联网金融、区块链监管的相关问题。国务院互联网金融风险专项整治办公室专家，全国人大证券法、期货法、电子商务法立法专家。因积极参与电子商务法的起草工作，受到全国人大财经委书面嘉奖。国务院互联网金融风险专项整治办公室专家，国家发改委大数据流通与交易技术国家工程实验室专家委员，证监会和证券投资者保护基金公司专家委员，网信办中欧数字经济和网络安全专家工作组成员，工商总局反不正当竞争法修改课题组成员，国家互联网金融安全技术专家委员会委员，中国互联网金融协会网络借贷专业委员会委员，中国计算机学会区块链专业委员会常务委员，北京青年互联网协会监事长。

中国金融科技 50 人论坛、中国人工智能 30 人论坛、中国个人信息保护与数据治理 30 人论坛、中国互联网竞争政策 30 人论坛发起人。多次受到中央电视台、凤凰卫视、新华网等知名媒体采访，就经济、金融、区块链、消费者保护等相关议题发表看法。

深度参与了"一行两会"以及国务院互联网金融风险专项整治办公室、最高人民法院互联网金融相关立法、司法解释的征求意见、专家研讨、评估论证、媒体采访等过程。

我国最早对区块链的应用进行研究的学者之一，为区块链的研究和普及作出了巨大的贡献，是第一个赴中南海讲授区块链的学者，帮助落地第一个区块链政务项目，出版第一本研究区块链非比特币应用场景的专著，帮助学生孵化中国第一个区块链金融应用项目，开设全国第一个本科生区块链课程，并且把区块链介绍到贵阳、青岛、重庆、娄底等地方政府，为区块链场景的应用与发展作出了贡献。2015 年在《互联网 + 金融 = 众筹金融》一书中提出了区块链在金融领域的应用，在 2017 年出版了《链金有法：区块链商业实践与法律指南》，率先从法律角度对区块链的应用和实践进行了创新性的分析，成立了中国第一个大数据区块链与监管科技实验室，为政府和企业布局区块链战略提供了指导，被社会称为"杨众筹""杨共票"。2018 年出版《区块链 + 监管 = 法链》，系统性阐述了如何利用区块链技术优化监管，并对当前中国地方政府积极探索"区块链 + 监管"的实践进行了深入研究。根据自 2014 年以来参与贵阳等地方政府的大数据区块链技术应用等实践，2019 年在英国出版全球第一部中国区块链的著作《区块链与共票经济学：新经济时代》（*Blockchain and Coken Economics: A New Economic Era*）。

担任四川省、贵阳市、杭州市、深圳市、青岛市、重庆市、娄底市等地方政府的金融和科技的专家顾问或课题组负责人，起草设计了《四川省地方金融监管条例（草案)》《深圳互联网金融风险防范机制研究》《深圳区块链智慧政府实施研究报告》《杭州金融科技风险防范研究报告》《北京市自然资源区块链登记研究项目》《娄底市区块链不动产登记交易实施落地方案》等各类项目。多次在中央电视台、《人民日报》、新华社、新华网、人民网、光明网、凤凰网、腾讯科技等媒体以及具有影响力的微信群进行交流分享，为区块链知识的普及作出了贡献。发表论文《虚拟货币立法：日本经验与对中国的启示》《ICO 本质及监管机制变革》。

提出"共票经济"理论，并赴中国香港、日本、澳大利亚等地进行国际考察，在取得丰富研究成果的同时也获得了联合国国际电信联盟、英国央行、金融服务局、日本金融厅、澳大利亚证券与投资委员会、澳大利亚联邦储备银行（澳洲央行）、澳洲贸易委员会等政府机构，东京大学、国立一桥大学、墨尔本大学、野村综合研究所等高校科研机构以及日本 FinTech 协会、澳洲区块链中心等行业代表的高度评价。多次接受中央电视台《新闻 1+1》节目专访，就公民个人信息保护、网贷平台监管等重大民生问题提出了深刻独到的见解。

在《中国社会科学》、《人民日报》（理论版）等发表互联网金融的法律规制等中外论文 100 多篇，并出版《互联网金融风险与安全治理》、《互联网 + 金融 = 众筹金融》、《金融服务统合法论》（该书获得教育部第七届高等学校科研优秀成果奖三等奖)、《金融消费者保护统合法论》等共 160 多万字的著作。

主持首个监管科技（RegTech）国家社会科学基金课题"技术驱动型金融监管的法律问题研究"、国家社会科学基金重大项目"互联网安全主要问题立法研究"子课题"互联网金融安全研究"、国家自然科学基金委员会与英国经济和社会研究理事会合作研究项目"中国非正规金融的风险、潜力及变革"、商务部重大项目"跨境支付应用及安全策略分析"、司法部国家法治与法学理论研究项目"我国股权众筹模式的法律问题研究"、中国人民银行课题"电子支付立法研究""支付清算条例草案""开放银行金融服务生态体系研究"、中国人民银行征信中心课题"大数据与个人信息保护"、中关村科技园区管理委员会对外合作课题"众筹行业发展研究报告"、蚂蚁金服课题"支付清算条例研究"、中国支付清算协会金融科技专业委员会"大数据与投资者适当性制度管理"等课题。

推荐序一

建设面向未来的世界一流法学学科

王　轶

（作者为中国人民大学法学院院长、未来法治研究院院长）

未来已来！

进入21世纪第二个十年，随着人工智能、高端芯片、区块链、基因检测与基因编辑技术等突破了一系列重要的技术屏障，开始以我们从未想见的广度、深度和速度普及到我们的生产和生活中间，整个人类都面临着数千年未有之大变局！

已经到来的这个未来，令人印象深刻：人生渴望自由，却无时无刻不身处网络中；人生渴望平静的生活，却每分每秒都无处躲藏。人类有很多美好的想法，总想"鱼"和"熊掌"能够兼得，但生活的现实残酷地告诉我们，"鱼"和"熊掌"不可兼得。我们在得到的同时，一定会失去些什么。如果我们想享受农业社会的田园风光，就一定会付出物资相对匮乏的代价；如果我们想享受工业社会丰富的产品，就一定会牺牲恬淡、自然和舒适的生活。如果我们想享受人工智能时代的便利，我们准备付出什么？怎样能够让人类的获得最大化，让付出的代价在人类可接受的范围内，这可能就是未来法治要着重去思考的问题。

2017 年 9 月 8 日，中国人民大学法学院集中优质资源，成立未来法治研究院，就是为了回应新一轮科技革命和产业变革对法治、给人类所带来的机遇和挑战。未来法治研究院要成为促进法学学科与人工智能、互联网、大数据、云计算等现代科技及司法实践深度融合的重要载体，成为具有创新实力、在国际上拥有话语权，能够抢占国际学术制高点的重要战略创新力量，并力争具备在这些新兴学科领域与世界顶尖法学院平等对话和竞争的能力。目前，未来法治研究院已经汇聚了一支具有法学、计算机科学、信息科学等跨学科背景、学缘结构多元、年龄优势明显、国际交往能力突出的学术团队。未来法治研究院自成立以来，立足中国问题，面向新一轮科技革命和产业变革所带来的挑战，已先后组织了多次未来法治读书会、具有较大影响力的学术研讨会和前沿讲座，逐步起到了学术引领作用。

未来法治是一个需要充分展现人类想象力的领域。面对人类还没有给出答案的问题，我们要给出适合我们的答案；来到人迹罕至的区域，我们要留下我们的脚印；我们要在还没有路的地方，披荆斩棘，筚路蓝缕，走出一条自己的路！

组织出版这套未来法治系列丛书，就是试图展现未来法治研究院年轻同事们的学术想象力。我一直相信，对于一个过去百年来不断从人类共同文明中吸取营养的民族，能够对解决相同的问题提出更好的方案，能够对没有答案的问题给出我们的回答，才是我们这个民族能够对人类共同文明作出的最好的回馈。

让我们一起自信、勇敢地面对未来！

推荐序二

正视金融科技安全治理

王利明

（作者为中国人民大学常务副校长、中国法学会副会长、
中国法学会民法学研究会会长）

21世纪是互联网的时代。互联网深刻地改变了人们生产、生活方式和社会组织方式，"互联网＋"逐渐发展成为一种新的产业模式，在此背景下，金融科技经过几年的迅猛发展，已经成为一个充满生机与活力的新兴行业，为中国经济的发展作出了不可忽视的贡献。

然而，不得不正视的是，在快速发展的同时，整个金融科技行业泥沙俱下、鱼龙混杂，出现了一些乱象，客户资金管理混乱、风险提示不充分、信息披露不完善、平台安全性不足等问题时有发生。金融科技安全治理成为摆在政府、业界和学界面前的共同难题。

针对金融科技的风险治理，杨东教授在本书中提出了两条规制路径：一是监管科技路径，二是金融消费者保护路径。杨东教授是较早提出借助监管科技规制金融科技风险的学者。金融市场的难以预测及监管失灵都源于信息不对称，移动互联网技术、大数据和云计算、区块链等科技，极大地降低了信息供给成本，可以为金融科技风险的规制提供新的视角

与解决思路。强化金融消费者保护也是治理金融科技风险的重要途径。金融消费者是金融交易中最庞大、最脆弱和最需要关心的弱势群体。伴随着金融科技产业的快速发展，我国金融消费者群体也正在迅速壮大。但与此不相适应的是，我国的金融市场还不够规范，金融消费者权益保护制度也不能完全满足现实需要，其中有很多法律问题仍有待进一步研究解决。我们应在深刻把握世界金融产业和金融法律发展规律的基础上，努力探索出一条既能促进金融科技发展，又能有效维护金融消费者权益、维护交易安全的发展道路。本人欣喜地看到，包括杨东教授在内的法学同仁们正在努力研究，积极推进实践发展。

金融科技在改变人们生活方式的同时，也隐藏着较大的风险，我们在享受金融科技带来的好处时，也应高度重视金融科技的安全性，抓好金融科技风险治理，这一过程涉及体制改革、立法完善、学科建设和人才培养，并且需要跨学科、跨领域、跨国界的交流合作与学术研讨。

中国人民大学拥有全国领先的社会科学研究平台，在法学、金融和信息科技等领域具有领先的学科优势，2017 年 9 月 8 日，中国人民大学法学院率先成立了未来法治研究院，集中了一批优秀的中青年学者，从交叉学科和跨学科的视角回应新一轮科技革命和产业变革给法治、法学研究、法学教育所带来的挑战；致力于跨领域、跨部门法，集中、深入、系统地开展前沿科技与法律的交叉研究；致力于建构对信息社会、数字经济具有足够解释力和回应力的新的法学知识体系。本书也是中国人民大学未来法治研究院成立后的优秀成果之一，相信今后在杨东教授等青年学者的带领下，未来法治研究院一定会硕果累累。

在这样的互联网时代，金融科技必须发展，而且要健康发展，这需要社会各界的共同努力。本书是杨东教授、林侃博士、臧俊恒博士共同完成的呕心沥血之作，是一部呼应时代需求、兼具理论高度与实务价值的作品。相信本书的出版，必将有助于治理金融科技安全，并有利于创造更好的金融创新环境，推动金融科技健康规范发展。

自　序

发挥金融科技平台作用、
维护国家金融安全

杨　东

（作者为中国人民大学金融科技与互联网安全研究中心主任、
教育部"长江学者"特聘教授）

　　2020年1月新冠肺炎疫情发生以来，党和政府迅速作出部署，全面开展疫情防控工作。其中，以数据生产要素为基础的数字平台经济，依托新技术优势，在疫情发生后为抗"疫"战争发挥出独有的作用。为了配合疫情防控的总体需求，面对面的交流沟通受到限制，而众多数字经济平台在此次抗"疫"战争中，起到了信息聚合、数据共享、资源调配、物资流转、技术支撑、金融支持、交流沟通、精准定位、搜索追踪、情感表达、情绪释放、传播正能量以及迅速复工、网上办公、稳就业、保民生等重要作用，取得了阶段性胜利，避免疫情给中国经济带来严重影响，起到了一定的稳定性支撑性的保障作用。

　　我国互联网平台和数字经济在此次战"疫"中体现出了行业特色和结构优势。特别是各类金融科技平台积极发力、多措并举，全力配合国家战"疫",并涌现了一大批"普惠金融"亮点,在确保金融服务不间断、保障实体经济发展方面发挥了重要作用。

金融科技平台助力抗击疫情

2020年2月1日,中国人民银行、财政部、银保监会、证监会、国家外汇管理局五部门联合发布《关于进一步强化金融支持防控新型冠状病毒感染肺炎疫情的通知》,吹响了金融抗"疫"战的号角,各类金融机构纷纷响应。比如中国工商银行推出"专属服务+绿色通道+优惠"政策,加大对小微企业的支持;中国银行上线"战疫贷""抗疫贷"等一系列应急贷款产品,打通非工作日应急贷款通道,保障普惠金融客户需求;国家开发银行、中国进出口银行、中国农业发展银行等政策性金融机构发行抗疫主题金融债,重点支持火神山医院、雷神山医院等集中收治医院的建设。

而金融科技平台也积极响应并贯彻落实五部委的要求,以蚂蚁金服等为代表的数字金融普惠平台迅速反应、全力以赴、多措并举,用普惠的能力加科技的效率,支持配合国家打赢这场特殊的战役。

第一,捐资捐物助公益。疫情发生后,大型科技公司以及旗下的金融科技平台纷纷参与捐款捐物,助力湖北。阿里巴巴集团设立10亿元医疗物资供给专项基金,用于采购海内外医疗物资,包括诊疗设备、器材耗材、相关制剂等,定点无偿赠送给武汉及湖北的各大医疗机构;百度成立3亿元的专项基金,并提供人工智能技术支持药物的筛选、研发;京东发挥物流优势,开通支援武汉的特别通道。腾讯、美团、今日头条等也参与捐款捐物,并为物资配送、药物研发等提供支持。

第二,扶持小微渡难关。众多小微企业面对疫情的迅猛攻势难以招架,正常的生产经营无法开展,餐饮、住宿、旅游等依赖线下客流的行业受到严重打击。银行业积极对接企业的融资需求,据中国银行业协会的数据显示，各银行金融机构抗击疫情合计信贷支持已超过万亿元。而蚂蚁金服等金融科技平台积极开辟小微企业服务"绿色通道"，对接传统大型金融机构难以触达的小微企业，加大小微企业信贷支持力度，以实际行动帮助小微企业渡过难关。

第三，保障医务生命线。抗"疫"当前，医务人员就是冲锋陷阵的战士。平安银行等信贷机构将信贷额度优先支持重点企业的防疫所需；蚂蚁金服等金融科技平台也尽全力关心关爱一线医务人员，为全国医务人员免费提供健康保障金，制定受疫情影响人员信贷特殊政策，确保医务人员利益得到充分保障；360 金融则充分利用人工智能技术上线"疫情通"智能机器人服务，并向全国各地的医院、社区等机构免费开放。

第四，金融服务助商户。突发的疫情造成短时间内产生大量退款需求，商户资金难以应对。为了及时保障用户合理的退票需求，飞猪、美团、携程等也建立了应急保障机制。支付宝还使用自有资金进行大规模的先行垫付，且未向商户和用户收取任何额外服务费用。对受到疫情波动的口碑饿了么商家，也采取减免佣金、创新巡检方式等举措。

第五，"疫情专区"保民生。支付宝上线"抗击新冠肺炎专题"、今日头条建立"抗击肺炎"频道、微信在支付页面增加"医疗健康"，并开设"疫情动态"专区，各类数字平台纷纷建立起"疫情专区"，为民众提供定点医院查询、在线问诊、确诊患者同行程查询、疫情实时数据播报、谣言鉴别、送药上门等多项服务。新型互联网保险平台还联合保险公司推出针对不同人群的抗新冠健康保障产品，其中蚂蚁保险联合众安保险为商家推出营业中断险、腾讯微保为记者送出专享保障等，充分发挥保险保障对于疫情防控工作的支持。

第六，复工复产促经济。当前疫情形势得到一定控制，各地有序开展复工复产活动。一方面，以网商银行、微众银行为代表的互联网银行继续全力支持小微企业，如全国工商联和网商银行等联合发起"无接触贷款助微计划"，计划帮助 1000 万家小微企业、个体经营者和农户有序复工复产。另一方面，以支付宝为代表的数字平台大力推行健康码，"健康码"是基于支付宝数字化、AI 算法、模型、云计算、安全等能力，针对新冠肺炎疫情防控推出的一项数字化防疫措施。不仅行之有效，得到民众的认同，也被国务院采纳，向全国推广，为各地区疫情精准防控和分类复工复产提供帮助。

金融科技平台优势充分发挥

2019 年 8 月，国务院办公厅印发《关于促进平台经济规范健康发展的指导意见》，明确指出互联网平台经济是生产力新的组织方式，是经济发展新动能。笔者认为，当前数字经济平台已经成为数字经济时代的重要主体，数字经济平台利用区块链、人工智能、大数据、物联网、云计算等新技术，突破时空限制，连接各类主体，构建联动交互数字经济生态，采集、共享、利用各类主体的数据提高交易效率，是支撑和稳定经济运行的一种新型基础设施。

而数字平台经济的代表金融科技平台也在此次战"疫"中充分发挥了平台经济的优势。

第一，技术驱动优势。依托于大科技公司的数字金融普惠平台利用成熟的数字技术平台构建新金融技术底盘，形成"大科技金融"（Big-Tech in Finance），大数据、人工智能、区块链等新兴技术也被广泛运用到普惠金融服务中，提升服务效率和服务质量。在此次疫情发生后，线下交易规模极度缩小，以网商银行、微众银行为代表的互联网银行能够提供全线上化的普惠金融服务，最大限度地简化了金融业务的办理流程，缩短办理时间。中国人民银行、银保监会等机构多次发文号召提高线上金融服务效率，提供安全便捷的"在家"金融服务。而金融科技平台提供"零接触"的数字化服务，比如全国工商联就会同浙江网商银行并与中国邮政储蓄银行、上海浦东发展银行等25家银行合作，面向全国符合条件的小微企业，推出纯信用、无需担保或抵押的"无接触贷款"方案及相关优惠措施。这样既能够满足客户的金融需求，又能够防范疫情的持续扩散。此外，蚂蚁金服构建了基于区块链的供应链协作网络"双链通"平台，以核心企业的应付账款为依托，以产业链上各参与方间的真实贸易为背景，使得核心企业的信用得以在平台内流动，使更多产业链上下游的小微企业获得平等高效的普惠金融服务。用技术手段辅助金融助力实体经济，缓解小微企业的资金困境。

第二，长尾效应优势。长尾效应是《连线》杂志主编安德森在2004年提出的理论，说明了零散的需求也会构成巨大的市场。这一理论被认为改变了意大利经济学家帕累托曾提出的经典的"二八定律"。在金融供给不充分的发展中国家，金融市场也呈现出二八定律，传统金融机构获取和服务长尾客户的成本十分高昂。当前，中小微企业在我国经济中的作用越发凸显。中国人民银行、中国银保监会发布的《中国小微企业金融服务报告》数据显示，我国中小微企业贡献了50%以上的税收、60%以上的GDP、70%以上的技术创新、80%以上的城镇劳动就业和90%以上的企业数量。但是，小微企业融资难融资贵仍是当前较为突出的问题。金融科技平台通过支付、社交、电商等场景服务沉淀的数据，运用大数据和人工智能算法搭建的新型数字化风控模式，将大量无法从银行系统获得金融服务的小微企业和长尾消费者纳入金融服务体系和信用体系，切实有效地提升了金融的普惠性。以网商银行为例，从成立以来已经服务超过1500万家小微企业，70%是线下企业。笔者认为，金融科技平台满足了小微客户的融资需求，降低了交易成本，发挥了分散金融风险、回归金融本质的功能。在疫情防控的关键时刻，金融科技平台能够更好地服务这些传统的金融机构很难触达的客户，一定程度上起到了稳定实体经济、保障人民生活的作用。

第三，基础设施优势。平台经济具有巨大的交叉网络外部性，金融科技平台借助大型科技公司数字平台的优势，通过丰富的服务场景积淀大量用户，构建起基于平台的数字经济生态体系。以微信为代表的社交平台，以支付宝为代表的支付平台等数字经济平台已经成为新型系统重要性基础设施。在抗击疫情期间，以蚂蚁金服为代表的作为基础设施的金融科技平台充分发挥平台效应，积极筹措社会捐款平台，有效弥补和帮助了传统公益组织。阿里巴巴集团 2020 年 1 月 24 日上线的"武汉加油"公益筹款项目，首期仅 8 小时即筹满 7140 万元；支付宝、微信支付的捐款方式为公益项目注入更多活力。此外，数字经济平台作为基础设施，具有较为特殊的公共性，兼具政府、公益组织和行业协会等部分功能。对比 2003 年非典期间的政府主导模式到如今新冠肺炎疫情期间平台发挥积极作用模式，比如，当谣言四处蔓延时，非典期间通过传统媒体辟谣的方式效率低下，效果不显著，而现在支付宝、丁香医生等平台上的辟谣模块就能够更高效及时地进行辟谣，不会引起大范围的民众恐慌。不难发现，当今的平台模式在信息撮合、资源整合、物资调配、舆情管理等方面都具有巨大的优越性。

科技与金融的深度结合是金融科技平台蓬勃发展的根源，也是我国未来金融发展的必然趋势。首先，金融科技平台已经成为金融领域的"毛细血管"，对传统金融形成有力的补充。以各类金融和非金融数据作为生产要素，以人工智能、云计算、区块链等技术为驱动的征信评级、风险控制等将会成为未来金融的发展基础。在疫情防控的关键时刻，数字金融平台能够更好地服务这些传统的金融机构很难触达的客户，一定程度上起到了稳定实体经济、保障人民生活的作用。

其次，有实力的大型金融机构开始主动加速金融科技能力的建设和开放银行的战略部署。银行机构采用开方式 API，将金融服务嵌入各个合作伙伴的平台与业务流程中。基于区块链、人工智能、云计算等技术的

"共票"机制,以数据为核心要素,将数据共享的权益反馈给相关方,推动开放银行数据共享,实现有效的数据治理。

最后,金融科技平台企业也以技术开放的形式向中小金融机构输出数字金融科技。对于传统金融机构来说,金融科技的自主研发需要过高的成本投入。数字金融平台将其技术成果转化为产品,以平台化的方式向传统银行提供技术服务,例如,南京银行"鑫云+"互联网金融平台依托于阿里云等技术服务建立,人保健康引入蚂蚁金服的金融科技能力支持其互联网保险业务的发展,从而能够加速数字金融技术的应用,推动科技和金融的深度结合,也成为金融发展的新引擎。

"无接触"金融创新服务逐显神威

2020年2月14日,银保监会发布《关于进一步做好疫情防控金融服务的通知》,第5条更明确指出要提高线上金融服务效率,强化网络银行、手机银行、小程序等电子渠道服务管理和保障,优化丰富"非接触式服务"渠道,提供安全便捷的"在家"金融服务。此次疫情期间,以浙江网商银行为代表的一批互联网银行多措并举,依托大型科技公司的数字经济平台,为客户尤其是传统金融难以触达的长尾客户提供更加专业、精准、高效的普惠金融服务,成为此次疫情期间的一大亮点。2020年2月20日,全国工商联就会同浙江网商银行并与中国邮政储蓄银行、上海浦东发展银行等25家银行合作,面向全国符合条件的小微企业,推出纯信用、无需担保或抵押的"无接触贷款"方案及相关优惠措施。该措施一经启用就广受好评,3月5日,全国工商联和浙江网商银行进一步联合个体劳动者协会、银行业协会等多家行业协会以及包括六大国有银行和三大政策性银行在内的100多家银行,推出"无接触贷款助微计划",计划支持全国约1000万家小微企业、个体经营者及农户有序复工复产及疫情之后的扩大生产。

笔者认为，"无接触贷款助微计划"是科技与金融结合抗击疫情的经典案例。当前，全国上下齐心协力抗击新冠肺炎疫情，"助微计划"以全国工商联为纽带，联结起网商银行等数字金融平台、传统金融机构、县域政府和品牌企业，从电商、餐饮、快消、物流、汽车、地图等十个方面提供专项支持。中大型金融机构拥有强大的资金实力，县域政府能够提供政策支持，品牌企业搭建起供应链支撑，与浙江网商银行等数字金融平台相结合，能够构建更好地触达海量小微企业、小店的通道，加速优势互补。

"无接触"是"助微计划"的首要关键。当前疫情形势复杂多变，防控工作仍是重中之重。"无接触"的模式能够提供全线上化的普惠金融服务，为融资需求不大的客户提供直接的帮助。通过浙江网商银行构建的系统，大量贷款需求在100万元以下，甚至仅需要3万—5万元的小微群体可以更加方便快捷地直接通过移动终端获得"无接触贷款"，做到了3分钟申请、1秒钟放款、信用审核无人工干预，最大限度地简化了金融业务的办理流程，缩短了办理时间，防范疫情的持续扩散。"助微"是计划的最终目的。小微企业在我国经济中的地位越发凸显，如何服务好小微客户也是普惠金融发展的关键所在。浙江网商银行的数据显示，疫情期间，获得"无接触贷款"的小店在2020年2月底已经成功实现回暖，单日流水相比节前日常水平实现了46%的增长，为复工复产期间的疫情防控提供了持续保障。

不仅仅是"无接触贷款"，银行的很多其他金融服务也在疫情期间从线下转移到线上，从"面对面"变成了"无接触"，在保证金融服务质量的基础上，极大地提升了金融服务的效率。

区块链共票机制助力激发数据生产要素

党的十九届四中全会明确指出数据作为新型生产要素，参与收益分配。2020年4月9日，中共中央、国务院公布《关于构建更加完善的要素市场化配置体制机制的意见》，明确指出要加快培育数据要素市场，推进政府数据开放共享，提升社会数据资源价值，加强数据资源整合和安全保护。随着经济活动数字化转型加快，数据对提高生产效率的乘数作用凸显，成为最具时代特征的新生产要素。而区块链共票机制激发数据生产要素价值也开始得到更多的重视。

金融科技平台能够在疫情期间继续为客户，尤其是长尾消费者服务的一个重要原因就在于平台能够利用其历史经营、支付、守约和企业工商、税务等多维度数据，利用大数据挖掘和人工智能计算能力，以风险模型动态判断的方式生成授信额度进而完成服务，而不需要依赖传统的抵押方式进行风控。而做到这一切的前提就是数据的收集和分析。

随着移动互联网的发展，各个平台形成了自己的生态体系以及运营业态。领先的大型科技公司的金融科技平台用户数量大，拥有用户数据或交易数据方面的绝对优势，技术和商业模式有助于用户数据的沉淀和融合，APP形成的数据孤岛也逐渐向数据群岛转型，形成网状用户网络数据。

数据的价值在于运用。疫情期间，全国各地新增确诊人数、疑似人数、死亡人数、治愈人数等数据牵动着所有人的心弦。在普通人眼中，这些数据反映出了当时的疫情态势，数据的变动反映出了疫情变化的趋势；而当科学家运用这些数据，结合人工智能、算法技术等手段构建模型，预测疫情发展时，这些数据则发挥了更大的价值。而金融科技平台能够通过挖掘数据价值进行业务创新，以趋近于零的边际成本更加精准、高效地提供多样化、定制化的服务。特别是在抗击疫情期间，各类金融科技平台通过大数据分析，更好地促进了金融信息撮合，调配合理资金驰援武汉、驰援湖北、驰援一线，有力地提供了精准、高效、普惠、低成本的信息流、资金流、物流匹配等服务，这场金融领域的"及时雨"，为打赢疫情防控阻击战做好了坚实的保障。

随着数据的集中统合、处理运用，数据的价值不断彰显。从信息工具的视角来看，大数据和征信体系是互联网金融信息工具应用的基础，大数据的运用降低了信息供给的成本和潜在的风险。从促进我国数据产业发展的现实需要出发，应当鼓励数据，尤其是金融数据的开放和共享，数据本身、数据的必要开放和集中是应当受到鼓励的。通过关键的金融科技平台，整合动态的企业和个人开放数据，甚至打破各政府部门的数据孤岛，促进社会信息共享平台和信用体系建设，对发挥数据价值有重要意义。但另一方面也不能忽视平台对数据的控制提高了市场进入壁垒及转换成本，甚至带来了赢者通吃的局面。国外的 Google Search 案中，Google 基于流量构建了平台型数据生态。通过流量控制排除其他企业，进而丧失创新服务的动机和能力；国内也存在一些大型社交平台如腾讯等通过控制技术流量端口禁止来自支付宝、飞书等其他平台的分享，阻碍了数据的开放和共享，影响数据作为生产要素的评价贡献，这也是国内金融科技平台发展时需要警惕的一点。

对数据的观念应当从"监管"向"治理"转变，辅助运用内嵌式、技术辅助型监管措施，将数据和信息工具的应用内嵌于金融交易信息与信用风险的本质关联中，共同为数据安全有序利用奠定基础。以区块链技术为基础结合人工智能等技术的"共票"制度，构建数据聚合、大数据处理和解释、建模分析与预测的有效机制，以数据为核心，采取有效的数据收集、报告、管理和分析流程，将数据共享的权益反馈给消费者和其他相关方，使得各方在数据共享的同时，收获、分享由数据统合而产生的对价或红利，实现数据的确权、定价与交易，实现价值发现，推动数据共享和数据治理。数据不再是无价值之物或者一次性交易物，而可以通过共票在不断分享中增值以回报初始贡献者。一旦共票与数据嵌合，某一段数据可以被单独标识，并在不断使用、交换、再使用、再交换的循环中以单一匹配的共票作为定价工具在公开交易市场中实现价值发现的功能，进而亦可锁定高价值的特殊数据。在数据开放共享的过程中，消费者可以通过享受更便捷的服务而间接受益，还可通过构造"双向互惠"的利益分配机制直接受益。

数字经济时代，利用资本的力量免费无偿利用普通消费者数据的问题非常严重，我们要加以防范。对于数据共享来说，数据平台起到了巨大的作用，但政府的数据开放共享仍难以实现。政府拥有最好、最有价值的数据，但由于涉及安全等问题，因此存在一些困难。笔者担任课题组组长带着人民大学创业学院孵化的我国最早的区块链公司金股链帮助湖南省娄底市政府2018年打造了全国乃至全球第一个区块链不动产登记管理交易体系，既高效便民，又通过区块链网络和节点服务器，打通了国土资源局、地税局、房管局、房地产交易中心等不同政府部门系统，在保护政府内部数据和原始数据的前提下实现了不动产登记交易的"四网联通"模式和数据共享。政府部门间数据共享打通后，可进一步通过政企合作，让企业将打通后的数据资源进行商业化和产业化的价值提升。实现了地方政府从"土地财政"到"数据财政"的历史性伟大转型。

此外，广州、杭州、北京等地互联网法院等司法系统也建立了包含法院、检察院、公安、银行等在内的联盟链系统，打造"网通法链""天平链"等区块链生态系统，探索通过区块链和共票机制实现法院数据共享及其商业化应用。人类社会的伟大变革需要技术和数据交替才能出现。当前我们正在从工业经济的公司制走向数字经济平台化的组织方式，区块链技术可以通过对平台数据资源的整合加工，为平台上的参与者和数据价值赋能。美国的Libra本质上是争夺全球数据资源和数据价值，我们需高度重视和加以防范。我们亟须通过技术和制度层面，将数据价值与我国最丰富的场景结合起来，实现数据共享和价值利用。

金融科技平台前景广阔

当前，各类金融科技平台亮点的出现增加了经济的韧性，拓展了市场的调节能力，减少了政府在经济民生方面的压力。笔者认为，这些亮点的出现有两个必然和一个偶然。两个必然是宏观经济形势下的普惠金融发展大趋势与微观层面的金融业竞争加剧、开放程度提高的直接结果。一个偶然是 2020 年 1 月的新冠肺炎疫情作为一个突发事件，加速了普惠金融亮点的出现。

具体而言，我国宏观经济形势已经从原先的高速增长转变为高质量发展为主，为此党的十九大提出"深化金融体制改革，增强金融服务实体经济能力"，这就意味着普惠金融就会成为未来金融的主要的发展点。央行在《中国金融稳定报告（2019）》中也指出，金融科技的发展推动了普惠金融，在便利金融交易、满足多元化投融资需求、提升金融服务质量、提高资源配置效率方面发挥了积极作用。

在微观领域，金融领域的同业和跨界竞争日趋白热化。就国内而言，以大数据为依托的各类金融科技平台的出现，更多的普通消费者和小微企业被精准地纳入了普惠金融的服务范围，服务方式日趋专业化、多样化、个性化，有效地提升了金融的普惠性。从国际上看，2019 年中美贸易摩擦达成阶段性协议，明确了扩大金融业开放的方向，这不啻放入了一条鲶鱼，推动国内有实力的大型金融机构和大型金融科技平台进一步主动加速金融科技水平和金融服务能力的提高。内外双重压力叠加下，普惠金融亮点频出也是情理之中。

就偶然性而言，新冠肺炎疫情的突然暴发使得线下的沟通交流和金融需求受到极大限制，被压抑的线下需求转移到线上，为之前筹备已久的各种"金融创新"打开了一个机遇窗口，各类金融科技平台也趁机迅速布局。

在当前的金融科技平台不断创新的应用中，有一部分是短期且有针对性的，比如疫情数据、特殊借贷等。而有一部分则是具有长期性的，只不过借当前新冠肺炎疫情的契机得到了"释放"。第一，基于金融科技平台构建的生活生态体系将继续维持；第二，传统金融的"二八定律"

或将打破，之前无法被关注到的长尾人群进入普惠金融的服务范畴；第三，包括支付宝"健康码"在内的各种数字管理系统，将会与金融科技平台服务更加密切地融合，从而提供更加精准高效的普惠金融服务。布莱特·金曾经在《银行4.0》一书中指出未来银行只是一种功能，可以通过技术嵌入到消费者或小企业的世界中；IMF货币及资本市场部副主任何东在受采访时也预测未来银行可能变成平台的一部分，贷款、存款也可能只是社交平台上的一个应用。但随着金融科技平台的发展，随着疫情中创新应用的不断演化，我们可以想象未来各类的金融服务、健康服务、生活服务等都会进驻各类平台并嵌入人们的生活。以政府为主导构建的"平台政府"也会进一步推动数据的开放和共享，推进智慧政务与政府管理方式变革，如河南兰考县依托当地中国人民银行的"普惠通"金融科技平台收集金融数据，从而推进政府精准施策；湖南娄底建设不动产区块链信息共享平台、区块链普惠金融平台，能够更好地降低成本、简政放权、优化服务，帮助中小微企业和老百姓通过"平台政府"获益。

从更高维度观察来看，数据在当下疫情防控的新环境中作为一种生产要素，经过流通、使用、共享、赋能之后，作用得到了较充分的体现。新冠疫情是中国乃至人类历史发展的一个重要节点，疫情加速了从工业文明向数据文明的转型，随着数据的不断开放共享融通，中国正在引领人类从工业革命到数字革命，加快中国数字化进程，加速"数据地球"实现。而依托新技术建立的"平台政府"也将重塑监管理念，从双峰监管向双维监管迈进，发挥数据生产要素优势，推动国家治理体系和治理能力现代化进程。新冠疫情的暴发给人类文明进程按下了快进键，这些在特殊时期的平台新实践、新技术和新模式将会形成新技术集群，推动中国乃至人类社会向人类命运共同体的伟大目标迈进！

目录

……

第一章
金融科技安全概述

近年来，互联网、大数据、人工智能、区块链等科技驱动的金融创新，产生了大量本质上区别于传统的基于工业革命而形成的商业银行、保险公司、证券交易所等各类新模式，具有颠覆性，也符合经济学家约瑟夫·熊彼特（Joseph Alois Schumpeter）所提出的破坏式创新含义。金融科技（FinTech）是金融创新和法律技术紧密融合以促进融资方式的转变，通常以破坏式创新的方式出现。金融稳定理事会将金融科技界定为："技术带来的金融创新，它能创造新的业务模式、应用、流程或产品，从而对金融市场、金融机构或金融服务的提供方式造成重大影响。"因此，可以说以金融科技为代表的新金融业态或许正引领人类社会迈向数字经济和数字文明的新时代。

2017 年 4 月 25 日下午，中共中央政治局就维护国家金融安全进行第四十次集体学习。习近平总书记在主持中共中央政治局第四十次集体学习时强调，金融安全是国家安全的重要组成部分，是经济平稳健康发展的重要基础。维护金融安全，是关系我国经济社会发展全局的一件带有战略性、根本性的大事。随着我国经济水平的不断提高，稳健安全的金融市场和金融体系关系着整个国家的经济安全，维护金融安全也已经逐渐上升为治国理政的一件大事。

随着我国科技水平的不断提高，科技服务于金融逐渐形成了金融科技（FinTech）的新业态，金融科技作为一种新型的金融业态也在支付、证券、保险等各个行业快速发展。金融安全的概念也已不仅仅是狭义的传统金融安全，而是进一步包括科技服务于金融形势下的金融科技安全。本部分内容主要从最为基础也是最为重要的概念入手，厘清传统金融风险、传统金融安全、金融科技及其风险、金融科技安全等一系列概念，以尝试进一步阐述传统金融安全与现代金融科技安全之间的区别与联系，并在此基础上梳理金融科技发展及安全治理的现状。

第一节　金融科技安全及其相关概念界定

一、传统金融风险与金融安全的含义

金融风险与金融安全这两个概念总是相伴而生，如金融法基本原则之一是"防范和化解金融风险的原则"，另外也可以称作"维护金融稳定与安全的原则"。究竟何谓金融风险、何谓金融安全、二者之间的联系与界限究竟在哪里，是本书首先需要重点关注的问题，界定清楚金融风险和金融安全二者的含义及其相互之间的关系也可以避免本书的术语使用陷入混乱。

（一）传统金融风险的含义

一般而言，金融风险的含义可以从狭义和广义两个角度进行界定。狭义的金融风险关注于金融体系中的金融机构，指的是金融机构遭受损失的可能性。从广义上来说，指的则是个人、企业、金融机构、政府等所有参与金融活动的行为主体遭受损失的不确定性。[①] 一般在传统金融风险及其防控的语境下，更多偏向狭义的金融风险。

纵观金融历史的发展过程，传统金融风险的界定经历了一个从粗到细、内涵日渐丰富的过程。早在 1988 年，巴塞尔银行监管委员会在《旧资本协议》中提出金融风险主要指的是信用风险，即个人或企业作为贷款人通过向银行借款或发行债券来募集资金，但由于后期面对较高的资产负债率无法偿还债务，导致信用破产；而在 1997 年的《有效银行监管的核心原则》中，金融风险的内涵得到了极大的丰富，不仅仅包括传统的信用风险，报告中还列出了金融风险应当涵盖的八种风险，分别是"信用风险、国家和转移风险、市场风险、利率风险、流动性风险、操作风险、法律风险、声誉风险"。而在 2004 年公布的《新资本协议》中则将风险分为三大类，即信用风险、操作风险以及交易账户风险，分类的主要依据是最低资本要求的计量方法的不同。在 2008年全球金融危机之后，金融安全与金融风险的内涵进一步扩大，不仅包括单个金融机构的微观风险，而且更加关注整个宏观金融体系的健康发展以及事关系统重要性金融机构的安全与稳定，同时为了避免发生系统性金融风险，而更加关注对金融消费者权益的倾斜性保护。系统性风险是指引发全局性危机的风险，在不同语境下有着不同的含义，我们所认为的系统性风险，主要是指导致金融市场服务功能失灵、无法正常运

---

① 陈欣怡：《从传统金融风险来看互联网金融风险及其防控》，《商情》2017 年第 10 期，第 49 页。

转，并对实体经济带来严重负面影响的金融风险（IMF）。① 防范系统性风险的主要目标，则包括控制金融活动规模使其与实体经济相匹配、控制金融资产价格波动、提高金融交易安全边际等。2008 年金融海啸爆发的一系列问题也催生着《巴塞尔协议Ⅲ》的颁布。该协议进一步丰富了金融危机后的金融风险内涵，同时也提出应对金融风险的监管建议。这些建议主要涉及以下四个方面：其一，金融风险的覆盖范围被扩大，不仅提高对交易账户和复杂资产证券化风险暴露的资本要求，也强化对交易对手信用风险的监管，同时引入了杠杆率指标，以提升资本监管水平；其二，重视表外业务的宏观审慎监管，要求在银行层面实现跨账户、跨业务条线、跨风险种类的统一管理，监管覆盖面也从主要监管表内业务扩展到全面监管表内外业务；其三，提高了表外业务信息披露要求，涉及流动性风险的状况，证券化资产及表外风险暴露，交易账户相关信息的披露等；其四，加强了流动性风险的监管，新增了两个流动性监管指标，即流动性覆盖比率和净稳定资金比率，凸显了对表外业务流动性风险的监管。

（二）传统金融安全的含义

传统意义上的金融安全与金融风险密不可分。一方面，维护金融安全与防范金融风险是事物的一体两面，防范金融风险是为了实现金融的安全与稳定，而金融安全的重要维护手段之一就是要化解防范金融风险，准确判断风险隐患是保障金融安全的前提。可见二者是方法与结果、手段与目的之间的关系。另一方面，金融安全的概念要比金融风险的概念更广，同时也更难界定。因为金融风险通常指向金融领域可预测的危险，然而即使能够通过提前预设规则在一定程度上管控住风险，但

---

① 白雪梅、石大龙：《中国金融体系的系统性风险度量》，《国际金融研究》2014 年第 6 期，第 75—85 页。

由于人类认知能力的有限、对于时机的把握等条件的限制，也无法百分之百地保证金融安全。

从历史与国际经验来看，在金融危机的治乱循环中，决策者一直在金融安全与金融效率的抉择中困惑与徘徊。然而在我国，尤其是在2008年全球金融危机之后，坚守金融安全的理念一直强势主导着我国金融法制的发展，传统金融法领域的安全观也一直关注金融机构、投资者、存款人、投保人等金融客户权益的安全。

而金融安全的概念在金融法学界尚未形成统一的界定，更多的是出现在国家政策文件中。习近平总书记在主持中共中央政治局第四十次集体学习时提到，金融安全是国家安全的重要组成部分，是经济平稳健康发展的重要基础，这体现了金融安全的重要性。除此之外，习近平总书记对维护金融安全还提出了六项任务：一是深化金融改革，完善金融体系，推进金融业公司治理改革，强化审慎合规经营理念，推动金融机构切实承担起风险管理责任，完善市场规则，健全市场化、法治化违约处置机制。二是加强金融监管，统筹监管系统重要性金融机构，统筹监管金融控股公司和重要金融基础设施，统筹负责金融业综合统计，形成金融发展和监管的强大合力，补齐监管短板，避免监管空白。三是采取措施处置风险点，着力控制增量，积极处置存量，打击逃废债行为，控制好杠杆率，加大对市场违法违规行为打击力度。四是为实体经济发展创造良好金融环境，疏通金融进入实体经济的渠道，积极规范发展多层次资本市场，扩大直接融资，加强信贷政策指引，鼓励金融机构加大对先进制造业等领域的资金支持，推进供给侧结构性改革。五是提高领导干部金融工作能力。六是加强党对金融工作的领导，提高金融决策科学化水平，形成全国一盘棋的金融风险防控格局。① 这六项任务从不同维度

---

① 卷首语：《金融安全根基》，《中国金融》2017年第10期，第5页。

阐明了金融安全的关注点，同时也为筑牢金融安全的根基指明了政策方向。

二、金融科技的含义及其面临的风险

（一）金融科技的含义

作为推动金融体系变化的动力之一，金融科技方兴未艾，引起各方关注。它促进了金融创新，提升了人们的金融生活质量，也带来了一些新现象、新挑战。"FinTech（金融科技）"一词是"Financial Technology"合成后缩写，从字面上理解即"应用于金融领域的技术"。但作为一个产业，目前全球金融科技业仍处于初期阶段，且各国发展情况差异显著。因此，对于金融科技这一概念的内涵和外延，实际上尚无统一规范的定义，各方讨论的"金融科技"的涵盖范围并不完全相同。

在我国，科技和金融的融合是人类社会发展的两个脉络，主要分为两个阶段。第一个阶段是科技金融，即是专门为科技服务的金融产业、金融手段和金融方式，突出更多的是传统金融的方式方法，只不过可以更好地为科技服务。科技金融属于产业金融的范畴，是科技企业寻求融资的过程，是促进科技开发、成果转化和高新技术产业发展的一系列金融工具、金融制度、金融政策与金融服务的系统性、创新性安排。第二个阶段则是金融科技，更加强调科技服务金融、科技改造金融，从而创造新的金融方式，改变金融很多本质的要素和属性，是人类社会一次伟大的金融变革和金融创新。科技金融与金融科技二者之间最主要的区别在于强调的重点内容不同。科技金融是服务于科技创新创业的金融，强调的是用传统金融的方式为科技产业的发展提供资金支持，以提升我国的科技竞争力；而金融科技则是指科技为金融服务赋能，是在具备一定科技竞争力的基础上，进一步将科技手段应用在金融创新领域，以推动我国整体的经济发展。金融科技可以视为科技金融的进阶阶段，金融科技的概念也可以更加准确地揭示当前科技正在大范围地改变金融方式的局面。

需要指出的是，前几年火热一时的互联网金融的概念是一个较为具有中国特色的概念。在2013年，中国互联网金融行业迅速发展，被社会各界和监管机构所重视。传统上，互联网金融的概念主要包括第三方支付行业（非银行支付行业）、P2P行业（网络借贷行业）和互联网股权众筹行业。事实上，作为互联网金融代表之一的第三方支付行业自2005年起就已随着电子商务的快速发展而在我国金融体系中扮演着重要的角色；目前，互联网金融的代表性行业——第三方支付、P2P都已纳入监管序列之中，而互联网股权众筹受制于我国《证券法》的限制，仍处于试点发展的阶段。根据2015年十部委联合发布的《关于促进互联网金融健康发展的指导意见》中的规定，互联网金融的主要业态包括互联网支付、网络借贷、股权众筹、互联网基金销售、互联网保险、互联网信托和互联网消费金融。然而这一具有中国特色的互联网金融的概念并不具有全球的普遍性，也不足以表达科技改变金融、科技带来金融大变革这样一个准确的定位。因此，将传统金融服务通过互联网这一渠道，以更加低廉的成本、更高的速度传递给用户，本质上属于传统金融的延伸。如网络借贷行业在发展初期，一度被视为是民间借贷的"网络化"，成为监管套利的典型代表；再如互联网保险、互联网基金销售的初级阶段，也表现为通过网络（如电商、互联网保险平台等）销售传统金融服务。因此，互联网金融的早期模式，主要是传统金融服务的"线上化""互联网化"。

而与互联网金融相比，金融科技在概念上更进了一步，在业务上更深了一层。互联网金融侧重于移动互联网的发展在金融领域的应用，而金融科技在概念上则具有更为广泛的含义，是指要运用新一轮科技革命中与金融相关的各种技术，不限于移动互联网技术，还包括人工智能、生物识别、云计算、区块链和物联网等。[①] 在业务层面上，互联网金融侧重于通过移动互联网提供前端的获取客户能力和提高服务效率，而金融科技则是互联网金融的升级版，业务上还聚焦于中后台业务，如利用大数据进行客户画像、利用人工智能技术进行智能化的投资顾问和互联网理财、利用人脸识别技术进行风险管理、利用区块链技术进行数字货币发行等，从而提高金融体系整体的效率。

具体而言，金融科技这一概念突出了科技如何深刻地影响着传统金融的发展。以"ABCD"为代表的金融科技，对传统金融产生了颠覆性的影响。"A"即"Artificial Intelligence"（人工智能），对传统金融服务业态产生了深刻影响。随着人工智能的逐步发展、并逐步应用于互联网金融领域后，部分人工服务将逐步被人工智能所代替，传统金融服务智能化不足的问题也将得到有效的解决。如"智能投顾"等代表性的服务模式，将人工智能技术应用于传统的理财服务中，从而大大降低了普通投资者的投资难度及投资风险，同时也一定程度上对传统的人工理财服务产生了一定的替代作用。类似的服务将有效地解决普通投资者信息收集、信息分析能力不足的问题，降低了传统金融服务中信息不对称的问题，从而大大提高了金融效率，降低了金融服务的成本，有利于实现普惠金融等目标。"B"即"Block – Chain"（区块链技术），将对传统的中心化金融机构产生颠覆性的影响。区块链技术具有"去中心化""数据不可篡改""匿名性"等特征，解决了传统金融中心运营成本高、准入门槛高等问题，同时对于解决道德风险也有重要作用。同时，建立在区块链技术基础之上的智能合约等系统，可以有效地解决信用创造问题、提高信息披露透明度、更好地实现隐私保护，不仅能提高整个金融

---

① 郑南磊：《金融科技：未来金融业发展的制高点》，《证券市场导报》2017 年第 1 期，第 1 页。

系统的安全性，还能进一步减轻政府的监管负担。"C"即"Cloud Computing"（云计算技术），对于提升金融机构的信息技术能力和计算能力有着重要作用。"D"即"Big Data"（大数据技术），大数据在数据信息时代有着至关重要的作用和应用。大数据技术不仅在传统金融领域有着重要的应用，在数据收集、数据分析等领域也有着广泛应用，对于用户定位及精准营销、风险管理和风险预测、市场预期和市场运营管理等方面有着重大影响。运用大数据技术和云计算技术，能够有效地提升金融机构的数据统计和分析能力，提升金融机构的技术能力。

（二）金融科技风险的含义

如上所述，金融科技的发展在一定程度上推动了整个金融体系的运行效率，然而技术的进步与生产力的提高并未能改变金融服务的本质属性和专业要求，因此原有的金融风险并不会因技术的进步而消失。传统意义上的信用风险、流动性风险、道德风险、操作风险等在金融科技视角下并未减少。无论是美国曾风靡一时的 Lending Club 出现 2200 万美元贷款违规事件，还是我国 e 租宝等金融科技平台虚假借贷、频频大规模卷款跑路，这些案件本质与传统的金融风险并无不同，只不过是传统的信用风险、流动性风险、道德风险、操作风险在现代金融科技平台上的故技重演。

不容否认的是，金融科技为传统金融行业注入了新的活力，金融科技的本质是金融创新与科技创新的耦合。因此，除了上述的传统金融风险，由于技术本身的特点、相关规章制度等内容尚未完善，在传统金融风险的基础上，新的风险也随之而来，从而会影响整个金融体系的稳定。狭义的金融科技风险被认为是金融行业在实施技术创新与金融电子化进程中所应用的技术而带来的风险，是由于对新型技术缺乏有效的规范，诸多不安全因素容易造成潜在的或者已经出现的各类风险。[①] 然而这种狭义的解释不足以涵盖日新月异的金融科技创新所带来的新型风险，对金融科技风险的理解需要从更高更广的角度，不能单纯将金融与科技割裂开来看。有学者从金融稳定的角度理解金融风险，即金融科技可以促进金融机构提高资源配置效率、提升风险管理能力，在一定程度上有助于促进金融体系的稳定。但新型技术并未改变金融业务的风险属性，反而使得金融风险更加隐蔽，信息科技风险和操作风险问题更加突出。[②] 从这种意义上，相比于传统金融风险，金融科技风险可以说是更为深刻地影响着金融体系的稳定。

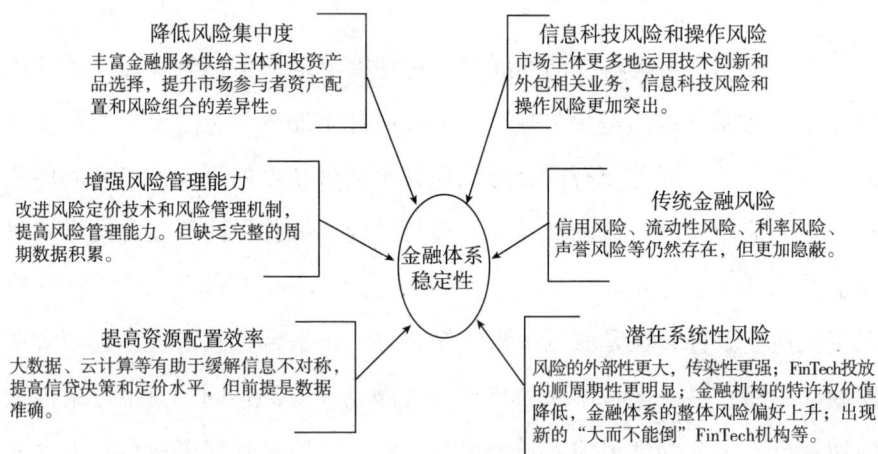

图 1 - 1　金融科技的潜在风险及监管手段

资料来源：朱太辉、陈璐：《FinTech 的潜在风险与监管应对研究》，《金融监管研究》2016 年第 7 期，第 20 页。

---

① 刘伟：《计算机安全管理在防范金融科技风险的作用探讨》，《科学与财富》2013 年第 4 期，第 157 页。

② 朱太辉、陈璐：《FinTech 的潜在风险与监管应对研究》，《金融监管研究》2016 年第 7 期，第 20 页。

三、金融科技安全的含义

金融科技安全相比于传统金融安全，有着更加自由创新的本性，因此有更高的包容性与价值追求。由于金融科技行业体量更大、影响面更广，在金融安全领域应当承担的行业责任与社会责任也就更大，因此兼顾的金融安全层面不仅应包括微观金融安全，即单个金融机构和单个金融消费者的利益，同时也应包括中观的区域性与行业性的金融安全，以及宏观的一国范围内的金融安全。[①] 除此之外，与专注于防控金融风险的传统金融安全不同，金融科技安全不仅要管控金融风险，还要管控技术风险以及由新型业务模式引发的新型风险，并保证金融消费者的安全。金融风险和技术风险的叠加，会增大维护金融科技安全的难度，因此对金融科技安全的理解要从多个维度展开。以蚂蚁金服在业务实践中的应用为例，蚂蚁金服将安全置于第一要务，对金融科技安全的理解，是要保障金融安全、交易安全、系统安全、隐私安全，同时做好用户保障（见图1-2）。

图1-2　蚂蚁金服对金融科技安全的理解

资料来源：蚂蚁金服。

[①] 苏苗声：《商法思维下对金融法安全观的再认识——从互联网金融对传统金融法制安全观的启示说起》，《中国商法》2013年第1期，第243页。

（一）金融安全

金融科技语境下的金融安全是指结合科技手段的进入产品和服务自身的风险是可预测且可控制的。如通过大数据、人工智能、云计算等技术高效地防范信用风险、流动性风险和市场风险等；同时，充分评估产品和服务风险的传染可能，并采取必要机制防范风险交叉传染。

（二）交易安全

金融科技语境下的交易安全是指用户在使用产品或获取服务的时候，能够通过安全的身份认证技术、智能风控策略等手段，在保障是用户本人操作的同时，保障交易的合法性。

（三）系统安全

金融科技语境下的系统安全主要是指信息系统安全。是指建立系统安全保障体系，确保系统可用、可靠、可控。一般来说，可以通过提升主机安全能力、建立多数据中心备份体系、加强业界与学界的合作，持续提升信息安全能力。

（四）隐私安全

不同于传统金融安全体系下所探讨的隐私安全，大数据、区块链等技术发展对个人隐私和商业数据的保护带来了新的挑战。金融科技语境下的隐私安全要着重防止因内部违规、数据泄露、外部攻击等对用户的隐私权益造成伤害。

（五）用户保障

用户保障是金融科技安全的终极目标，防范不同类型的风险是为了保障用户在金融体系中的安全。通过加强金融消费者教育、提高金融消费者的安全意识、协助金融消费者安全使用金融科技产品和服务的同时，通过商业化手段，为用户提供风险补偿机制，构建安全防护网。

四、传统金融安全与金融科技安全的区分

金融科技安全与传统金融安全之间的关系应当包括二者之间的区别与联系这两方面的内容。

金融科技安全与传统金融安全的区别应当关注金融科技安全的增量，即相比于传统的金融安全，新型的金融科技安全出现了哪些新型问题。金融科技与传统金融的最大区别在于互联网的虚拟性、互联互通性，金融科技领域的许多新型安全问题主要来源于以下三个方面：第一方面是源于网络的虚拟化而带来的信任问题，其中包括网络身份的认证、线上融资交易风险等；第二方面则是由于互联网的互联互通性质而导致的风险大规模扩散；第三方面则主要是技术的发展而导致的对传统金融法律监管的冲击与影响。首先，针对网络虚拟化而带来的信任问题主要是指在金融科技的发展下，金融行业逐渐呈现出"脱媒""去中心化""定制化"的特点，金融消费者的金融交易逐渐失去了传统银行等金融机构提供的信用担保，前几年许多 P2P 平台的大量跑路事件都是这一安全问题的真实写照。其次，由于互联网具有互联互通的特性，一旦发生金融安全问题，则会出现风险的大规模扩散与传播，进而导致整个金融市场的混乱。最后，技术的发展引发的新型安全问题是金融科技安全问题与传统金融安全问题的重要区别。互联网技术的发展引发的网络安全问题；大数据的发展引发的信息安全与个人数据、个人隐私保护问题；人工智能、区块链等新技术的发展因无法可依而导致的法律空白，也会在法律层面上引发一定的法律适用风险，从而影响对整个行业行为安全的监管。而金融科技安全与传统金融安全问题之间的联系主要

体现在对金融本质的理解。由于金融科技本质上仍然属于金融，或者是会和金融发生必然的联系。因此金融的本质是连接金融科技与传统金融行业的桥梁。由于金融的核心是进行风险管理，因此金融安全与风险管理密不可分，而无论是维护传统金融安全，还是监管新型的金融科技企业，都应当从风险防控的角度进行，以实现整体金融市场的安全与稳定。

第二节 金融科技发展与安全治理现状

一、金融科技发展现状梳理

（一）不同的金融科技公司的发展现状

由于金融科技行业目前仍处于发展初期阶段，各国不同地区的发展程度和水平也大相径庭，金融科技具体应用的领域也不完全相同。而在国际层面，巴塞尔银行监管委员会将金融科技分为支付结算、存贷款与资本筹集、投资管理、市场设施四类，具体如表 1-1 所示。

表 1-1　金融科技业务模式分类

支付结算	存贷款与资本筹集	投资管理	市场设施
零售类支付	借贷平台	智能投顾	跨行业通用服务
移动钱包	借贷型众筹	财富管理	客户身份数字认证
点对点汇款	线上贷款平台	电子交易	多维数据归集处理
数字货币	电子商务贷款	线上证券交易	技术基础设施
批发类支付	信用评分	线上货币交易	分布式账户
跨境支付	贷款清收		大数据
虚拟价值交换网络	股权融资		云计算
	投资型众筹		

资料来源：笔者自制。

由表 1 - 1 可知，金融科技具有跨行业、跨领域的显著特征，传统的"分业监管"的思维模式显然已经不能满足科技驱动下金融发展的监管需要。同时，传统地、简单粗暴地将网络借贷与商业银行借贷业务隔绝以杜绝风险传播的方式，如今也很难再发挥以往取得的成效。

同时，金融科技与传统金融相较而言，具有更强的普惠性和更低的获取成本。也正是由于金融科技自身普惠性的特征，金融服务的对象从面向高端客户逐渐转向基数更大的"草根群体"，使得金融交易的量呈几何形态增长，由此产生了海量数据。监管部门传统的计算工具、方法以及基础设施已经逐渐难以满足现在的数据计算和分析的要求，监管者难免感到力不从心。

再者，正是由于搭载金融科技的技术手段呈现日新月异的发展形态，反映在金融科技的表现形式也随之呈现日新月异的发展模式。既不存在统一的概括性的监管规则作为"兜底条款"涵盖所有出现的新型的金融科技模式，监管部门也难以迅速地跟上技术变革的步伐，出台相应的、具体的监管规则。法律法规自身固有的滞后性的缺点在金融科技领域显得更加突出。

除此之外，金融科技显现出活跃的"跨境"特点。以我国名声最大的三家金融科技企业为例，其国际化步伐都逐渐加快。蚂蚁金服早在2012 年就建立了国际事业部，在海外成功复制了一个个"支付宝"，已经覆盖了超过两百多个国家和地区，并发起成立了韩国首家互联网银行K Bank。而腾讯首先进驻东南亚市场，投资了数字内容平台 Ookbee，领投了印度尼西亚打车服务公司 Go - Jek，利用其在娱乐社交领域的影响力，抢占第三方支付入口。再看京东金融，与泰国尚泰集团成立合资公司，联合上下游一系列公司，以泰国为中心辐射更多东南亚国家，同时与银联合作加快其出海步伐。跨境 P2P 也是这一特点的典型代表，尤其是在欧洲这一经济一体化程度很高的地区，跨境金融服务是不可避免的。然而，同传统的、已经受到双边甚至多边监管国监管协作安排的商业银行而言，P2P 等金融科技各方面的监管都处于真空状态。如何既保证国家主权、维护各国金融安全的同时，又不阻碍金融科技这一新生事物的发展，成为各国监管者亟待解决的问题，进一步呼吁各国之间合作的加强。

金融科技本身的金融属性决定需要关注一些潜在的新风险特征。金融科技使得金融风险更加具有隐蔽性、传播速度更快、影响范围更广，增加了一些需要关注的金融风险点。例如，与金融科技服务的大量客户相伴的消费者保护问题较传统金融行业更加突出。在此背景下，各方合作治理黑产已成为行业共识，金融科技企业也应积极参与黑产治理，尤其是担当起防范用户信息泄露、提高信息系统安全的责任。

虽然金融科技业务模式存在上述多达十几种分类，但是其中大多业务模式都能受现有的金融监管规则规制。如支付结算业务，第三方平台仍然需要借助现有的银行体系来完成整个支付流程，此种金融科技对现有的监管框架不会产生颠覆性的风险。但在此之外，仍存在一些领域，对现有的监管规则、监管技术提出了新的要求或前所未有的挑战，这也是当前金融科技领域较为瞩目的两大领域，即智能投顾和区块链及相关技术运用。

就智能投顾而言，虽然其成功运行的基础即大数据平台已经得到相当程度的完善，但智能投顾的真正成功需要机器人能够进行自我学习。现在还不能完全断言，在复杂的金融市场背景下，现行的智能机器人技术能够完全进行自我系统更新与学习。如果智能机器人无法脱离人工经验而独立运行，那么智能投顾说到底并没有突破人工投资顾问的范围。再者，金融投资者是否能够接受这种完全脱离人工、依赖机器人独立运行的运作模式仍有待市场持续检验。此外，如果算法编程能够导出较为一致的结果，那么金融市场变动的走势起伏频率将会加快，对金融监管的反应效率和监管速度提出了更高的要求。

转向区块链及相关技术运用。此项技术毫无争议地成为金融科技领域最引人瞩目的技术。区块链技术的核心就在于其独特的分布式数据性质和其能够极大地提高金融业务的透明度、安全性和效率，为重塑金融商业模式提供了绝佳的机会。区块链技术运用前景广泛，至少包括以下几个方面：增强共享经济中双方的声誉透明度促使交易的完成（如 Airbnb、HomeAway、FlipKey）；区域性智能电网的建立（如 TransActive Grid、Grid Singularity）；提高保险业效率并减少风险（如 BitFury、Factom）；缩短证券交易完成所需时间（如 Digital Asset Holdings、R3CEV、Chain.com、Australian Securities Exchange、itBit、Ripple）；反洗钱效率提高（如 SWIFT 或其他）。不同于传统的金融服务行业一般依托商业银行为中心运转，区块链技术有明显的"脱媒""去中心化"特征，对监管者而言，此种运作方式不易追踪也更容易被有心者做成"庞氏骗局"，从而严重影响整个金融系统的稳定与安全。由此，其对传统的金融监管规则提出了更高的要求，其中之一就是如何建立更加完善的、相应去中心化的征信平台，这也是区块链技术发展中亟待解决的问题。

（二）金融科技公司积极应对数据黑产的严峻挑战

互联网的普及应用加快了信息的传播与交流，网络安全问题随之而来。与此相关的问题之一，便是个人信息被窃取、泄露、加工、转卖，并用于电信诈骗或盗刷等非法活动进行获利，形成庞大而又成熟的黑色产业体系（黑产）。近些年，网络安全形势越来越严峻，每个人的日常生活都可能受到黑产的影响，如手机接收到的虚假中奖短信，就是黑产伪基站钓鱼的一种形式。黑产是指利用病毒木马、社工欺诈等非法手段获取利益的产业链。从风险角度来看，黑产主要有账户盗用类、交易欺诈类、营销作弊类、赌博套现类和骗赔骗贷类等。据不完全统计，目前国内网络黑产从业者超 40 万人，依托其进行网络诈骗等的从业人数至少有 160 万人，每年围绕黑产的资金流转至少是在千亿级别。以电信诈骗为例，公开资料显示，2015 年我国电信诈骗发案 59.9 万起，造成经济损失约 200 亿元；仅 2016 年上半年，电信诈骗发案就达 28.7 万起，造成经济损失 80 余亿元。

黑产从业者往往形成了上中下游的信息贩卖链条，且各个环节分工明确、成员各司其职。在黑产中，有人专门负责洗钱，有人专门提供各种手机卡、银行卡等作案设备，还有人专门负责盗刷账款、制作和维护钓鱼网站，具体可划分出钓鱼编辑、木马开发、盗库黑客、诈骗经理、短信群发商、在线推广技师、财务会计师等多达十几个不同工种。以电信诈骗为例，不法分子互相勾结，在国内甚至跨境形成包括信息窃取、信息贩卖、诈骗实施、赃款变现等环节的黑色产业链。图 1-3 为电信诈骗产业链图示。

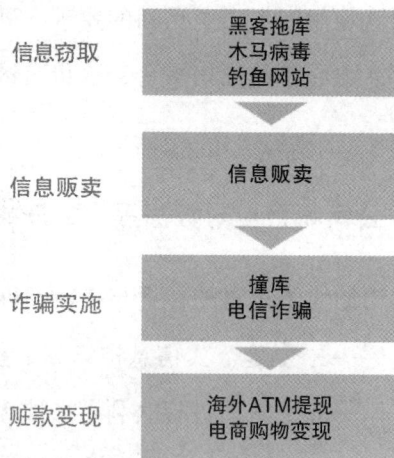

信息窃取	黑客拖库 木马病毒 钓鱼网站
信息贩卖	信息贩卖
诈骗实施	撞库 电信诈骗
赃款变现	海外ATM提现 电商购物变现

图 1-3　电信诈骗产业链

资料来源：笔者自绘。

无论是传统的金融机构，还是新型的金融科技公司，乃至政府部门都遭遇过严重的黑客攻击事件，由此引发的数据泄露、系统宕机等安全事件引起政府、各行各业的高度关注。而数据黑产逐渐发展为线上化、产业化、国际化，该产业中同时也拥有大量的精通计算机技术的高端人才，因此他们能够与维护网络安全和信息安全的力量相抗衡。面对日益猖獗的数据黑色产业链，金融科技公司发展在实务界最前沿，从未向黑色势力妥协，而是利用科技力量及业务能力抵挡数据黑产对行业健康秩序的损害。不得不说，金融科技公司在抵抗数据黑产发展方面贡献了重要的力量。

蚂蚁金服作为中国乃至世界最大的金融科技公司之一，他们在抵御黑客攻击、打击数据黑产方面具有不容忽视的技术力量以及丰富的实战经验。所谓春江水暖鸭先知，蚂蚁金服作为提供金融科技服务的第一线企业，拥有的海量数据必然成为数据黑产从业人员重要的宝藏，因此，蚂蚁金服也必然比普通民众、政府监管部门能够更早地遭受到这批隐藏在暗处的力量的攻击。蚂蚁金服为了维护自身经营安全，保护用户数据安全，分别从四个维度出发来抵抗数据黑产，首先，确保情报来源，知己知彼，防控结合；其次，提升能力建设，进行技术升级和策略优化；再次，加强行业联防，利用生态圈力量；最后，借力监管，推动立法执法。

首先，针对黑产的攻击，防控的第一战发生在情报来源上。对黑产的信息渗透是获取情报的关键，获得了情报，做到知己知彼，在攻防上就占据了优势。情报体系建立后，事前获取黑产动态信息，配合内部的安全防控是抵抗黑产的有效途径。蚂蚁金服已对主流的黑产网络阵地进行布局，能够快速获取黑产动态。获取黑产动态后，蚂蚁金服风险情报团队会将信息加工成情报并输出给业务部门，重点针对新型的攻击手法或有可能带来批量攻击的风险，及时作出预警。与"白帽子"① 的合作也是获取情报的有效方法，白帽圈有着识别安全漏洞的强大能力，也对黑产动态有一定的了解，与"白帽子"加强合作是众多网络公司获取情报的做法之一，蚂蚁金服一直以来也与白帽圈维持着良好的合作关系。

其次，金融科技企业内部的安全能力建设也是防治黑产的必备环节，平台应持续加强自身内部安全能力建设，如关键数据的脱敏处理、黑产行为识别与管控能力、事后优化与打击能力等。

再次，蚂蚁金服持续与金融安全生态伙伴互动，与其分享金融风险甄别及反欺诈经验，并通过行业自律组织加强信息共享。蚂蚁金服已与超过400家金融机构和大量中小商户开展安全等领域合作，其中包括风控产品"蚁盾"和个人征信服务芝麻信用等提供给产业上下游，利用大数据技术为金融机构和互联网商户提供反黄牛、反作弊、反欺诈服务，通过大数据帮助产业上下游有效甄别风险。例如，滴滴出行在引入"蚁盾"后，能更加有效地识别刷单作弊行为，大幅降低因骗取红包导致的客户补贴成本。

最后，加强政企合作也是打击黑产获取情报的重要途径。金融科技公司能够第一手接触黑产信息，并将黑产最新的手法及时反馈监管部门。因此，加强政企合作和信息高度互通，有利于推动打击黑产的立法和执法等工作。蚂蚁金服配合各地警方完成案件协助等各项任务，其中不乏重案要案，例如，通过提供关键线索，蚂蚁金服协助公安部和珠海警方破获有史以来最大额的电信诈骗案件，涉案金额高达1.17亿元。除日常协作外，蚂蚁金服还通过创新方式提高协作效率——与公安部刑侦局合作开发"伪基站实时监控平台"，实现对伪基站的实时监控，基于大数据模型可对伪基站精准定位，误差在50米以内，从基础设施层

---

① "白帽子"指的是正面的黑客。他可以识别计算机系统或网络系统中的安全漏洞，但并不会恶意去利用，而是公布其漏洞。

面沉重打击黑色产业的嚣张气焰。

二、金融科技行业的安全治理现状

（一）各国政府监管模式各不相同

许多国家为了鼓励金融科技的发展，在不打破现有法律框架的前提下，推出了一系列创新的监管措施，大概包括三种：监管沙盒、创新中心和创新加速器。

第一种模式为监管沙盒（Regulatory Sandbox）。该词最早由英国政府于 2015 年 3 月率先提出，并于 2016 年 5 月正式启动。指的就是从事金融创新的机构在保证消费者权益不受侵害的前提下，按照英国金融行为监管局（Financial Conduct Authority，以下简称 FCA）特定的较其他金融业务更为简化的审批程序，提交申请并获得对应的有限授权后，允许金融科技创新企业在特定的范围内测试新型的金融科技产品，FCA 会对整个测试的过程进行监控，并对测试结果进行评估，已确定给业务在现行的法律框架内能否获得最终的全面牌照，在沙盒之外的整个金融市场进行推广。据不完全统计，目前已有英国、新加坡、澳大利亚、印度尼西亚、泰国、中国香港、韩国、荷兰、瑞士等国家或地区已经或将要推出监管沙盒制度。

第二种模式为创新中心（Innovation Hub）。以澳大利亚证券投资委员会（ASIC）发布的有关创新中心的政策要求为例，创新中心应包含五个要素：为金融科技机构提供实体的创新中心和合作空间、帮助企业识别金融服务中的合规要求、建立网站为企业提供详细的针对性服务、在 ASIC 内部建立专职小组管理新型商业模式、建立数字金融咨询委员会（DFAC）为 ASIC 提供咨询建议。总体来说，就是对金融科技企业提示监管重点、进行合规事务的指导，在确保产品创新性的同时符合法律法规要求。

第三种模式为创新加速器（Innovation Accelerator）。即加强政企合作，通过政府提供资金扶持或政策扶持等方式，加快金融科技创新的发展和运用。如英格兰银行发起的 FinTech 项目就是与企业合作来说明金融科技创新如何能被运用到中央银行业务中来，同时也为参与其中的企业提供了一个展示他们对新事物解决对策的机会，并从中得到来自银行专家的专业知识和宝贵的客户推介机会。

（二）区分不同业务的性质分属不同的管理机构

金融科技虽然是新兴事物，看似与传统金融行业大相径庭，但是仔细分析，其中大部分业务仍然能够被划分进入传统事务的范畴，继续沿用现有的监管框架。以美国为例，将网络小额贷款公司等直接进行借贷服务的公司界定为"放贷机构"，要求其事先获得注册地所在州的贷款业务许可证，并接受消费者金融保护局（CFPB）的监管；而对于像 Lending Club 这种并非以自有资金放贷，而是通过网络平台在放贷者与借款者之间搭建信息沟通的桥梁，由于其贷款凭证被视为可交易的证券，因此 Lending Club 受到美国证券交易委员会（SEC）的严格监管，因此在信息披露方面有着严格的要求。

（三）国际交流与合作的加强

从两方面可体现金融科技在国际层面交流与合作的加强，一方面为国际组织加强对金融科技相关风险、监管措施的研究和探索，另一方面为各主权国家之间也在金融科技领域加强合作交流与信息共享。

就国际组织方面而言，金融稳定理事会、巴塞尔银行监管委员会、国际证监会组织、国际保险监管官联合会都积极参与研究如何完善监管机制，在引导发展的同时保证金融稳定与安全。金融稳定理事会在

2016 年制订的 2017 年工作计划中正式使用了"FinTech"一词，建立了专门针对金融科技的研究组（FinTech Issues Group）。在 2017 年针对 FinTech 做了一系列的研究报告，并确立了当前金融科技国际合作的三个工作重点：管理由第三方服务提供者产生的运营风险、网络安全风险（Cyber Risks）、密切注意金融科技活动的增加导致的宏观金融风险。巴塞尔银行监管委员会也自 2016 年以来发布了众多咨询性文件和调研报告，专注于评估未来金融科技将如何影响传统的银行产业和监管者的活动。除此之外，还专门就三个技术发展（大数据、分布式账户基数、云计算）和三个金融科技商业模式（创新性支付服务、借贷平台、新型银行）进行了案例研究。既认为传统的银行标准和监管者的期望水平应该同这种新的创新方式相适应，又坚持仍应维持适当的、谨慎的监管标准，并提出了十条监管核心建议。此外，国际证监会组织也意识到智能投顾、电子货币、股权众筹、P2P 借贷等一系列金融科技的产物对将来国际证券市场的重大影响。

就各国之间的交流合作而言，除了各国之间非官方的交流访问、论坛及企业间的交流合作之外，官方层面的合作也不在少数。以我国为例，在国务院指导下成立的互联网金融协会和英国国际贸易部就曾联合主办中英金融科技合作论坛，以"一带一路"为依托供应链金融联盟也吸收了包括中国、巴基斯坦等国家的金融机构和核心企业积极参与其中。将目光转向其他国家，新加坡金融监管局和英国金融市场行为监管局的协议和澳大利亚与新加坡的协议允许相互承认，大多数亚洲国家，例如国际证监会组织多边谅解备忘录签署国澳大利亚，承诺向超过 100 个证券监管机构提供互相协助与合作。

第二章
金融科技安全体系的理论框架

　　监管科技推动的科技驱动型监管主要是围绕数据聚合、大数据处理和解释、建模分析与预测，但需要依赖高质量的数据和强大的计算能力。其真正潜力在于以数据监管为核心，采取有效的数据收集、报告、管理和分析流程，从而推动监管模式由"了解客户"（Know Your Customer，KYC）向"了解数据"（Know Your Data，KYD）之重大转变。金融监管工作的关键在于以数据为本，丰富数据监管的多样化手段，提出科技治理方案，由规则、原则治理走向科技治理，其核心理念是透明、平等、智能，从而构建真正意义上的实时、动态监管体系。

第一节　金融科技安全体系的三个层次

一、金融科技风险

2017 年由东航金融与第一财经研究院联合发布的《中国金融风险与稳定报告 2017》（China Financial Risk and Stability Report，以下简称 CFRSR）中指出各个金融市场面临的风险问题，都可以在经济失衡、投资回报率下降的大背景中找到其根源。本书认为金融科技风险主要包括以下八方面的内容。

图 2-1　金融科技风险主要内容

资料来源：笔者自绘。

（一）信用风险

信用风险主要指交易对手未能履行约定契约中的义务而造成经济损失的风险，它是金融科技行业最主要的风险之一。信用风险主要源于金融科技机构本身不稳定以及信息不对称：金融科技机构普遍存在规模小、资金来源少、业务不合规、风险控制能力弱等问题，易出现资金周转困难甚至破产倒闭等情况；部分企业本身成立动机就不纯，一定时间后就卷款跑路；因行业信息披露机制不完善，市场参与者无法获取足够的对手方信息，进而无法甄别信用风险，更加容易蒙受损失。

金融科技的融资者和平台与投资者进行涉众性债权、股权和资金托管等信用交易时，投资者须面对信用风险。我国现行管制型金融法为金融科技信用风险防范提供的法律框架可以概括为：在民间借贷领域，立法试图以非法吸收公众存款罪，剔除借贷主体间因信息不对称而出现的信用风险。在债券和证券发行领域，非法集资司法解释、公司法和证券法等立法，试图以擅自公开发行证券罪，剔除证券发行主体与投资者之间由于信息不对称而出现的信用风险。可见，现行立法为了剔除涉众型民间融资和第三方支付机构的金融服务产生的信用风险，更倾向于认定交易的非法性。监管主体不置可否的态度，不但给市场主体以监管套利空间，而且将信息不对称问题暂时留给了市场。立法对欺诈性融资不作为、对复杂型融资监管缺位，纵容了融资者和中介机构利用非对称性信息将信用风险转嫁给投资者。

（二）市场风险

市场风险包括权益风险、汇率风险、利率风险以及商品风险等。金融科技行业面临的市场风险主要是利率风险，即市场利率变动的不确定性给金融科技机构造成损失的可能性：一方面，金融科技产品的收益不具备稳定性，为吸引投资者推出的高收益模式不可长期维持；另一方面，利率市场化改革将使银行等传统金融机构通过提高存款利率、降低贷款利率提高竞争力，降低金融科技机构的收益率优势。此外，股权投资、财富管理等投资型行业还面临股票价格风险、汇率风险等市场风险，需要行业内机构对其风控能力提出更高要求。

（三）流动性风险

流动性风险指金融科技机构无法及时获得充足资金以满足客户的提款要求。金融科技机构流动性风险产生的原因主要有：（1）资金错配，即借贷融资项目中的短期资金被投入到长期项目中而产生的期限错配问题；（2）网络故障，如系统瘫痪使得金融科技机构无法及时调拨资金；（3）投资者不理性，金融科技行业对投资者的门槛要求不高，相对于传统金融业，投资者更容易采取盲目更风、扎堆投资和挤兑行为，加剧流动性风险。

（四）合规风险

合规风险指金融科技机构因违反法律法规和监管规则，从而造成损失的可能性。金融科技行业发展时间短，涉及业务繁杂，行业法律体系尚未完善，使得合规风险尤为突出。因某些行业的法律法规和监管规则迟迟未能出台，一方面，行业内机构缺乏法律依据，部分有益的创新型业务无法有效地合规开展；另一方面，业内违法违规行为未被禁止，部分非法机构就可以利用法律漏洞进行违法犯罪活动，给行业和社会造成损失。

（五）操作风险

操作风险指由于内部程序、人员和系统的不完备或失效，或由于外部事件造成损失的风险。金融科技行业对从业人员的要求相对较低，很多机构缺乏严格的内部管理制度和员工培训机制，员工缺乏安全意识，容易因不熟悉业务、不遵守操作规章而出现误操作行为。此外，金融科技业务操作对系统和互联网的依赖程度相对较高，若系统和网络平台存在设计缺陷，如操作流程烦琐、缺少审核机制等，将加剧操作风险的发生。

（六）技术风险

金融科技行业属于技术型行业，但由于发展时间不长，很多技术并不成熟，从而产生一系列技术风险：（1）数据风险，外部黑客恶意攻击、内部人员误操作以及系统设备故障等原因，可能造成数据信息被窃取、泄露、篡改、灭失；（2）网络风险，在互联网环境中，网络通信、交易网站、客户端可能受到网络攻击、渗透、窃听、计算机病毒等威胁；（3）兼容性风险，科技企业研发的技术往往缺乏统一标准，设备、系统、软件无法相互兼容，造成闪退、卡顿等问题，为客户带来许多不便和损失。

（七）声誉风险

声誉风险是指负面的公众舆论对金融科技行业和机构造成的风险，其成因是多方面的：从内部原因看，金融科技机构在业务、风控、管理等方面的缺陷和问题，包括少部分机构的失信行为，将导致客户对整体金融科技行业产生不良印象；外部原因主要是某些违法犯罪分子利用金融科技平台进行非法交易或攻击给行业带来的信誉损失；此外，互联网环境的信息不对称、信息高速传播与共享等特点还会放大舆论效应，加重声誉影响。

（八）管理风险

管理风险主要表现在两方面：一是企业内部管理风险，即金融科技机构管理者在内部管理运作过程中因信息不对称、管理不善、判断失误等影响企业运作的风险，主要体现在制度设计、流程操作、人员培训、财务管理等方面，该风险影响具体涉及的机构、产品和客户，属于微观风险;二是监管风险,即监管制度或监管方式不到位影响金融科技行业正常运行的风险,主要体现在监管制度空白、监管职责不明确、监管力度不适当与监管时滞等方面,该风险影响整体金融科技行业,属于宏观风险,并且是当前金融科技行业面临的主要风险之一。

需要指出的是,由于科技增大了信息披露程度,增强了管控风险的能力。所以,金融科技的发展事实上也在一定程度上控制和降低了风险。这也就是目前为止,世界上没有任何一家金融科技企业导致系统性风险的原因。

二、金融科技安全

金融科技安全是国家战略,是习近平总书记所提出来的总体国家安全观的重要组成部分。2017 年 5 月 15 日,中国人民银行成立金融科技(FinTech)委员会,旨在加强金融科技的研究规划与协调。在金融科技

图 2-2　金融科技安全体系的三个层次

资料来源:笔者自绘。

发展迅猛的背景下，金融科技安全是技术驱动下的金融发展所关注的新型话题，建立完备的金融科技安全体系有利于深入了解金融科技行业的发展痛点，及时防范风险保障金融安全。

金融科技安全体系的三个层次中最重要也是最核心的一个环节即为金融科技安全，金融科技风险与金融科技安全感的探讨都是围绕着金融科技安全所展开的。一方面，金融科技安全一般是指整个金融科技体系的稳定，准确判断风险隐患是保障金融科技安全的前提。金融科技安全也是防范金融科技风险的结果；另一方面，金融科技安全也是保证金融科技安全感的基础与前提。

谈及金融科技安全，业界乃至学界已有多种不同的分类标准，涵盖不同类型的安全问题。如本书第一章提及的蚂蚁金服对金融科技安全的理解，包括以用户保障为核心的金融安全、交易安全、隐私安全以及系统安全。全国人大常委、财经委副主任，清华大学五道口金融学院理事长兼院长吴晓灵在谈及现阶段的金融体系安全问题的时候指出："金融体系的安全主要包括两方面，即业务安全和技术安全，我们既要防范系统性金融风险、加强对影子银行的管控；又要强化技术风险的监督和控制，加强信息资产的保护和金融交易平台的安全保障，两手都要抓，两手都要硬，方能最终确保金融体系的安全。"[①] 根据不同的分类标准和不同的解读体系，金融科技安全可以有许多不同的内涵。但总体而言，本书认为金融科技安全体系构建的过程中对金融科技安全的内涵应当把握以下三个方面。

第一，无论传统的金融体系还是现代的金融科技体系都需要面临金融安全问题。无论金融业的模式如何变化，但金融的本质从未发生改

---

① 张显龙：《吴晓灵：业务安全和技术安全两手都要抓》，《中国信息安全》2017 年第 7 期，第 48 页。

变，应当追求并实现向其本质的回归。① 如操作风险、流动性风险、信用风险等各种金融风险而引发的各类金融安全问题。有效管理各类金融风险并接受监管部门的日常监管，是解决此类金融安全问题的重要手段。金融科技的发展导致金融的混业化发展，移动互联技术的发展将导致新型金融产业化，促进其与传统金融的融合，在这种背景下产融结合也会越来越紧密。

第二，传统的金融体系中已存在的安全问题，但是金融科技的语境下有了新的内涵。如交易安全、隐私安全，这些安全问题在传统金融体系也都存在，但在金融科技领域中，这种安全问题也已有了更丰富的含义。以交易安全为例，传统的交易安全主要是通过电子签名避免交易对方利用虚假身份完成交易。随着互联网等技术的发展，业界逐渐利用双因素认证来替代电子签名，即在核心交易环节由用户启动的动态密码认证则属于双因素认证。传统的金融行业用到比较多的是优盾，即将动态指令发送到消费者拥有的优盾上，但是这种方式极大地影响了交易的效率，且优盾的使用并未大范围地普及。因此在新型技术发展下的双因素认证是比较简单的认证方式。所谓双因素，是指金融消费者所拥有的和所知道的。如手机是个人所有的，其所有权属于消费者个人，而动态的交易密码是发送到手机上的可以让消费者知道的因素。因此这种操作可以证明是由消费者个人发起的交易，从而保证交易安全。这种方式是互联网技术的发展所带来的利好。而随着新型科技的快速发展，科学技术手段应用在金融交易领域，交易安全的概念也就被赋予了新的内涵。如蚂蚁金服利用交互式人脸活体采集技术和图像脱敏技术，设计满足高并发和高可靠性的系统安全架构，以此为依托开发的人脸验证核身产品已经成功产品化，并在网商银行和支付宝钱包身份验证等场

---

① 杨东、文诚公：《互联网金融风险与安全治理》，机械工业出版社 2016 年版，第 13 页。

景成功应用。

第三，传统金融体系中不存在，但是由于新技术在金融领域的应用而产生的新型安全问题，主要包括网络技术安全、互联网领域的新型金融犯罪等。随着传统经济向"互联网＋"的发展，通过互联网进行的买卖个人信息、专业扫号软件、伪基站服务、专业假证办证服务等犯罪活动也越来越多样和频繁，现有的法律法规已经很难跟上互联网犯罪发展的步伐。除此之外，人工智能、大数据、区块链等新型技术带来金融创新的同时，也引发了新型的金融安全问题。人工智能的出现对金融交易主体的认定与监管带来挑战；大数据的发展对金融消费者的保护提出了更高的要求；其他技术的应用引发了新型的黑客攻击导致系统瘫痪的安全问题。许多金融科技业态基于相同或类似的区块链、大数据等互联网信息技术，一旦上述技术被黑客攻击，则所有相应的金融科技行业将在短时间内陷入瘫痪。

维护金融科技安全应把握以下两方面的重要原则：其一，平衡协调原则。德国著名法学家耶林曾指出："法律的目的是平衡个人利益与社会利益，实现利己主义与利他主义的结合。"[1] 国内许多经济法学家也指出经济法是平衡协调法[2]，并进一步认为平衡协调是构成经济法理念的基本要素，而且是标志性的要素。[3] 该原则是经济法的基础理论之一，是指经济法的立法和执法从整个国民经济的协调发展和社会整体利益出发，来调整具体经济利益关系，协调各利益主体的行为，以引导、

---

[1]　张文显：《二十世纪西方法哲学思潮研究》，法律出版社 1996 年版，第 129 页。

[2]　刘文华、潘静成：《经济法学》，中国人民大学出版社 1999 年版，第 66 页。

[3]　徐孟洲：《论中国经济法的客观基础和人文理念》，《法学杂志》2004 年第 4 期，第 37 页。

促进或强制实现社会整体目标和个体利益目标的统一。① 具体到金融领域而言，平衡协调原则主要是指金融体系中的规则和制度设计应当平衡互相冲突的价值与理念。因此安全与创新作为金融科技的两大重要支柱，不可偏废其一。只求创新不顾安全则会导致创新出的技术不符合安全规定和技术标准，应用于金融产品和服务中则会给金融体系带来不可预测且难以控制的系统性风险；而为了安全扼杀创新，又会使金融科技丧失创新的活力。因此实现安全的创新是金融科技安全的第一要义。其二，体系完整性原则。金融科技业务具有实时性和安全敏感性，因此维护金融科技安全应当建立体系完整的安全防御体系。由于安全防御体系存在明显的木桶效应，因此良好的安全防御体系不仅要能够防御野蛮式流量攻击，也要能够防御渗透性漏洞攻击；不仅要能够防御网络层攻击，也要能够防御数据和应用层攻击；不仅要能够防御外部互联网攻击，也要能够防御内部攻击；不仅要重视技术安全措施，更要重视安全管理措施；不仅要注重事中防御，更要注重事前预防。

三、金融科技的安全感——以蚂蚁金服为例

所谓安全感，与安全性不同，它是一种主观的、非理性的感觉。安全感理论包括风险感知理论、保护动机理论、信息安全感知理论等。风险感知理论是指金融消费者对金融风险的感知程度，是未知风险与恐惧风险的集合。风险是由受到心理、社会、制度、文化等多种因素制约的个人主观定义的，这些因素之间的内在关系可以被定量化和模式化，而安全感则侧重于对此类风险的感知。一般而言，未知风险是指对某种特定事物越是不了解，越觉得不安全，因此熟悉程度是影响安全感的一种

---

① 王宝泉：《试论经济法平衡协调原则的体现》，《内蒙古科技与经济》2011 年第 24 期，第 13 页。

因素；恐惧风险是指某件事物的后果越严重，影响力越大，则消费者的安全感越弱。金融安全语境下的保护动机理论是指金融消费者对特定事物的反应包括威胁评估和应对评估两个方面，对于不良适应反应消费者倾向于进行威胁评估，而对于良性适应反应消费者则倾向于作出应对评估。某次金融交易或某种特定的金融产品对消费者带来越严重的威胁后果，消费者对该后果的应对能力越低，则人们的安全感就越低，采取某种安全行为的意愿就越明显。

基于上述安全感理论，以蚂蚁金服为例，其安全感塑造主要有以下三大支柱。

（一）金融合规

金融合规立足于两个落脚点，分别是保护消费者合法权益和促进金融稳定。蚂蚁金服建立了严格的身份识别系统、反洗钱系统，定期开展反洗钱培训工作。建立完善的投资者适当性机制，严格按照相关法律法规进行披露，建立了完善的风控规范和流程安排。如蚂蚁金服建立的"零号工程"是行业唯一透明的备付金系统，能够通过对客户的备付金管理提高客户的账户安全感。

（二）技术驱动

在大互联的背景下，信息技术愈来愈成为保护信息安全的有力武器。在 APT 攻击、异常活动、未知风险 0Day 利用等高级威胁下，信息安全风险不断演进和升级，传统安全围墙式的防护手段已无法适应新形势下的需求。因此在维护金融科技安全的浪潮下，安全防御体系需要重新构建。信息技术是蚂蚁金服的底层基础设施，蚂蚁金服重视利用信息技术构建安全感。

信息技术的风起云涌为人类生活、生产方式和商业模式带来了巨大的改变。而随之而来的全新网络威胁、数据泄露和欺诈的风险，在全球范围内也引发了诸多危机，包括谷歌以及亚马逊在内的多家云服务供应商都曾因为云安全事故而遭受到不同程度的打击，业务损失严重。因此，如何更好地建立企业自身的信息安全管理标准体系，从而有效避免云计算所带来的安全隐患，已成为行业日益关注的焦点。但是到目前为止，云计算行业依旧缺乏统一的管理标准和最佳实践。面对这样的行业现实，如何增强客户信心，使其能够放心地将数据和应用部署在阿里云的云计算平台上，成为这个面向公众提供云计算服务的公司所面临的首要课题。

事实上，作为工信部云计算安全试点的企业，阿里云已经具备了良好的信息安全管理基础，其建立的以自动化安全体系为主，辅以管理手段的互联网安全与内控体系，也已经达到国内的领先水平。但这还远远不够，2012年10月24日，阿里云携手全球知名的标准认证机构英国标准协会（British Standards Institution，以下简称 BSI），顺利通过了 ISO 27001 国际信息安全管理体系认证，并成为云安全联盟（Cloud Security Alliance，以下简称 CSA）和 BSI 联合推出的面向云服务提供商的安全开放框架在中国大陆地区的第一家试点机构。这释放了极大的安全感信号。

技术驱动作为保障金融科技安全感的重要因素之一，强调先进技术保障资金安全、信息安全、系统安全、流程安全等各个环节的安全。如生物识别技术因具有识别率高于肉眼、解决远程非面对面识别难题等特点，可以应用在身份识别、账户认证、安全扫描等领域，以保障资金安全；云计算技术因具有风险甄别效率较高、风险成本较低、系统稳定性较高等特点，应用于密钥管理、加密传输、隐私保护等领域，可以保障消费者的信息安全；移动互联网或物联网技术利用其较高的应急响应能力，可以提升主机、网络等设备的系统安全；区块链技术的不可篡改特性，则能够保证交易流程的透明可信，以提升流程安全。技术驱动下的金融创新可以较好地解决新型安全问题，从而提升金融消费者的安全感。

（三）场景依托

场景依托与金融科技安全感之间的关系是相互的，即场景与安全具有内生的强关联性，场景催生安全需求，反过来安全的实现又依托场景。只有依托于具体的金融交易场景，交易主体的安全感才能够变得更为具象与实际。蚂蚁金服相信金融为场景服务，风控具有内生性。不同的场景交易可以积累不同的数据，进而为风险控制打下基础。蚂蚁金服的金融运营模式决定了其获取场景数据更为有效且低价。在获得数据之后，蚂蚁金服可以针对实际场景，依托有效交易数据进行风险控制，释放安全感信号，让客户在每一次交易中切实感到安全和信赖。在避免风控解决方案空转产生浪费的同时，也最大程度培育了客户的安全感。以众所周知的支付宝产品为例，蚂蚁金服通过事中八维度数据扫描和事后风险补偿机制提升安全感。基于账户、身份、行为、偏好等八个维度的数据构建风控模型；依托账户安全险制度，实现 1.6 元保100 万元……这一系列的制度及手段都依托场景提升了金融消费者的安全感。

第二节　金融科技安全体系的衡量指标

谈及金融科技安全，学界和业界的多数研究都是从定性的角度分析影响金融科技安全的各种因素，而鲜有从定量的角度建立衡量金融科技安全的指标体系。本书试图围绕金融安全、网络技术安全、监管安全这三个重要维度，归纳金融科技安全体系的衡量指标。

表 2-1　金融科技安全指标体系

一级指标	二级指标	三级指标	备注
金融安全维度	市场	金融科技企业占市场的规模	金融科技企业占全国 GDP 的百分比
		运用金融科技从事金融活动的投资回报率（ROI）	反映金融科技具体应用过程中的投入与产出比例
		运用金融科技从事金融活动的正常偿债率	反映金融科技领域发生系统性风险的概率大小
	消费者	消费者/投资者信心指数	可在东方财富网的数据中心找到相关指数数据
		消费者/投资者满意指数	可在东方财富网的数据中心找到相关指数数据
网络技术安全维度	技术类型及资质	技术的类型、数量及发展程度	发展程度如何量化
	金融科技网络平台的正常使用率	平台停运数量	可在国家互联网金融安全技术专家委员会的网站上找到每个月的数据
		运行异常的平台数量	可在国家互联网金融安全技术专家委员会的网站上找到每个月的数据
		网站平台的漏洞数量	可在国家互联网金融安全技术专家委员会的网站上找到每个月的数据
		平台对欺诈交易的识别率	风控系统对风险交易的实时识别率
		平台上盗用风险资损率	盗用金融消费者资金产生的损失金额与金融交易总额的比率

一级指标	二级指标	三级指标	备注
网络技术安全维度	用户安全保障程度	消费者敏感信息的脱敏率	明确敏感信息的内容与范围
		平台出现安全问题后的解决率	已解决的问题数量与安全问题总数之比
		消费者对安全问题服务满意率	消费者确认满意的安全问题数量与安全问题总数之比
		平台对应急事件的处理能力	从应急事件的发现、响应、解决三个角度分析
监管安全维度	监管政策创新	企业自我合规	根据监管合规标准,分级分类设定量化政策创新水平
		政府监管政策	
	行业自律监管	风控	根据行业的主要金融指标(如杠杆和关联度)和技术指标(如宕机次数)量化风控水平
	技术驱动监管	监管科技	根据监管政策措施设计量化监管科技指标(如资本充足率、流动性比率)

资料来源:笔者自制。

一、金融安全维度

(一)一级和二级指标

金融科技安全指标体系的第一个维度是金融安全维度。金融安全作为一级指标起到基础性和指引性的作用。

金融体系中的金融交易和金融产品,均包含市场与消费者这两个重要主体。金融安全的二级指标也应当从这两个角度展开。其中金融市场包括货币市场、资本市场、外汇市场、黄金市场等多个子市场，不同子市场中虽然包含不同的金融产品，但是在维护金融市场的稳定与安全方面具有共性。金融消费者作为金融体系中另一方重要参与主体，则主要是从微观层面上衡量金融安全。

（二）三级指标

三级指标是在二级指标基础上的进一步细分，从而能够更具体地反映二级指标的安全性。衡量金融市场的安全性，可以从金融科技企业占市场的规模、运用金融科技从事金融活动的投资回报率（ROI）、运用金融科技从事金融活动的正常偿债率等角度展开。金融科技企业占市场的规模可以通过金融科技企业占全国 GDP 的百分比衡量，可以反映金融科技企业在国内的发展程度，以及危机发生后的可控程度。一般而言，市场规模越大，风险传导效应越明显，则危机发生后金融科技安全越难以保障。运用金融科技从事金融活动的投资回报率（ROI）可以反映金融科技具体应用过程中的投入与产出比例。ROI 越高，则表明同等水平的投入可以获得更多的产出或者是在取得相同效果的情况下，运用金融科技手段从事的金融活动所用的成本更低、效率更高。运用金融科技从事金融活动的正常偿债率可以反映金融科技领域发生系统性风险的概率大小。一般而言，正常偿债率越高，则发生系统性风险的概率越小，金融科技体系的安全程度越高，反之亦然。

从金融消费者的角度衡量金融科技的安全性，则应当主要关注消费者的信心指数和满意指数。消费者的信心指数（Consumer Confidence Index，以下简称 CCI）一般是衡量消费者对当前经济形势、消费水平的主观感受，也可以反映金融消费者对金融市场整体状况的信心程度。将该指数应用于金融科技安全指标体系中，可以对金融科技安全起到一定的指示作用。金融消费者信心指数越高，在一定程度上可以预测整个金融科技体系越稳定。运用金融科技从事金融活动的消费者（如使用支付宝进行电子支付、使用法链进行电子存证的消费者）对其所使用的金融科技产品或所在的金融科技体系越有信心，则对此类产品的依赖程度越高，倾向于信任金融科技产品的安全性与稳定性，金融消费者也会倾向于遵守相应的法律与市场规范，减少出现跑路、欺诈等危险事件发生的概率。消费者的满意指数（Customer Satisfaction Index，以下简称CSI）一般是对特定产品满意程度的量化。在一项"3·15互联网金融"体验调查中，"消费者对互联网金融日常服务满意度很高，有52.1%的客户认为没有意见，而在有意见的人群中，最突出的不满体现在安全性上，有35.2%的客户认为安全性低是对互联网金融日常服务的最大不满"。通过调查消费者对金融科技产品安全性的满意程度，可以将消费者的满意度以指数的形式量化，从而通过该指数指示金融科技的安全性。

二、网络技术安全维度

网络技术是在经过互联网技术迅猛发展的洗礼后逐渐发展起来的，它将分散的资源进行统一、计算、归纳，最终充分利用这些资源，使其协同起来解决更加复杂的问题，尤其是解决本地资源不能解决的难题，是针对复杂科学计算研制出来的一种新型计算模式。

网络技术主要优势有两个：一个是数据计算能力强；另一个是资源利用率高。随着互联网技术的快速普及，网络成本的大幅度下降以及传统计算方式的变化，使得网络技术逐步成为新一代资源共享的选择。它以高速计算和创新应用为出发点，通过合理配置，将不同机构的资源综合起来并共享，使用户有一种新体验，也使用户节省了买相同设备的资金，真正实现了一机多用的超级网络功能。

正是因为网络技术在金融领域的广泛渗透与应用，网络技术层面的安全也影响着金融科技领域的整体安全性。如，2010 年 5 月的"闪电暴跌"（Flash Crash）令道琼斯工业平均指数突然大跌，美国监管部门认为这是高频交易造成的快速抛售所引发的连锁抛售。2013 年 4 月 23 日的"无厘头暴跌"（Hash Crash）的缘由，是美联社的 Twitter 账号发出巴拉克·奥巴马遭遇恐怖袭击的虚假消息。可见，大数据中的一个数据点出错，就可能导致金融市场的震荡。因此，网络技术安全应当作为衡量金融科技安全的重要指标之一。

（一）一级和二级指标

金融科技安全指标体系的第二个维度是网络技术安全维度。金融科技的发展离不开网络技术的支撑，金融科技产品的应用也离不开各类平台的发展。因此，网络技术安全维度下的二级指标应主要围绕着金融科技平台展开，关注平台使用的技术类型及资质、金融科技网络平台的正常使用率、用户安全保障程度等内容。其中，平台使用的技术类型可以衡量金融科技所依托的平台是否拥有足够成熟及安全的技术；金融科技网络平台的正常使用率则主要用于衡量平台是否有较强的风险管控能力；用户安全保障程度主要是从金融消费者的角度衡量金融科技的安全程度，用户安全保障程度越高、手段越完备，金融消费者的利益越能够在较大程度上受到保护，消费者的安全感也越强。

（二）三级指标

首先，针对金融科技网络平台使用的技术类型及资质，其下的三级指标应包括平台使用的技术类型及数量、该技术的发展程度、平台获得的系统安全认证数量、平台获得的信息安全认证数量等。任何金融科技网络平台都需要一种或多种类型的技术支撑，如支付宝在支付环节使用了指纹识别技术、法链在存证过程中运用了区块链技术等。针对不同的金融科技平台，衡量其安全性的第一步应当识别平台使用的技术类型及数量，不同类型技术的安全性取决于该技术的发展程度、应用场景等因素，如身份识别技术从推出到现在的使用时长可以反映该技术发展的成熟程度。

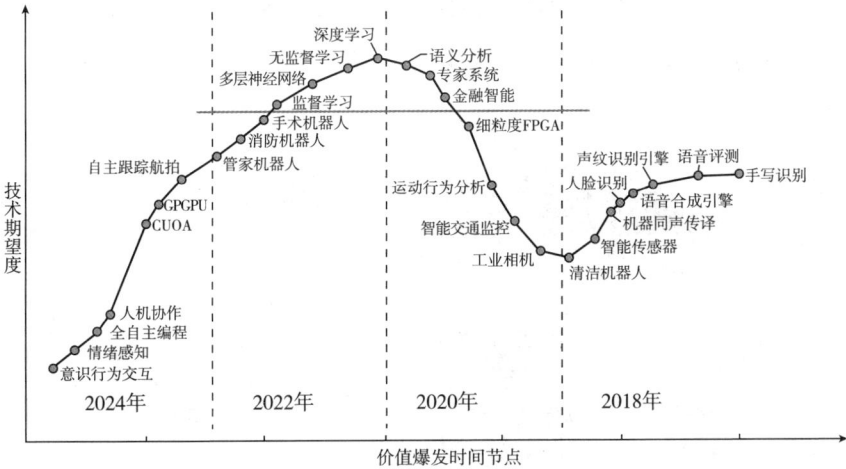

图 2-3　价值爆发时间节点图

资料来源：因果树网络科技有限公司。

在明确金融科技网络平台使用的技术类型的基础上，第二步应当探究特定技术的发展程度，发展程度较高的技术可以为平台提供较高的安全保障。如图 2-3 中的曲线就可以反映出深度学习在 2020 年左右将达到较高的技术成熟度。然而该项指标目前存在的应用困境主要在于难以通过量化的手段衡量特定技术的发展程度及其变化。除此之外，金融科技网络平台是否获得系统安全认证、信息安全认证以及获得的认证数量可以一定程度上反映出平台的安全程度。

其次，针对金融科技网络平台的正常使用率，其下的三级指标应当包括平台停运数量、运行异常的平台数量、网站平台的漏洞数量、平台对欺诈交易的识别率、平台上盗用风险资损率等。前三个指标信息可以在国家互联网金融安全技术专家委员会的网站上获得，但由于公开渠道获得的是每个月的平台数据，无法动态反映平台安全状况，因此可以通过将平台多个月的数据进行分析整合，以探究平台安全性的发展变化。后两个指标主要是从风险控制的角度进行分析，平台对欺诈交易的识别率，即风控系统对风险交易的实时识别率，反映了平台对安全问题的敏感程度；平台上盗用风险资损率主要是指盗用金融消费者资金产生的损失金额与金融交易总额的比率，该比率越低说明平台的安全性能越强。

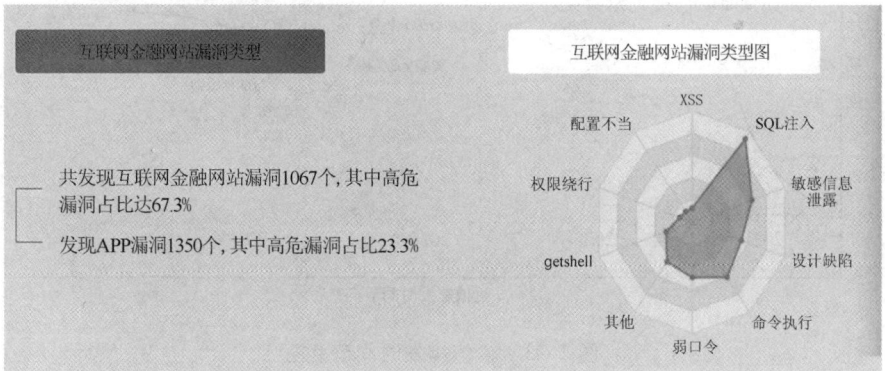

图 2-4　互联网金融网站漏洞类型

资料来源：互联网金融风险分析技术平台监测数据（截至 2017 年 6 月 1 日）。

最后，针对用户安全保障程度，主要是从金融消费者的角度衡量金融科技的安全性。其下的三级指标应当包括消费者敏感信息的脱敏率、平台出现安全问题后的解决率、消费者对安全问题服务满意率、平台对应急事件的处理能力等。其中消费者敏感信息或数据的脱敏率，反映了平台对金融消费者数据安全的保护能力，脱敏率越高说明对金融消费者数据安全的保护能力越强，消费者具有的安全感程度越高。所谓敏感数据，与一般数据的概念相对，最早是在 1995 年《欧盟个人数据保护指令》中提出的。而 2012 年欧盟的《数据保护规范草案》对消费者个人敏感数据的概念进行了扩充，包括了基因数据及与安全有关的数据。[①]
一般是指用户的姓名、身份证号、手机号码等可以识别特定个人或对个
人隐私造成侵害的信息，而对于金融交易中的金融消费者，其敏感信息
还应当包括交易金额、资金数量等可以识别特定金融交易的内容。而后
三项指标则反映了出现安全事件后平台的反应与处理能力以及对用户的
安全保障能力。平台出现安全问题后的解决率是已经得到有效解决的安
全问题数量与发生的安全事件总数的比值，而安全问题的解决数量可以
通过用户寻求人工服务后一段时间内（如 24 小时或 48 小时）没有再
次实名进入任何人工服务的数量进行衡量。消费者对安全问题服务的满
意率是得到用户确认的满意数量与所有寻求服务的总数之比。平台对应
急事件的处理能力可以从应急事件的发现、响应、解决三个角度分析，
其中平台对应急事件的发现能力可以用应急事件的平均发现时间进行衡
量，其计算公式为所有应急事件发现时间之和除以所有应急事件的总
数，而事件的发现时间长度为发现事件的时间点与发生事件的时间点之
差。平台对应急事件的响应能力可以用应急事件的平均响应时间进行衡
量，其计算公式为所有应急事件响应时间之和除以所有应急事件的总
数，而事件的响应时间长度为介入处理事件的时间点与发生事件的时间
点之差。平台对应急事件的解决能力与上述两个指标的计算方式类似，
事件的解决时间长度为解决事件的时间点与介入处理事件的时间点之
差。上述三级指标主要是从用户数据安全、服务保障的角度对安全性进
行衡量。

---

① 鞠晔、王平：《云计算背景下欧盟消费者个人敏感数据的法律保护》，《法学
杂志》2014 年第 8 期，第 82 页。

三、监管安全维度

（一）监管安全的重要性

金融科技安全体系下的监管安全，是监管者以维护金融安全为核心，并努力防范金融风险事故及风险积聚，从而构建起的金融监管安全保障体系。金融科技的迅猛发展，造成了传统监管框架与金融行业监管一定程度上的脱节。理想情况下的互联网金融市场，可通过大数据信息系统、移动互联网和云计算等技术，实现支付清算和资金融通等领域内的信息对称、金融脱媒及降低信用风险的目标。① 面对"大众创业、万众创新"的大政方针，金融监管当局带着鼓励创新的态度，对新出现的新型电子支付手段、新型金融产品、金融模式等的包容，反而成为金融欺诈、非法集资等违法犯罪行为的温床。典型例证就是 2013 年 P2P 融资炙手可热，到 2013 年年底至 2014 年就出现大规模的倒闭、跑路和资金周转困难等问题。② 金融监管的宽容态度之外，更多的是不知如何对金融行业新型业态进行监管的无奈。一方面，新型金融业务多综合了不同的金融属性，在中国分业监管模式下，面对发展迅速的新金融，中国监管机构很多时候甚至来不及对市场作出反应，也存在监管主体不明的情况，最后会造成金融监管空白、漏洞；另一方面，依托于技术优势

---

① 杨东：《互联网金融的法律规制——基于信息工具的视角》，《中国社会科学》2015 年第 4 期，第 108 页。

② 2013 年 P2P 平台为 800 家，截至 2015 年倒闭、跑路和资金周转困难的问题平台为 76 家，占比 9.5%；2014 年 P2P 平台为 1575 家，问题平台为 275 家，占比 17%，该年 1—7 月，每月平均有 9.3 家问题平台出现，进入 8 月后，问题平台数量显著增多，12 月问题平台数量高达 92 家。参见上海盈灿商务咨询有限公司、清华大学中国金融研究中心及网贷之家联合报告：《2014 年中国网络借贷行业年报》，2015 年 1 月 6 日。

越过监管是金融科技的常态，在金融监管机构掌握数据不充分、不具有完备的技术手段的情况下，监管滞后性成为常态，因此在放任金融业态自由创新发展后，必然会出现与"运动性执法"相类似的"运动性监管"。

金融科技行业其实并不反对监管，相反一直在谋求监管，期待监管部门推出明确的监管政策，规范行业竞争秩序，结束金融科技行业法律层面的挑战性和不确定性，指引行业健康可持续发展。政府明确而有效的监管对金融科技行业的稳定与健康发展很有必要性，是整体市场安全的重要保障。只有正确的监管理念及监管思路，金融科技才能取得长足健康的发展。互联网金融最大的特点是大融合、大混业，因此对于互联网金融创新的监管也应该实施大金融的监管模式。在当前分业监管体制短期内难以打破的前提下，建议应强调金融消费者权益保护和金融服务的统合监管。这也是现行金融发展模式下保障监管安全的最优解。监管安全反作用于金融行业，是服务于金融稳定发展的必备要件。

维护监管安全的重要性主要体现在以下几个方面。首先，金融科技提供的金融服务和产品具有很强的公共性质，尤其有利于解决中小企业融资难的问题。金融科技的发展一定程度上可以降低交易成本，促进社会信用发展，从而增加整个社会的福利。具有公共性质的股权众筹就需要具有公共权力的机构进行有效监管。

其次，为了维护公共信心，也必须对金融科技进行监管。政府的有效监管可以一定程度上消除市场的负面因素，减少信息不对称，遏制道德风险和逆向选择，同时消除监管层面的不确定性，增加消费者对金融科技行业的信心，避免消费者对金融科技行业采取过度谨慎态度。监管办法一旦出台，各大平台有了行为准则，不必再担忧可能沦为"非法集资"。在从业者、专家与监管部门的充分交流协作下，法律法规的进一步完善会使得金融科技行业发展得更为健康。

最后，从防范风险的角度而言，必须对金融科技进行监管。金融科技目前来看是具有相当多的金融属性，具有一定风险，多人参与的特性又导致其风险具有一定的传染性，必须借助于政府或政府授权的机构来防范和化解金融风险。

（二）金融监管政策保障逐步确立金融安全机制

面对鱼龙混杂的互联网金融行业，2016年和2017年迎来了"金融监管元年"。互联网金融行业在迅猛发展的同时，以P2P倒闭潮为代表的风险正在爆发，互联网金融一度成为金融监管的风口。2016年4月中下旬，一场由国务院决策部署、多个部委共同参与行动的互联网金融专项整治在全国范围内展开。央行、银监会、证监会、保监会分别对网络支付、网络借贷、股权众筹和互联网保险等领域开展专项整治活动。

2016年10月13日，《互联网金融风险专项整治工作实施方案》（以下简称《实施方案》）及其他专项整治工作实施子方案正式对外公布。互联网金融专项整治活动有利于消除行业乱象，整顿行业秩序，防止"劣币驱逐良币"，维护金融消费者利益，对于推动普惠金融发展，促进"大众创业、万众创新"具有重要意义，同时也必须明确整治是手段而不是目的，不是通过各种整治活动打压互联网金融的正常发展态势，而是通过整顿敦促互联网金融行业回到正轨，帮助互联网金融行业健康稳定可持续发展，最大限度地发挥互联网金融的优势，促进社会资源的优化配置，也使老百姓真正享受到改革开放的金融红利。

互联网金融专项整治活动有两大目的：其一，保护投资者。互联网金融行业的清理整治活动还要以投资者保护为最终的落脚点。面对金融消费者收益的不确定性，来源于金融资产的风险与投资者的风险吸收能力二者之间相互作用的结果的不确定性。今后应当进一步明确以金融消费者为核心的法制监管体系，建立投资者分类制度，允许专业投资者、高资产净值投资者和机构投资者参与投资，鼓励其以套利交易挤出噪声交易者，授予非专业投资者和非高资产净值投资者以是否接受适合性原则保护的选择权，完善投资者救济机制。其二，鼓励创新。政府之所以一开始没有对互联网金融创新采取过于严厉的事前监管，主要是考虑到当前包括 FinTech、数字货币、区块链在内的互联网创新、金融创新在人类历史上几百年难得一遇。中国经济目前的体量太大，互联网金融创新有较大的规模，极少部分犯罪分子和违法行为混杂其中是很正常的。

此后，针对金融科技不同的发展业态，金融监管部门分别颁布了不同的规定。针对众筹行业，十五个部门联合颁布了《股权众筹风险专项整治工作实施方案》，对股权众筹进行监管，此后又公布了《通过互联网开展资产管理及跨界从事金融业务风险专项整治工作实施方案》，对金融科技发展过程中出现的新型金融业态进行管制。

针对 P2P 网贷行业，2016 年 4 月中国银行业监督管理委员会颁布了《P2P 网络借贷风险专项整治工作实施方案》，此后 2016 年 8 月，中国银行业监督管理委员会、中华人民共和国工业和信息化部、中华人民共和国公安部、国家互联网信息办公室共同颁布了《网络借贷信息中介机构业务活动管理暂行办法》。2016 年 11 月 28 日，银监会、工信部、工商总局联合发布《网络借贷信息中介备案登记管理指引》，明确了工商登记的经营范围、在地方金融办备案的方法，细化登记备案条件和流程，P2P 在获得备案证明后，必须取得增值电信业务许可和银行存管。2017 年 2 月 22 日，中国银行业监督管理委员会颁布了《网络借贷资金存管业务指引》。2017 年 8 月 25 日，银监会公布了《网络借贷信息中介机构业务活动信息披露指引》。由此，针对 P2P 网贷行业确立了"一个办法三个指引"（俗称"1＋3"）组成的网络借贷法规体系。

这些管制，有效地扼杀了极虚假的资产端。这两个直接危害老百姓的利益，极易造成巨大风险，引起系统性隐患。其他主要违规行为包括：（1）违法做资金池，没有资金存管，做类银行业务，即使没有欺诈也可能有一定风险；（2）非法经营证券业务；（3）非法发行证券；（4）非法开展互助保险，非法经营互联网保险业务；（5）没有支付牌照进行支付行为；（6）非法的互联网金融广告，采用各种欺诈手段忽悠老百姓；等等。

金融监管机构针对金融科技产生的新问题进行了新的思考，从而积极应对金融监管中的新问题。总体而言，监管安全对于金融安全的重要意义是当前国家实现供给侧结构性改革的重要内容之一，促进金融科技领域监管制度和良好经营竞争秩序构建，剔除心术不正的违规违法经营者，为踏实、守信的经营者提供"弯道超车"的机会，使互联网金融领域成为"良币驱逐劣币"的健康市场，促进"大众创业、万众创新"，最终为我国经济的可持续健康发展贡献力量。

（三）行业自律是监管安全的助推力

金融监管机构颁布的一系列法律法规确立了金融科技监管的基本监管体制，为金融科技的发展保驾护航，提供最基本的法律框架。但是，仅仅有法律上的指导是不够的，在新型行业中，培育行业自律机制对一个行业的发展具有重要意义。行业自律机制的建立为中国金融行业健康有序发展提供助推力以及缓冲带。

自金融科技如火如荼的发展以来，全国各地出现各种互联网金融或其分支业态的自律组织，主要是非营利性组织，其中有相当一部分具有中央金融监管机构或地方金融局支持。金融科技行业自律组织主要分为互联网金融自律机构、支付清算类自律机构、网贷类自律机构、众筹类自律机构、保险类自律型组织。在金融监管政策不完善的情况下，这些自律组织对维护行业安全起到重要作用。为加强互联网金融风险控制，应建立以互联网金融自律为核心，以监管来促进，设计各个主体的全流程的风险控制体系。

互联网企业需要从遵守法律法规、行业内交易规则的制定、风险管理、社会责任、职业道德等方面加强自律。建立金融科技监管自律体系，包括金融科技行业发展规范化、金融科技监管常态化、金融科技平台风控机制长效化、互联网金融征信体系完备化。只有不断完善自律监管，才能为金融科技的发展提供长效机制。

随着监管政策趋严，出现大量的倒闭平台，网贷行业发展步入2016年，停业平台数量开始出现大幅上升。在监管法规监管不到之处，自律监管发挥举足轻重的作用。金融科技企业从疯狂地野蛮生长，遵循"丛林法则"，到今天不断地被规制和调整，形成了新的金融形势，倒闭平台数据不断刷出新高。据盈灿咨询数据统计，2016年6月，停业平台45家，转型平台8家，问题平台41家，停业平台占比超过问题平台占比。

自律组织可以整合市场的力量，迅速把握市场动态。在监管滞后的情况下，金融科技自律组织能够迅速地对市场行为动态作出反应。比如2017年ICO如火如荼地展开后，因为涉及非法集资等严重的金融风险，2017年9月4日，中国人民银行（央行）等七部门联合发布了《关于防范代币发行融资风险的公告》，该公告指出代币发行融资是指融资主体通过代币的违规发售、流通，向投资者筹集比特币、以太币等所谓的"虚拟货币"，本质上是一种未经批准非法公开融资的行为，涉嫌非法发售代币票券、非法发行证券以及非法集资、金融诈骗、传销等违法犯罪活动。因此，ICO遭遇了一刀切的命运。

金融科技的发展非常迅速，具有星星之火可以燎原之势，因此，自律型组织一定要坚守职责，发挥金融科技发展过程中的助推力作用。

（四） 监管科技是维护监管安全的必由之路

金融行业，因为科技的飞速发展，往往能够获得迅速地发展，从而绕开了监管，或者是突破了现有的监管模式。金融行业从业者进行创新的动力最终是来自于利益的驱动力，而监管者进行监管总是在危机情况发生之后被动的反应，对金融监管部门和机构的工作人员而言，让他们勤勉尽责地、积极主动地去发现监管过程中的问题，几乎是不可能的。所以对于金融创新、监管套利、监管空白的问题，监管部门往往不具有动力去处理。这也是金融监管跟不上金融发展的主要原因，这就暴露出金融监管创新不足、监管技术缺失的问题。相较于金融与科技相辅相成的发展历史而言，金融监管中对科技的应用是远远滞后的。

金融科技发展的最大变化在于去中介化，包括证券交易方式的变化，在执行交易中人类自己的行为都被电脑所取代。同时，技术发展（算法和人工智能）使机器而不是人类能够通过基于预先设定的程序和方向执行高度复杂的统计分析来作出关于什么证券应该被买卖的决定。[1] 证券市场服务机构的加速去中介化给传统的证券监管方式和形式带来了巨大压力，主要包括：（1）旧的法律概念界定和监管工具不（总是）适应新的市场现状。[2]（2）新的系统性风险因素萌生。在一个计算机驱动交易的世界里，交易频率使得交易量达到令人眼花缭乱的高点，虽然技术的引入可以帮助解决寡头垄断和规范传统的市场交易主体，但技术漏洞或编程错误都会对金融市场产生巨大影响，产生新的系

---

① Chris Brummer，"Disruptive Technology and Securities Regulation"，*Fordham Law Review*，Vol. 84，2015，p. 1001.

② Davidoff，S. M.，"Paradigm Shift：Federal Securities Regulation in the New Millennium"，*Ssrn Electronic Journal*，Vol. 22，No. 1，2008，pp. 132－149.

统性风险来源。（3）监管范围之外的金融创新频现，由此引发的政策极度不确定性不适合持续的证券监管。

因此必须确立利用监管科技的手段来维护金融安全，不仅仅是金融风险的防控，还包括维护金融稳定和金融秩序。因此要建立监管安全衡量指标体系离不开监管科技，而监管安全衡量体系是金融科技安全体系的重要一部分。

金融资源配置效率与金融体系的稳定性是一个硬币的两个面，金融资源配置不合理意味着投资收益难以覆盖成本，最终形成损失。如果要实现金融稳定，必须保障监管安全，通过大数据、云计算、区块链技术，监管科技的发展可以促进金融机构提高资源配置效率、提升风险管理能力、降低风险集中度，从而有助于促进金融安全。金融科技的发展，由于监管机构技术力量的缺失，金融风险非常隐蔽。技术驱动极大降低了金融活动的进入门槛，因为能做到实时动态的纠错和终止错误行为，这可以保证一般投资者的投资权益，实现投资权的公平。监管科技的发展就是数据驱动型监管模式。当今是大数据时代，因此，监管部门如果想要进行系统性监管、安全监管，就必须全面掌握金融机构的数据，同时具备对这些数据的分析能力。因此，监管科技也是数据驱动型监管。

错误的数据输入只能带来错误的监管。适当的监管机制的设计可以使数据变得更加可获得。目前的区块链技术仅能解决非标准化的、点对点的交易，并且实现了数据的透明性。数据在监管层、行业协会以及消费者之间或者内部共享。数据共享是统合监管的基础。中央和地方的数据共享也变得非常重要。人工智能和数据的结合可以实现决策的实时、快速的数据监管。

第三节　金融科技安全与消费者保护

一、金融消费者个人信息和数据安全

目前，金融信息安全保护问题并没有引起大部分金融机构的足够重视，在金融机构内部管理中也普遍没有关于金融消费者信息安全保护的相关制度，如果有提及，也只是泛泛地提到，那些小规模的金融机构甚至可能从未被提及。而金融消费者信息十分庞杂，涉及的范围特别广，需要金融机构自身对这个信息加以区分从而进行管理。但具体到分类管理的具体执行中，标准又没有设立，造成金融消费者信息安全保护存在严重的漏洞。此外，还应得到重视的是对于接触金融消费者信息的人员，保密义务培训做得不彻底，使得涉密人员泄露金融消费者信息的现象十分普遍。这里面可能存在对涉密人员监管不当，对他们的权利义务与惩罚机制规定不明确等问题。在这方面，我们可以效仿知识产权保密机构的方式进行培训，且注意其中的保密承诺书内容应具体明确，否则便形同虚设。此外，还可以把保密条款放入金融机构与金融消费者签订的合同之中，这种外部性的约束无形中也有助于更好地规范金融机构内部人员的责任，更有助于金融机构对金融消费者信息监管制度的建立，实行连带或者单位承担责任的方式，规范金融机构的责任，进而实现预防金融消费者信息泄露的目的。然而实践中也不排除存在金融机构本身为了增加业绩，或是机构内部人员监管不严，将金融消费者信息卖给个体或者与金融机构做某种利益交换，以此作为一种交叉营销的手段，对金融消费者信息构成滥用，出卖给个体或者其他金融机构，这都属于需要进行监管和教育的行为。

（一）金融信息的流动性风险：消费者隐私泄露

案例一：

2015 年 10 月 21 日，××电子（广州南沙）有限公司向工行金某某支行发出联系函，要求打印娄某某的 2013 年 8 月 1 日至 2015 年 9 月 30 日期间的工资入账明细（工资账号为 62××× 68）。2015 年 10 月 22 日，工行金某某支行将娄某某的工资账号 62××× 68 在 2013 年 8 月 1 日至 2015 年 9 月 30 日期间的全部交易明细提供给××电子（广州南沙）有限公司。工行金某某支行确认其工作人员在打印工资入账明细时未筛选工资项，因失误而将所有交易明细提供给××电子（广州南沙）有限公司，造成了客户银行卡信息泄露。本次事件发生前，工行金某某支行已就保密、代发工资等事项对员工进行了培训，事件发生后，工行金某某支行主动向××电子（广州南沙）有限公司追回了相关账户的交易历史明细清单原件，亦就该事件在其内部进行了通报，并进行了相应的整改。①

案例二：

2015 年 3 月 13 日，杨某某登录中国人民银行征信中心网站，打印个人信用报告时，发现被告于 2013 年 6 月 3 日，以"贷款审批"为由，非法查询原告个人征信。实为中国邮政储蓄银行股份有限公司深圳分行（以下简称"邮储银行"）帮××物业以贷款的名义进行查询。2015 年 5 月 13 日，杨某某到中国人民银行深圳市中心支行授权点，再次打印信用报告，确定邮储银行非法查询的事实。由于信用报告内容涉及个人身份信息、家庭居住信息、贷款信息和银行卡信息，属于个人隐私。邮储银行的行为侵犯了原告的个人隐私，给杨某某及家人造成了精神和物

---

① 娄某某与中国工商银行股份有限公司广州南沙金某某支行隐私权纠纷 2016 民初 463 案。

质损失。自杨某某征信报告被非法查询后，家里不断接到推销房地产、贷款等骚扰电话。由于不堪其扰，家里电话被迫停机，杨某某手机每日也收到相似的骚扰电话、短信，使得杨某某工作、生活受到损害。邮储银行未经授权，私自利用工作之便查询原告个人征信，并以"贷款审批"为由记入在原告的个人征信报告中。邮储银行此种行为导致其他银行在解读杨某某信用报告时，误以为杨某某曾经向邮储银行贷款，但没有获得通过，这也使杨某某之后申请贷款有负面影响。①

通过在"北大法宝"案例数据库中的搜索发现，金融领域的很多隐私权侵权案件多数因为金融机构非法泄露金融消费者在其机构的交易数据或金融机构非法查询金融消费者个人的信用数据所导致。其结果对金融消费者个人信用产生负面影响，甚至导致其个人生活遭受到骚扰。无论个人消费者是有意识还是无意识，现代人均离不开金融而单独存在。其金融领域的数据多数涉及高度隐私，并对消费者个人影响巨大，金融消费者的信息保护与数据安全问题是当今的重大课题之一。

（二）金融消费者信息保护的内涵

个人信息，是指以电子或者其他方式记录的能够单独或者与其他信息结合识别自然人个人身份的各种信息，包括但不限于自然人的姓名、出生日期、身份证件号码、个人生物识别信息、住址、电话号码等。个人信息易理解，个人信息权内涵则非常丰富："一是信息收集知情权，即消费者有权知道收集主体的准确信息、收集的范围、表现形态和用途等。二是信息收集选择权，即消费者有权选择是否允许经营者收集其个人信息、选择信息范围以及信息被收集后的使用方式。三是信息收集控制权，指消费者向经营者提供个人信息后，有权要求经营者保存其个人

---

① 杨某某诉中国邮政储蓄银行股份有限公司深圳分行隐私权纠纷案。

信息的准确性和完整性，并且有权要求经营者在交易结束后删除其个人信息。四是信息妨害赔偿请求权，指如果信息收集利用者违法使用个人信息或泄露信息，消费者有权要求经营者采取措施保障其个人信息安全。"① 金融消费者信息保护，特指金融领域的消费者的信息保护，即购买、使用金融商品或金融服务的自然人。中国人民银行在 2011 年发布的《关于银行业金融机构做好个人金融信息保护工作的通知》（银发〔2011〕17 号）中使用了"个人金融信息"的概念，"个人金融信息是指银行业金融机构在开展业务时，或通过接入中国人民银行征信系统、支付系统以及其他系统获取、加工和保存的以下个人信息：个人身份信息、个人财产信息、个人账户信息、个人信用信息、个人金融交易信息、衍生信息以及从个人简历中获取、保存的其他个人信息"。所谓金融消费者信息权，则是指保护金融消费者的信息权，包括以上所述的信息收集知情权、信息收集选择权、信息收集控制权、信息妨害赔偿请求权。

表 2-2　个人信息权内容

个人信息权			
信息收集知情权	信息收集选择权	信息收集控制权	信息妨害赔偿请求权

资料来源：笔者自制。

（三）金融科技背景下信息保护和数据安全的特殊性

信息保护无处不在，存在于各行各业，但在金融科技领域却有着其自身的特殊性。一方面，这是由于金融领域本身所具有的特殊性，另一

---

① 王晓红：《互联网金融消费者个人信息安全权法律保护问题探讨》，《内蒙古金融研究》2017 年第 2 期，第 64 页。

方面，则是信息科技的发展带来的新型问题。任何新技术都有可能增加风险，监管部门也不能缺位。① 信息技术的发展提高了信息通道以及信息运用的效率，使得信息保护和个人数据安全的问题不仅停留于人为的层面上，更是上升到了技术性防范的高度。首先，金融领域收集到的信息数据的类型丰富，适用频度较高。"金融机构所掌握的信息则更为丰富具体，不仅包括个人姓名、性别、国籍、民族、身份证件种类号码及有效期限、职业、联系方式、婚姻状况、家庭状况、住所或工作单位地址及照片等个人身份信息，还包括个人收入状况、拥有的不动产状况、拥有的车辆状况、纳税额、公积金缴存金额等个人财产信息，另外还包括个人账户信息、个人金融交易信息、个人衍生信息如交易习惯等，这些信息完整地体现了个人的方方面面，一旦泄露后果堪忧。"② 其次，在金融领域，金融消费者处于相对的劣势。在收集、使用等过程中，金融消费者往往毫无知觉，因此属于完全被动的状态。且在我国现有的法律体系下，除特殊案件外均采用"谁主张，谁举证"的原则，处于劣势的金融消费者在后续的救济环节中也无法得到保障。再次，当今随着IT技术与互联网技术的发展，金融领域也在发生着巨大的改变。金融与 IT 结合，诞生了许多新生的业态，如 P2P、众筹、非银行支付等。行业欣欣向荣的同时，也对金融消费者信息保护和数据安全提出了巨大挑战。因为 IT 与互联网本身意味着信息获取的广泛性，信息传播的便利性，信息处理的海量性。更为具体地，因为个人可通过移动端、PC端购买金融服务，因此其相关的一系列的行为数据、身份数据等都可以被记录下来，随后供金融机构使用、处理。在大数据时代，数据是极其

---

① Robert J. Shiller, "Capitalism and Financial Innovation", *Financial Analyst Journal*, Vol. 69, No. 1, 2013, p. 21.

② 凡咏齐：《金融消费者个人信息保护中的疑难问题及对策》，《法律适用》2013 年第 7 期，第 103 页。

庞大的，通过数据的处理其精准程度也空前地高。最后，在互联网时代下也有着较为特殊的问题。互联网包括服务方和平台方，例如淘宝商家与淘宝网，已安装的 APP 与手机系统等。在这种模式下数据的所有权、使用权等就会变得更加错综复杂。举例而言，华为手机系统与微信之间的数据之争。腾讯指控华为荣耀 Magic 手机侵犯了腾讯微信数据和用户数据，而华为坚持认为所有的数据都属于用户，并且获得了用户的授权。金融消费者在实施一个行为（即购买金融服务及一系列相关操作）时，能够获取相关数据的已非独家，可能还包括相关的平台商，数据的内容丰富了，采集者也多了。

（四）金融科技企业利用自身力量构筑用户信息保护系统

现代生活中，用户 7×24 小时全场景触网，用户个人信息越来越多地露出。与此相伴，近年来用户隐私泄露事件也屡见不鲜。因此，如何有效保护个人隐私、保障用户数据安全已成为社会各方关注的焦点。除了依靠立法手段以及政府监管，在解决个人隐私保护方面更需要依靠市场力量。金融科技企业作为行业趋势的引领者，有责任、也有动力去自行构建一个完善的消费者个人信息保护系统，唯有如此，才能给消费者提供安全的消费环境，促进企业的健康发展。下面就以中国金融科技的龙头企业——蚂蚁金服为例，来探究中国金融科技企业如何在信息化时代的重重挑战中构筑消费者信息保护系统。

网络和信息技术的快速发展使得人们交流信息的能力大大增强，而个人信息，其中包括重要的个人隐私，在网络空间中形成的数据和信息普遍被采集、处理和传播，加上数据分析、数据挖掘工具的应用，网络上的个人信息正在被严重侵害，包括个人信息未经授权的收集和传播等，甚至有人认为"网络时代的到来，标志着个人隐私权的终结"。蚂蚁金服在这样严峻的信息泄露背景下，建构起自己的信息安全管理体系，该体系已通过 ISO 27001 国际信息安全管理体系认证，在严格保障用户知情权、选择权等合法权益的同时，将个人隐私保护纳入产品开发流程，并针对内部数据泄露风险，建立了数据分类分级机制和敏感数据流转监控机制。数据安全和用户信息保护是蚂蚁集团对自身的核心基本要求，特别是对支付宝这类涉及用户资金的应用。蚂蚁金服已在行业内率先任命了集团首席隐私保护官，组建集团隐私保护办公室，负责制定全集团隐私保护管理体系并推动落实。

蚂蚁金服分别从用户、产品开发流程以及敏感数据流转监控机制出发对消费者信息进行保护。从用户出发，保护用户的知情权、选择权、修改删除权、申诉权。之所以使用用户的概念，在于蚂蚁金服构建的信息保护体系只能用于维护其用户的权益，而文章所属的消费者信息安全保护中的消费者，则包含了蚂蚁金服的用户。以蚂蚁金服举例说明则是以蚂蚁金服服务于其用户的方式来进行论证。蚂蚁金服与用户签订用户服务协议，其中明确了蚂蚁金服收集、保存、使用、共享和公开披露用户的个人信息的具体做法，并为用户设置了强制阅读程序，待用户点击"我已阅读并同意"按钮后方可进行下一步操作，获得蚂蚁金服的服务。这是在网络环境下为用户提供知情权和选择权的有效做法。同时，蚂蚁金服给用户提供了访问、更正、删除其个人信息的权利。同时，还给消费者提供了多种投诉渠道，包括但不限于客服热线、服务大厅等，以给用户提供申诉渠道，保障其权利的行使及实现。2017 年 8 月，蚂蚁金服进一步更新了隐私权政策，作出了诸多有利于客户个人信息的调整，进一步明确收集、使用及共享个人信息的类型方式和用途，并以增强告知或即时提示的方式在收集、使用及共享个人信息时保障用户明示选择的权利；同时，还提供了更便利的在线"一站式"撤回和关闭授权，在线访问、更正、删除其个人信息，在线注销账户等功能。2017 年 9 月，蚂蚁金服在中央网信办、工信部、公安部、国家标准委四部委联合举办的隐私条款专项工作评审中脱颖而出，对带动行业个人信息保护水平的整体提升起到了很好的社会引导和示范效应，受到评委会好评。

从产品开发流程而言，蚂蚁金服建立了产品设计隐私统一规范，通过明确隐私设计的九大总体原则，对产品、交互及文案等设计环节应遵循的用户隐私保护要求进行了统一规范。规范保障用户个人数据和隐私信息，以充分保障用户隐私，同时提升用户安全感，并严格遵守"合法、正当、必要"的原则来规范个人信息收集、存储、使用、处理和披露等各个环节的数据安全要求，降低个人数据滥用的风险。同时蚂蚁金服将隐私风险评估纳入产品系统开发的全生命周期，依据产品设计隐私规范，通过在线产品风险评估平台，进行评审，接下来进行产品优化，充分保障用户的权利。同时，蚂蚁金服发布了《数据分级分类规范》等相关制度，实现"事前有规范、事中有监控、事后可审计"的数据生命周期管理，在对数据分类保密的前提下，严格限定数据在集团内部的可接触范围。

蚂蚁金服建立了敏感数据流转监控机制，针对会员个人信息在使用、传输、展示等环节，建立的监控体制能够有效识别及阻止敏感信息的泄露。同时，蚂蚁金服也认识到，持续提升机构内部人员的安全意识也是用户信息保障的一个重要方面，在多年实战经验积累的基础上，蚂蚁金服自主研发了信息安全分产品。信息安全分是衡量员工日常操作行为安全性和信息安全意识水平的指标，由"IT安全""数据安全""权限安全""行为安全""安全意识"5大维度19个子维度的评分构成。

信息安全评分将员工各方面数据经过清洗加工后，经过大数据算法、机器学习计算出具有准确、稳定和普适性的分数，示例如图2-5所示。

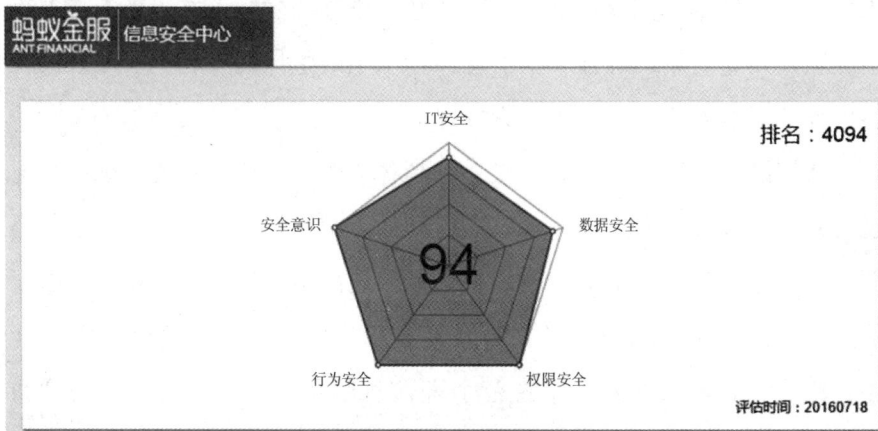

图 2 - 5　员工信息安全评分构成示例

资料来源：蚂蚁金服信息安全中心。

员工信息安全分数越高，代表其在信息安全规范方面符合程度越好，员工可直接登录蚂蚁金服信息安全中心查看自己的分数及排名情况，团队主管也可以登录系统查看自己团队的信息安全分数及排名情况。同时系统也给员工提供了各种提升信息安全分的操作渠道，包括回收不使用的权限、卸载违规软件、参加信息安全培训及考试等，从而激发员工自主信息安全管理的意识。

除此之外，在确认员工发生信息安全违规事件的情况下，公司会依据《蚂蚁金服——员工信息安全行为规范》对员工进行从警告到辞退等处罚，若涉及违法，还会提交公检法部门进行处理。

（五）金融消费者的信息保护：监管安全的视角

金融消费者的信息保护与数据安全，需要监管的保驾护航。法律契合于金融自我发展的逻辑，是一个完善的金融市场真正得以建立和发展的制度根基。换言之，监管安全是保障金融消费者数据安全的最重要途径，必须完善监管，提出与时下发展相匹配的监管政策。本小节中，将从信息保护的理念与具体措施两个维度，从宏观到微观，给出相关的监管建议。

1. 金融消费者信息保护的理念

（1）注重保护金融消费者信息权，同时兼顾行业发展

信息权，既是一种人格权，也是一种财产权，均受宪法保护。因此，应捍卫每一个金融消费者的信息权。在当今社会，信息保护涉及个人的安全、发展、经济收入等方方面面。又因互联网的发展，导致很多人认为自己已然成为一个"透明人"，无论是身份、喜好、过去的行为、未来可能实施的行为，均在他人掌控之下，非常之不安。坚决保护每一个金融消费者的信息权，毋庸置疑，势在必行。但同时也应考虑到权利和义务是相对的，没有绝对的权利，也没有绝对的义务。在作为信息权利者的金融消费者另一方，则是作为信息义务者的金融机构。在保护好金融消费者的同时，还应找到最佳的平衡点，以促进相关产业的发展。泰国就是我们的前车之鉴，泰国在征信体系建立之初由于法定的信息采集方式过于严格（要求信息主体书面同意），结果导致征信机构获取信息遇到了极大的障碍，于是，又通过法律解释做了适当的变通。征信是金融行业的基础设施，过于严格的保护，会抑制相关产业的发展和体系的建立。因此应找到更为灵活且多样的方式，在保护与发展两个主题上做好平衡。

（2）预防式保护与救济式保护并重

救济式保护是消费者的信息权受到侵害时的事后途径，此时伤害已然发生，只能通过事后的方式去弥补相关的损失。而预防式保护，则是防患于未然，不仅能够有效促进信息权人与相应的义务人之间的互动与沟通，做到动态地保护，还可以增加法律的明确性与预测性，更加有利于法的实施与遵守。新加坡的相关立法则是采用了这样的理念。《新加坡个人信息保护法》规定信息义务组织应如何与个人信息之间保持

合法性的关系状态，保护个人信息的一般规则，即遵守法令优先，兼顾相关政策与实践经验；信息义务组织对于个人信息进行收集、使用或披露的规则，信息义务组织为信息权人提供查阅个人信息和改正个人信息错误部分的规则，以及个人信息的预防性保护（诸如"保证个人信息的准确性等"）。

2. 金融消费者信息保护的具体措施

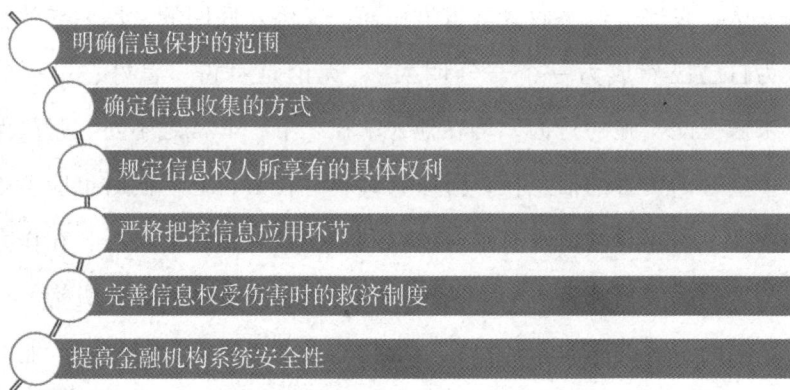

明确信息保护的范围

确定信息收集的方式

规定信息权人所享有的具体权利

严格把控信息应用环节

完善信息权受伤害时的救济制度

提高金融机构系统安全性

图2-6　金融消费者信息保护措施

资料来源：笔者自绘。

（1）明确信息保护的范围

信息保护的范围可以说是信息保护的起点。信息保护的范围应通过列举方式予以明确。具体可分为单项信息和组合信息。其中组合信息是指通过若干个信息的组合才可识别一个人。某些单项信息必须通过组合的方式才能具体到个人，因此通过此种分类，可明确不同单项信息和组合信息的保护力度。信息保护范围还可派生出一般信息和隐私信息。隐私信息有银行账号、密码等。如此，在确定要保护的信息范围的基础之上，再对其进行具体分类，针对不同的信息分类采用不同的保护方法。

（2）确定信息收集的方式

诸多的权利保护在此环节有所体现。在此环节中必须要做到保护与尊重信息权人的信息收集知情权、信息收集选择权。此两项权利依托于信息收集的方式来实现。当前信息收集方式主要包括直接收集方式和协议收集方式。直接收集方式是指无需信息权人的同意，就收集消费者个人信息的方式，适用于收集已公开的信息；协议收集方式是指在事前需获得信息权人同意才可收集的方式。协议收集涉及取得同意的具体形式以及协议中所涉及的内容。现实中通常会将该内容附在某一类长文协议之中，实则并未引起消费者的关注。即使消费者在相关协议上签了字，其效力也有待商榷。通过互联网的方式进行金融活动的情况，则会更加极端。常常将此选项附在网络协议下，若不同意或者作出变通就无法享受该服务，因此通常情况下消费者也就不会详细阅读其文，直接点击同意，而在事后方才明白自己已然同意了该项协议内容。因此有必要规定更加明确且能将协议内容传达到的形式。在协议中还应该：a. 充分给予消费者选择权，选择允许或不允许收集的范围；b. 应该写明信息收集的目的，后期的使用必须限制在该范围之内；c. 协议中还应该重申信息权人所享有的具体权利；d. 信息收集应限定在与提供相关服务的有关联且必要的范围之内，即应当遵守必要性原则。

（3）规定信息权人所享有的具体权利

此项内容是预防式保护的体现。规定信息权人所享有的具体权利，能够明确每一个个人在何种情况下，通过怎样的途径捍卫自己的权利。例如"信息主体在何种情况下拥有决定是否提供本人信息的权利；知晓个人信息利用目的等事项的权利；有要求个人信息持有者向其公开本人信息的权利；信息主体请求查阅、订正、删除或停止使用部分个人信息的权利；个人信息被侵犯时获得制度救济的权利"。

（4）严格把控信息应用环节

随着金融科技等的发展，国内对于金融消费者的信息使用频度空前高涨，且多家玩家跃跃欲试进入该行业。信息原始收集限定于具备一定能力的机构，但市场上的许多企业是通过转让购买获得，目前金融消费者的不安也多来自此环节——金融消费者在只实施了一个行为的情况下，但有多家机构获得了自己的相关信息和数据。这种信息应用，多表现为信息共享，包括一个集团内的共享以及与毫无关联的第三方共享。对于此环节的应用，美国与欧盟采取了不同的方式。"《美国金融服务现代化法案》中规定，消费者对于向无关联关系的第三方的信息共享可以行使选退的权利（opt – out），即所谓'未明确反对即视为同意'。并且，该法并不限制个人信息在集团内部关联企业之间的信息共享。'共同营销行为例外原则'允许一家金融机构为了从事共同营销而与无关联关系的非分支金融机构共享信息。"欧盟规定第三方在内的数据控制者处理个人数据时，以及作为核心企业的附属企业的信息控制人，为了内部管理需要在企业集团内部处理客户或雇员个人数据时，均需要合理依据，即"未明确同意即视为反对"。前者被认为是"选择出口"，后者被认为是"选择入口"。我国仍然可借鉴此种做法，对不同分类的信息采用不同的方式，例如隐私数据应严格选用"选择入口"的方式。这种征得消费者同意的方式并非一劳永逸，而应该定期询问，定期获得消费者同意。

（5）完善信息权受伤害时的救济制度

除诉讼方式之外，还应该融合各种方式，形成完整的多元化的救济方式。例如，《新加坡个人信息保护法》构建的多元化救济机制包括初级救济不仅适用民、刑事程序，还包括调解程序与行政前置处理程序等替代性纠纷解决方式；上诉救济不仅诉诸法院，还有专门的上诉机构——个人信息保护上诉委员会。此外，在具体的诉讼环节，应适当降低金融消费者的举证责任，实行倾斜保护原则。金融消费者的信息大多数情况下散见于各金融机构内，每个金融机构相较于金融消费均处于较为强势的地位，因此有必要适度倾斜，保护金融消费者的利益。

（6）提高金融机构系统安全性

在互联网时代，信息泄露不仅来自人为泄露等，很多情况下是因为系统本身的不安全性和漏洞。因此各金融机构应具有完备的系统安全设施，并保证其能与时俱进、随时升级，保证数据的安全。金融机构还应该积极采用最新的技术，对其数据做到最大限度地脱敏，隐藏个人隐私信息，保障金融消费者的信息权。

二、金融消费者的身份认证和投资者适当性

（一）金融消费者的身份认证

在"互联网＋"的时代背景下，金融科技的迅猛发展对传统金融消费者的身份认证方式产生了较大的影响。通过对传统身份认证技术的创新，建立起更加安全便捷的认证体系和支付环境，对金融行业的健康发展非常重要。金融消费者的身份认证，是指对金融消费者个体及其所声称的身份之间是否具有绑定关系进行充分确认的过程，旨在保障信息可以在安全的环境中交流，从而解决网络通信双方的身份信息是否真实的问题。金融消费者的身份认证直接关系着金融系统的信息安全，对金融消费者保护起着关键性的作用。

金融科技的发展对传统金融消费者的身份认证方式产生了巨大冲击，同时为新型身份认证方式提供了技术支撑。以支付行业为例，随着移动互联网的发展，许多非法分子通过伪基站盗取用户的资金和账户、植入木马等手段盗用用户的隐私数据，导致传统的密码、短信验证码风险较高。在此情况下，需要采取新的身份验证方式以保护金融消费者的合法权益，因此生物特征研发技术就应运而生。蚂蚁金服的支付宝指纹支付和人脸识别功能就是典型代表。2015年9月，支付宝与网商银行将人脸识别应用于多个场景，通过人脸识别登录支付宝账户、进行实名

认证，对于老年人等群体，这种技术不仅能够提升安全，同时也可更加高效地完成交易。目前，人脸识别、指纹识别等技术已成为被广泛接受的生物识别认证技术，未来利用虹膜识别进行的刷眼技术也有望在市场进行推广，提高金融消费者身份认证的安全性。随着行业对新型身份认证方式的需求增加，蚂蚁金服联合中国信息通信研究院、华为、三星、中兴、阿里巴巴等产业链上下游机构于 2015 年 6 月发起成立了互联网金融身份认证联盟（IFAA）。该联盟围绕创新身份认证技术为核心，通过结合各相关方的力量，制定统一完善的标准，降低产业链各方的开发难度和协同成本，持续为用户提供安全便捷的生物识别身份认证体验。相比于传统的金融消费者身份认证手段，基于 IFAA 的生物识别技术，可以被视为更为安全可靠的身份认证方式，解决当前网络身份认证方面存在的诸多问题。

（二）金融消费者保护与投资者适当性管理

我国现行投资者适当性制度主要是行政监管部门及行业自律组织颁布的部门规章、规范性文件及业务规则。目前，就我国现行有效的主要法律规则中，证券、期货、基金领域投资者适当性制度建立得较为全面，从不同层面相应出台了多部法律规则。

1. 投资者适当性的法律规定

第一，证券期货行业。证券期货行业的投资者适当性规则规定在证监会颁布的《证券期货投资者适当性管理办法》（以下简称《管理办法》），于 2017 年 7 月 1 日正式实施。《管理办法》的核心内容主要归结为三点：基于投资者的不同风险承受能力，将投资者分为专业投资者和普通投资者；根据风险特征和程度，对销售的产品或者提供的服务划分风险等级；提出明确的适当性匹配意见，要求将适当的产品或者服务销售提供给适合的投资者，即适当性义务。

基于《管理办法》的指导原则，各行业自律组织纷纷建立及完善相应的业务规则：比如《深圳证券交易所创业板市场投资者适当性管理实施办法》《深圳证券交易所债券市场投资者适当性管理办法》《深圳证券交易所港股通投资者适当性管理指引（2017 年修订）》《上海证券交易所债券市场投资者适当性管理办法（2017 年修订）》《上海证券交易所投资者适当性管理办法（2017 年修订）》《全国中小企业股份转让系统投资者适当性管理细则》《证券经营机构投资者适当性管理实施指引（试行）》。新三板投资者适当性：即机构投资者须为实收资本/实收股本总额 500 万元人民币以上的法人机构或实缴出资总额 500 万元人民币以上的合伙企业，自然人投资者须满足名下有日均金融资产 500 万元人民币以上，具有 2 年以上证券、基金、期货投资经历或 2 年以上金融产品设计、投资、风险管理及相关工作经历。

第二，基金行业。早在 2007 年，证监会就颁布了《证券投资基金销售适用性指导意见》，要求基金销售机构建立健全基金销售适用性管理制度，强调向基金投资人销售匹配其风险承受能力的适当风险等级产品。2016 年，中国基金业协会发布的《私募投资基金募集行为管理办法》中，也特别强调在募集环节要履行投资者适当性匹配的义务。2017 年 6 月 15 日，中国基金业协会相继出台《基金募集机构投资者适当性管理实施指引（试行）》（征求意见稿）（以下简称《指引》），指导基金行业投资者适当性管理制度的有效落实，以期将合适的基金产品或者服务卖给合适的投资者，主要内容有：明确基金募集机构为适当性管理的主体，并要求建立的投资者适当性制度中加入固定条款，即审慎调查、产品或服务风险分级、投资者分类与转化、适当性匹配、风险警示方面的内容；将投资者分为三类：专业投资者、普通投资者、风险承受能力最低类别投资者。对于普通投资者根据风险承受能力的不同，由低到高至少分为 C1、C2、C3、C4、C5 五种类型。上述投资者只要符合相应的条件，即可以实现投资者分类层面的转化，但决定权取决于基金募集机构。明确了基金产品或服务的风险等级划分，并且可以由基金募集机构完成，也可以委托第三方机构提供。基金产品或服务的风险等级由低到高，至少划分为 R1、R2、R3、R4、R5 五个等级。基金募集机构应当根据普通投资者风险承受能力和基金产品或者服务的风险等级建立适当性匹配原则，通俗地讲，就是高风险承受能力的投资人可以正常购买同等级以及低等级风险的产品；但低风险承受能力等级的投资者购买高风险等级产品的，需要特别提出申请并进行相应的确认和承诺，风险承受能力最低类别投资者不能购买不匹配的产品。《指引》鼓励基金募集机构通过对普通投资者进行回访、评估、自查等方式，不断在实践中总结经验，持续优化投资者适当性管理制度。

2. 投资者适当性规则的积极效应

第一，投资者适当性管理有利于打破刚性兑付。刚性兑付，就是金融产品到期后，金融机构必须分配给投资者本金以及收益，当金融产品出现不能如期兑付或兑付困难时，金融机构需要兜底处理。事实上，我国并没有哪项法律条文规定刚性兑付，但一直以来，信托和银行理财产品都保持着刚性兑付。"刚性兑付"规则在本质上是违反完全市场中的风险收益匹配原则的。"卖者有责"与"买者自负"共同体现了现代金融交易的诚信原则与契约精神。打破刚性兑付的前提条件是"卖者有责"。一方面，要求卖者在产品风险等级与投资者风险承受能力之间作出精准匹配，避免不当销售；另一方面，要求卖者在销售之初及产品存续期内，持续、客观地披露产品信息和风险，使投资者在信息相对充分的条件下自由作出选择判断。只有这样，卖者才能将风险与收益真正过手给投资者，打破"刚兑"。

第二，投资者适当性管理有利于保护投资者合法权益。投资者适当性管理在指导和规范金融机构及从业人员行为的同时，可以提升投资者理性判断能力，有助于投资者防范风险和防止损失，促进金融市场的健康稳定发展。根据波士顿咨询公司"2015 年中国资产管理市场报告"显示，截至 2015 年年末，个人投资者资金占资管市场的 61%。监管机构的最主要目的就在于保护投资者合法权益，这是推动我国市场长期稳定健康发展和深化改革开放的重要保障。

第三，投资者适当性管理有助于实现普惠金融。长久以来，大多数资管产品对投资者的财力和起投金额有较为严苛的限制。传统资管机构的个人客户服务对象主要集中在中高端人群，服务半径有限，无法满足普通大众的需求。长此以往，会进一步加剧社会收入分配体系的两极分化，不断完善的投资者适当性管理体系，使更多的投资者有机会参与投资，购买到与其风险能力相匹配的产品，实现金融普惠也将成为可能。

第四，为经营机构提供差异化服务奠定基础。伴随着多层次资本市场建设的加快推进，投资者需求日趋多元化，投资环境进一步复杂化，需要区别对待不同类型的投资者，提供适合其自身特点和需求的产品和服务。加强对证券期货经营机构创新风险的防控作用。一般投资者很难了解金融产品其中的风险特征，投资者适当性管理制度要求证券期货经营机构及其从业人员向投资者充分揭示其风险，并只能向明确理解这些产品的投资者推荐。

其中，《管理办法》可以被视为适当性管理的母法，对金融市场中的投资者保护具有里程碑式的重要意义。《管理办法》中从投资者分类、产品分级、适当性匹配等全过程、各环节，全面、系统地阐述了投资者适当性管理制度，旨在保障投资者进入金融市场初始环节的合法权利。其中，《管理办法》中强调的建立全国统一的投资者适当性分类标准，是引导社会资金合理配置、保护消费者投资利益的重要制度。随着我国在建设多层次资本市场体系的道路上不断推进，不断探索建立与我国资本市场创新相适应的制度规则体系，如何确保投资者的风险认知和风险承受能力与金融商品相适应，如何实现对投资者权益的保护，已经成为市场监管者需要认真面对的问题。投资者分类还应当依据多维度指标，统一投资者分类标准和管理要求。经营机构至少要从三个维度，即"投资者的财力、投资者的专业能力、风险认知和承受能力"对投资者进行评估和分类；经营机构还需要针对不同投资者，设置不同证券投资门槛，为投资者提供不同的产品与服务，同时对投资者给予不同程度的保护。除了投资者分类制度，对经营机构的说明义务进行强制性规定，并明确其法律责任也是实现投资者适当性的重要保障。《管理办法》第三十七条明确规定：经营机构履行适当性义务存在过错并造成投资者损失的，应当依法承担相应的法律责任。经营机构与普通投资者发生纠纷，经营机构不能证明其履行相应义务的，应当依法承担相应法律责任。在司法裁判层面，也曾对此进行过规定。

在我国，投资者适当性制度经历了从无到有、从单层次到多层次的发展过程。从刚开始在个别规范性文件中的偶尔提及，到如今在创业板和股指期货等领域中的制度构建，投资者适当性制度已经在我国初具雏形。从证监会的动向来看，新产品的推出大都会伴随投资者适当性的规定。对属于新兴金融市场的中国来说，按产品逐一推进投资者适当性制度不失为一个好的开端。但由于市场的发展速度往往超过法律，立法者在制度构建过程中也应当给予场外金融产品以相当的关注。某些金融衍生产品已经在民间广为应用，但它们通常只受到合同约定的限制，这可能会对市场稳定造成相当的威胁。我国的投资者适当性制度尚处于起始阶段，对投资者的保护并非过多，而是保护不足、不全面，因此目前考虑谨慎保护投资者的问题为时尚早。我国监管者已经引导金融机构对投资者进行测试、分类，但分类结果往往缺乏科学的评判，其"分而不用"的实际应用状况也十分尴尬。从成熟市场的经验来看，投资者分类是金融市场走向高效的重要制度，它不仅有利于适当性制度的实施，对金融产业的后续发展也具有重大意义。监管者应当引导、督促机构建立完善、实用的投资者分类制度。

三、金融消费者的安全教育

(一) 互联网金融消费者

《中华人民共和国消费者权益保护法》(以下简称《消法》)第二条明确规定:"消费者为生活消费需要购买、使用商品或者接受服务,其权益受本法保护。"[①] 从表述来看,《消法》调整范围为"为生活消费需要",这一概念内涵丰富、涵盖范围广。随着经济生活的进步和社会发展,消费者的需求层次不仅仅局限在生存层面,也包括发展和享受层面。金融消费与消费者在一般领域的消费不同,属于特殊领域的消费。金融消费是消费者在满足基本生存需要的基础上,拥有一定的货币积累或稳定的预期收入后,通过获得金融服务,以更多的财富和资本积累实现更深层次的需求的行为。互联网金融消费者具有互联网消费者和金融消费者的双向特征,其面临的风险也同样具有双重性。

1. 互联网金融消费者的安全教育:蚂蚁金服的探索

针对互联网金融交易中参与群体人数越来越多,而不同的消费者之间金融专业知识和互联网知识水平差异较大的特点,蚂蚁金服探索了多样化的教育模式,面向互联网金融行业乃至整个社会普及推广互联网金融知识,提高互联网金融消费者的专业知识素养,引导消费者理性选择,找到适合自身的互联网金融产品和服务,减少金融纠纷,避免互联网金融消费者的权益受到损害,使得消费者有能力识别互联网金融产品

[①]　全国人大常委会法制工作委员会民法室:《中华人民共和国消费者权益保护法解读》,中国法制出版社2013年版,第5页。

和服务的风险，对于自己的交易行为有着明确的认识，避免因盲目跟风或者偏听偏信造成的个人权益的损失。此外，还应该注重普及有关金融交易的法律法规，帮助消费者明确自身在互联网金融交易中的权利义务，增强对消费者的金融安全教育。蚂蚁金服将安全教育置于企业发展的重要位置，重点研究和开展相关安全知识和安全技能普及的工作，主要集中于以下方面。

（1）全渠道触达用户

蚂蚁金融综合利用内外部渠道向用户传递与网络安全相关的内容。蚂蚁金服用户安全教育的外部渠道主要包括微博官方号、微信公众号、今日头条号、UC头条等新媒体，以日常专人安全教育运营的方式为主。同时，蚂蚁金服内部通过"安全课堂"应用、支付宝首页卡片、支付宝生活号、支付宝圈子、千牛（针对淘宝卖家）短信等渠道，进行日常的用户安全教育问答和互动以及安全知识普及。目前，蚂蚁金服全渠道可覆盖4.5亿实名用户，2017年已累计覆盖用户1.1亿人，传播形式包括图文、漫画、视频、测验、直播等。

（2）建立安全教育生态联盟

目前，蚂蚁金服与公安、银行等合作伙伴建立了良好的互动机制，初步构建了用户安全教育生态联盟。一方面，蚂蚁金服与新华社、《人民公安报》、中国警察网及公安大V合作，定期组织公安大V参与圆桌论坛；另一方面，与公安部刑侦局、治安局、《人民公安报》、中国警察网等形成反欺诈联盟。同时，蚂蚁金服与建设银行、平安银行等金融机构定期共享当前高危的风险类型、风险手法和安全教育内容，包括网络通信诈骗类风险信息、最新与安全相关的政策和法规、最新的金融法规、最新的网络犯罪信息如赌博、传销等。

（3）技术助力精准安全教育

蚂蚁金服借助互联网技术与大数据工具及时发现、筛选最新与高危骗术，并基于用户画像精准推荐安全教育内容，实现安全教育内容和形式的千人千面。蚂蚁金服利用自身的黑产情报系统和网络爬虫技术，可准确实时地获取黑产相关动态和网络最新的风险信息，并结合用户的实时来电和举报数据，产出最新的风险形势和安全教育内容。定向推送功能通过支付宝首页的信息卡片实现，针对不同风险人群，推送不同的安全教育。根据风险情况变化，可实时向高危人群普及一系列风险案例，包括手机丢失怎么办、如何设置密码更安全、假冒客服、赌博教育、兼职刷单、伪基站钓鱼等。目前，该功能覆盖的用户群体包括各年龄层、各职业层和各地区，被进行过安全教育的用户发生风险的概率平均比群体用户低 16 个百分点，取得了很好的风险预防效果。

（4）重视对青少年的安全教育

网络安全教育是世界各国普遍关注的问题，而青少年又是网络的主力军，各国纷纷采取相应举措加强对青少年的网络安全教育。例如，2010 年美国联邦通信委员会要求绝大多数美国中小学开展网络安全教育；日本面向学生推出了名为"网络安全"的网站，根据用户年龄的差异提供不同的网上自我保护信息，同时专门制定了《网络安全普及与启蒙计划》，将网络安全教育从初等教育阶段抓起。

同时，蚂蚁金服联合各地高校开展反电信网络诈骗"百城千校"活动，积极推动安全教育进校园，通过举办安全教育讲座、制作安全教育辅助读物、开办安全教育线上课堂、招聘校园志愿者（蚂蚁神盾局校园特工）等手段，及时、全面地向青少年输出网络信息安全意识教育内容，提升青少年对"平安上网、安全上网、健康上网"的理解。以线上课堂为例，在中央网信办的指导下，蚂蚁金服借助互联网安全教育公益智库，联合安全行业专家、政府权威专家、安全媒体和企业专家打造了线上用户安全教育应用"安全课堂"。

2. 互联网金融消费者的权利界定

消费者权益保护的立法理念是为了保护处于弱势地位的消费者权

益。互联网金融消费者保护是在互联网金融领域的消费者保护问题，在这一领域，消费者的弱势地位更加明确彰显。一方面，其带有传统金融的特点，金融产品的复杂化和专业化使得消费者和经营者的信息不对称，无法保证交易的实质公平，消费者的知情权受到损害。另外，在金融交易中，消费者还面临着欺诈风险和虚假陈述等，消费者的资金安全、账户安全都面临威胁。消费者无法通过私法自治获得公平公正，需要对其进行保护。另一方面，互联网金融以网络技术为依托，互联网的内生风险比如木马病毒、钓鱼网站等都会对消费者的权益造成损害。由此可见，互联网金融消费者保护具有必要性。同时，互联网金融机构提供的金融服务本身对于消费者而言就是一种交易行为，在消费者获得和享有金融服务的过程中，其合法权益理应得到保护。《消法》第二十八条也明确指出提供证券、保险、银行等金融服务的经营者对于消费者具有信息披露的义务。① 该条款在法律意义上承认了互联网金融消费者这一主体适用本法，其权益为本法所保障。信息披露义务的履行与否是保障消费者在交易中知情权的关键。在互联网金融领域，信息不对称，消费者对于信息和市场的把控很是被动。加之，金融产品本身的高度专业化，消费者在缔约时真实的意思表示近乎全部建立在互联网金融经营者的信息披露和风险告知上，消费者的弱势地位极其明显。在这一领域调整经营者和消费者的权利义务关系，才能使得在金融交易中的弱者一方即消费者得到利益上的提升②，才能使得互联网金融消费的法律关系获

---

① 参见《中华人民共和国消费者权益保护法》第二十八条规定：采用网络、电视、电话、邮购等方式提供商品或者服务的经营者，以及提供证券、保险、银行等金融服务的经营者，应当向消费者提供经营地址、联系方式、商品或者服务的数量和质量、价款或者费用、履行期限和方式、安全注意事项和风险警示、售后服务、民事责任等信息。

② 陈文君：《金融消费者保护监管研究》，上海财经大学出版社 2011 年版，第 9 页。

得平衡，从而实现金融消费的公平、公正。

互联网金融消费者的权益主要包括知情权、信息保护权和安全权。

首先，知情权在《消法》第八条中进行了规定①，这从法律层面确定了互联网金融消费者的知情权。这与互联网金融机构的信息披露义务和风险告知义务是相对应的。由于在互联网金融交易中，消费者与金融机构无法面对面，很难识别有效信息。知情权就成为互联网消费者自我保护的基本保障。

互联网金融创新产品和服务层出不穷，非常复杂，加之互联网金融虚拟化的特点，消费者与金融机构无法面对面交流，这使得互联网金融消费者很难识别有效信息。互联网金融消费者是否接受产品和服务通常只能是基于互联网现有的信息作出决策，交易双方所获取的信息明显不对称。互联网金融机构往往更注重宣传所提供的产品或服务的高收益率、回报率或者便捷度等的宣传，对于其真实特性没有全面的说明，而互联网金融消费者又往往缺乏专业的财经知识对其所购买的互联网金融产品或服务进行客观、全面的判断，使得自身的利益保障出现问题。

相比较于其他权利，知情权是互联网金融消费者权益保护的最基本保障。互联网金融机构的信息披露义务以及说明告知义务就是为了保障互联网金融消费者的知情权能够得到履行和实现。只有互联网金融消费者真实、准确和及时了解互联网金融产品和服务的基本信息，才能了解自身的金融需求和金融偏好，进行适当的金融消费行为，作出正确的金融消费决定，实现和互联网金融机构的实质平等。互联网金融消费者的

---

① 参见《中华人民共和国消费者权益保护法》第八条规定：消费者享有知悉其购买、使用的商品或者接受的服务的真实情况的权利。消费者有权根据商品或者服务的不同情况，要求经营者提供商品的价格、产地、生产者、用途、性能、规格、等级、主要成份、生产日期、有效期限、检验合格证明、使用方法说明书、售后服务，或者服务的内容、规格、费用等有关情况。

知情权涵盖的内容主要包括三点：一是信息的全面性。互联网金融消费者在进行金融消费活动的整个过程中，均有权获得与其从事的交易相关的金融信息的权利。金融机构对于消费者的信息的获取应当提供便利，不得阻拦或者拒绝互联网金融消费者获取与金融机构相对称的信息。二是信息的真实性。互联网金融消费者在进行金融消费活动时所获得的信息应是真实、准确、完整的。所有的金融产品和服务都是基于信息的，互联网金融消费者对商品和服务的选择更是完全基于对信息真假完整与否的判断，任何一个信息的缺失都可能对互联网金融消费者的预期产生影响，甚至错误的判断也将导致金融利益的损失。三是告知时间上的有效及时性。互联网金融消费者在进行金融消费时所获得的信息应当是快速的，时间上的滞后将影响消费者的个人判断。

其次，《消法》在第十四条中增加了对消费者个人信息保护权的规定。[1] 互联网金融的发展离不开信息和数据，互联网金融机构逐渐认识到消费者信息潜在的商业价值。当今时代，大数据和云计算是解决信息不对称和控制互联网金融风险的重要手段，也是降低交易成本，提供对客户的个性化服务的关键所在。互联网金融机构对消费者的信息进行收集、挖掘和分析，不可避免地涉及信息的安全和保密问题。信息保护权的规定将更加有利于保护消费者在交易中的隐私。

从信息的采集和使用两个方面来看，在互联网金融交易活动中，双方通过虚拟的计算机网络来进行交易，并没有面对面相互沟通和问询的机会来确定核实对方的身份信息，为了提高交易的成功率，保障交易的安全，消费者必须提供一个较为详细的个人信息，如身份信息或账户信息等，而这些信息在通过互联网传递的过程中有可能被恶意利用。互联

---

[1] 参见《中华人民共和国消费者权益保护法》第十四条规定：消费者在购买、使用商品和接受服务时，享有人格尊严、民族风俗习惯得到尊重的权利，享有个人信息依法得到保护的权利。

网金融机构，通过从各种途径获得的数据挖掘和数据分析，从而获得客户的资金情况和消费需求，并由此更好地开发各种产品。互联网金融机构获取信息本应该是一个合法的通过正式渠道的采集过程，但在现实中有许多不规范甚至违法的行为。而非法获得的消费者信息，比如侵犯消费者的个人隐私和打扰消费者的日常生活，更有甚者，有的信息被犯罪分子利用而从事违法犯罪活动。消费者的信息安全无法保障。

最后，"安全权是消费者最基本最重要的权利"。[①] 金融消费者的安全权是指金融消费者在接受金融商品或金融服务时享有的人身、财产安全不受侵害的权利，包括人身安全权和财产安全权。传统消费者的安全权，主要有两方面内容：一是消费者在购买、使用商品或接受服务时，产品或服务没有质量上的缺陷或瑕疵，不能给消费者人身、财产造成损害或有损害的危险；二是消费者在经营者场所享有安全权，经营者有保障消费者在其场所内不受到人身、财产损害的义务，即我国《侵权责任法》规定的"场所责任"。

相比传统消费者的安全权，金融消费者的生命健康安全权在内容上与传统消费者一样，但在财产安全权上有所不同。体现在：金融消费领域，随着电子商务、网上银行等新型交易手段、交易方式的出现，金融消费者财产安全权更多体现在身份证信息、手机电话信息、各种银行卡及信用卡账号密码、股票等金融交易账号密码等方面的信息安全。因此，金融机构在保障金融消费者安全权方面，应特别加强网络技术手段的革新和内部管理，保护好金融消费者的个人信息，严防被窃取或泄露。

---

① 金福海：《消费者法论》，北京大学出版社 2005 年版，第 50 页。

（二）建立金融产品的信息披露机制

信息披露的透明度决定了网络借贷市场监管的力度。[①] 网络借贷平台本身就是信息优势方，在信息资源上有绝对的优势地位，再加上互联网搭桥，造成了借贷双方极端的信息不对称。因此，需要监管层强制保证网络借贷平台信息披露的真实性和全面性，保障投资者在不具备专业金融知识和强大的筛选信息能力的情况下，也能够审核信息的真伪。

根据数据显示，我国网贷平台投资者以中老年人、学生等缺乏投资者经验和专业知识的闲散资金拥有者为主，在网贷平台方的鼓吹、高收益广告的诱惑下，很容易遭受误导、欺诈，作出非理性投资决策，网络借贷市场投资者普遍不成熟决定了信息披露监管时应过多向投资者保护倾斜，同时网络借贷平台作为拥有借贷信息的优势一方，客观上就存在网络借贷平台恶意虚构融资项目或者恶意串通借款人欺诈投资者的风险。因此，信息披露监管应当区分哪些信息需要以震慑手段强制披露，哪些信息网络借贷平台可以自愿披露，以达到充分保护投资者的目的。

之所以在金融法律关系中对金融消费者保护问题予以极大的重视，其重要原因便在于信息的不对称性在该法律关系中体现得尤为突出。如今，包括各种复杂的金融衍生品在内的金融商品和金融服务充斥着整个金融市场，并且是消费者购买的主要对象，人们往往只看到了销售者承诺的高回报和高收益，而忽视了其所蕴藏的高风险往往超出大多数金融消费者的认知范围。加之金融商品或金融服务的销售者的推销手段具有迷惑性，更容易使消费者放下最后一丝戒心。

2016 年 12 月 20 日，蚂蚁金服旗下的招财宝平台发布公告称"侨

[①] 苗文龙：《互联网金融：模式与风险》，经济科学出版社 2015 年版，第 125 页。

讯第一期至第七期和侨信第一期至第七期私募债，由于资金周转困难无法按时还款"开始，招财宝事件一波三折，牵涉多方利益主体。直至2017年1月18日，招财宝再次发布公告宣布，第三期至第七期共8.34亿元侨兴债逾期。这意味着侨兴集团发行的所有债券全部逾期。这原本是一件普通的债券市场违约事件，却因为浙商财险与广发银行之间出现的"萝卜章"问题引起业界广泛的关注。银行和保险公司的担保本应是对金融消费者实施保护的重要手段，此次"侨兴私募债"事件发生后的行为让公众意识到我国金融消费者保护的机制仍有待完善。而商业银行作为我国金融市场中的重要参与主体之一，承担着资金融通的重要职能，与金融消费者实行接触最为密切。金融消费者与商业银行进行业务往来的过程中，银行应当为处于信息劣势地位的金融消费者提供适度的风险提示与保护。

第一，倾斜保护原则是缓解金融信息不对称的内在要求。倾斜保护原则是一项普遍适用于处理法律关系主体双方关系的原则，从基本法理上分析，当法律关系双方权利义务不对等时，法律必须有效介入，通过重新调整法律关系双方的权利义务关系，最终达到双方的平衡。社会弱势群体的特殊身份决定了难以用意思自治的私法原则来调整，也不能采用依法行政的公法原则来调整，只能适用倾斜性保护的基本原则。在互联网金融交易中，由于互联网金融消费者处于明显弱势地位，需要对互联网金融消费者实行倾斜性保护，提高互联网金融消费者的话语权和谈判权，实现互联网金融消费者和经营者实力的相对平衡。在我国当前行政权主导的金融监管体制下，金融监管立法不自觉地会从金融行政监管的需求出发来设定互联网金融经营者的权利义务，消费者的交易需求和权利保护容易受到忽视，难以真正贯彻对消费者倾斜保护的原则和理念。互联网金融市场上客观存在普遍的信息不对称情况，并且金融商品或者服务具有一定的特殊性，这就使得互联网金融消费者与金融经营者之间难以在真正平等的意义上进行交易，这也就要求互联网金融立法给予消费者应有的倾斜保护。

由于第三方支付平台最初是电子商务平台，消费者在平台上进行网络购物时与一般的消费者并无区别，但是第三方支付平台开始异化成为基金代理销售机构，代理销售如余额宝、存金宝等基金产品，同时淘宝平台还提供基金超市模式的理财服务，此时平台上的消费者已经不再是普通消费者，而是金融消费者。但是平台上的消费者由于长期购买普通产品，形成了惯性思维，对金融产品的风险注意程度会大大下降。因为其购买的金融投资产品与普通产品存在差异。金融商品是金融人士运用专业的经济、数学、统计、金融知识设计出来的结构性产品，包含大量的信息，具有无形性、专业性、收益性、风险性等区别于普通商品的特点。[①] 因此，金融商品的内涵对于普通消费者而言过于复杂，未接受过金融专业知识教育的消费者很难完全了解，甚至金融专业的从业人员也不可能对金融市场上丰富的金融商品信息都完全理解并作出正确的判断。第三方支付平台为普通消费者提供了过于便利的金融产品购买平台，消费者一点击购买就可以直接进入基金申购环节，即使基金销售机构提供了产品的真实信息，但是由于金融专业术语的晦涩难懂，许多消费者实际上还是不了解自己购买的产品及其风险。第三方支付平台在为金融产品做宣传时，往往会将宣传的重点放在产品的收益上，可以淡化甚至回避产品的潜在风险。对此，有关监管部门应当尽快出台相关法律完善金融消费者的保护。首先，增加有关限制金融机构对金融产品的宣传推介的规定，可以规定金融产品宣传按推介的方式和适度性进行。其次，对互联网金融消费者享有的特殊权利和金融机构应当承担的义务进行详细规定。互联网环境下的金融消费者应当有不同于传统金融消费的

---

① 何颖：《金融消费者权益保护制度论》，北京大学出版社 2011 年版，第 20—23 页。

权利，还应将承担保护金融消费者权利的机构扩大到从事金融业务的机构，为金融消费者投资金融理财产品提供更好的法律保障。

第二，适度保护原则是实现交易双方信息平衡的基本遵循。倾斜保护原则的出发点是平衡互联网金融经营者与消费者权利义务的不均衡，如果向消费者倾斜过度，自然就会产生新的不平衡，因此适度保护原则是对倾斜保护原则的补充，也是达到倾斜保护原则根本目的的内在要求。在强调对金融消费者倾斜保护的同时，还必须警惕出现保护过度、保护失度的倾向，无视金融交易规律和交易双方动态平衡的倾斜性保护监管不仅不能达到预期效果，反而可能引发更为严重的后果。对互联网金融消费者倾斜保护框架的设立是否达到合理限度，还有赖于综合评价相关制度设计对金融经营者、金融消费者以整个金融行业所带来的影响，力求以较小的社会成本换取较大的制度收益，并警惕和防范倾斜保护失度可能导致的危害。对互联网金融消费者倾斜保护并非金融监管立法的最终目的，金融消费者与经营者之间不是完全对立的关系，还存在相互依存、相互依赖的关系。保护金融消费者恰恰是为了实现交易双方当事人之间的实质平等，从而贯彻"私法自治"的民法精神。从互联网金融经营者角度看，对消费者强化倾斜保护、加强权利倾斜配置，意味着金融经营者要履行相应义务来确保消费者倾斜利益的实现，从这个意义上说金融机构会成为相应的利益受损者，因此可能采取相应的对策来抵消不利影响，在设计互联网金融消费者倾斜保护立法的时候必须要考虑这方面的问题。从互联网金融消费者角度看，法律对消费者倾斜保护使其在无成本情况下获得了正常交易框架之外的一些利益，由此金融消费者可能低效率地使用其获取的利益，可能降低提高自身金融专业素质的动力，甚至可能由于利益得到充分保障更易作出不谨慎的行为选择，甚至诱发一定的道德风险。从整个互联网金融市场角度看，对金融消费者倾斜保护自然会使金融经营者的经营成本增加或收益减少，如果其交易利益减少到一定程度以致不能由其自然消化，将会增大金融经营者的经营风险；同时金融消费者地位的不断削弱，会从根本上缩减社会金融消费需求，需求减少了，自然影响供给的数量，最终损害的也包括金融经营者的利益，若这种影响涉及整个金融行业内绝大部分金融经营者，对金融创新将是一个重大打击，进而提高整个金融行业的系统性风险。因此，对消费者的倾斜保护既要确保合同当事人的地位对等性，恢复消费者的自我决定能力，使消费者能够基于合理判断签订合同，同时要确保市场自由竞争机制的正常运行。

遵循适度保护原则。首先，要依据金融规律进行适度保护。互联网金融的本质仍然是金融，对互联网金融消费者的倾斜保护不能仅凭主观判断，要遵循金融市场发展内在的规律，否则可能会抑制互联网金融市场的健康发展。其次，要对不同消费者进行差异化保护。在从整体出发对金融消费者进行保护的同时，要注意研究金融消费者群体内部的横向差异，现实中不同的金融消费者的金融交易能力相差很大，不同的互联网金融服务或产品在风险程度上存在差异，金融消费者自身的金融知识、收入水平、风险偏好存在差异，经济发展程度不同的金融消费者的金融交易能力存在差异，即使同一金融消费者对不同金融产品或服务的熟悉程度也存在差异。因此对金融消费者群体保护不应简单划一，应当采取差异化保护策略，对金融消费者进行切实而充分的保护，这也是前文所述适当性原则的自然要求。此外，还要处理好消费者保护与金融创新的关系。对金融消费者的倾斜保护，不能对金融创新和金融行业产生明显的负面作用，要加强金融消费者保护与增强金融创新之间的平衡。实践证明，金融创新会导致金融产品更加复杂，风险透明度随之降低，这也就意味着金融创新与消费者保护存在一定的矛盾。近年来，互联网金融创新为消费者提供了更多信贷可获得性，同时大幅降低了金融交易，为消费者带来更多福祉，不应对互联网金融经营者的金融创新予以过多限制，当然同时应该警惕互联网金融产品设计复杂、风险过高对消费者的不利影响。因此，金融监管机构所面临的挑战是如何实现金融消费者与经营者信息的再平衡，在不损害金融创新的社会福利前提下为互联网金融消费者提供最大限度的权益保护。

第三章
金融科技安全体系前沿问题透视

　　金融科技在传统金融体系之外快速形成了全新的金融生态，尤其是在中国，犹如旧城之外形成新城，金融再造工程绕开了很多传统金融监管和法律。比如，在银联之外诞生了第三方支付和网联；银行这一信用中介之外出现了P2P信息中介；各类交易所市场之外出现了股权众筹；IPO之外出现了ICO；法定货币之外出现了虚拟货币和数字货币；征信（央行征信中心）之外出现了大数据征信（信联）；传统理财之外出现了互联网理财、智能投顾、各类大资管等；还有互联网保险、网络小贷、现金贷、助贷机构等。这些变化亟须重构金融监管以应对科技驱动不断加速迭代创新的金融业。

第一节　数字货币领域的安全问题

截至 2017 年 6 月 10 日，以比特币为代表的数字货币总市值里程碑式地突破了 1000 亿美元。亚洲投资者为比特币等数字货币价格的疯涨作出了巨大"贡献"。过去一年新增的数千万比特币钱包平台注册用户，主要集中在中国、韩国和日本。然而，曾经迅猛发展的数字货币，正迎来一股监管浪潮。

自 2017 年 9 月以来，有关各种数字货币的监管可谓进入深水区。9 月 4 日，ICO 项目被叫停；8 日，第三方交易平台国交网发布公告，宣布根据 9 月 5 日和 9 月 8 日北京市金融工作会议的精神和要求，自当日 17 点 30 分开始暂停所有币种的交易；13 日晚，互金协会发布了关于防范比特币等所谓"虚拟货币"的风险提示，该提示在一定程度上暗示了对比特币等"虚拟货币"的监管风向；14 日，相关部门决定关闭中国境内虚拟货币的交易平台，涉及"火币""币行""比特币中国"等三大虚拟货币交易平台，当日，比特币价格已经暴跌 20%，其他各类虚拟货币跌幅均高于 20%。

由于目前针对数字货币的相关法律法规尚不完善，数字货币的发展存在诸多安全隐患。2017 年 9 月 18 日晚间，央视新闻频道《焦点访谈》节目报道了海南海口破获的一起传销案。与以往不同，这起传销案打的旗号是最近颇为火热的虚拟货币，这种虚拟货币在犯罪嫌疑人口中被称作"亚欧币"。在对亚欧币的性质和交易平台的运作方式进行深入了解后，我们发现"亚欧币"并非虚拟货币，只是一种诈骗和传销的结合。亚欧币传销案虽然仅是个案，但是由此反映出数字货币领域存在的安全问题应当加以重视。

2017 年下半年以来，比特币的价格不断上涨，曾一度接近 20000 美元大关。同时，以往境内的各大交易平台纷纷转到境外，例如日本、新加坡、韩国、澳大利亚等地，在这些国家开办交易所，ICO 项目也随之转移到境外进行，导致尽管名义上的交易平台和 ICO 项目地址在境外，但实际的人员和其他要素都在境内。可以说，ICO 和虚拟货币交易再度呈现活跃火热的态势，相关项目数量、融资规模、投资者人数再创新高，潜在安全问题不容忽视。

一、数字货币的含义及发展

货币的发展经历了从实物货币到金银货币再到纸币的过程，随着互联网的发展和数字加密技术的不断创新，以此为基础的数字货币的出现水到渠成。在语词上，数字货币与电子货币、虚拟货币等概念常被混用，导致数字货币的含义并不清晰。事实上，数字货币、电子货币和虚拟货币等概念有着较为明确的区别。

广义上的数字货币指一切价值的数字表示，依照其计价方式可以分为两大类。第一类是代表了一定法定货币价值的数字单元，包括各种能用电子方式进行处理的法定货币余额，即电子货币和未来各国央行准备发行的法定数字货币。第二类是不代表法定货币，但具有一定财产价值的数字单元，包括平台代币和虚拟货币两种。平台代币通常指由网络企业发行的、用于购买网络平台内部虚拟商品的虚拟财产，如 Q 币、各种网络游戏内置货币、积分等。[1] 虚拟货币则指具备部分货币职能[2]但

---

[1]　焦瑾璞、孙天琦等：《数字货币与普惠金融发展——理论框架、国际实践与监管体系》，《金融监管研究》2015 年第 7 期，第 19—35 页。

[2]　经济学上将货币的职能总结为：（1）交易媒介；（2）计量单位；（3）价值贮藏。参见［美］米什金：《货币金融学》，钱炜青、高峰译，清华大学出版社 2009 年版，第 48—51 页。

不以法定货币计价的数字价值。本书将统一用数字货币这一概念展开讨论。

信息技术的发展使金融科技发生着日新月异的变化。典型的数字货币代表——比特币的迅速发展，是数字货币发展现状的一个折射。2009年1月上线的比特币区块链，为金融科技的创新提供了重要的技术和应用支持，受到了越来越多人的重视和追捧。在比特币总量有限、产出趋缓、市场避险情绪升温、投资人逐利天性等因素的驱动下，比特币的价格一再被推高，2017年10月13日，比特币价格上涨11%，至5386.23美元，超过了9月2日5013.91美元的纪录。2017年年初至今，比特币价格累计上涨约454%。

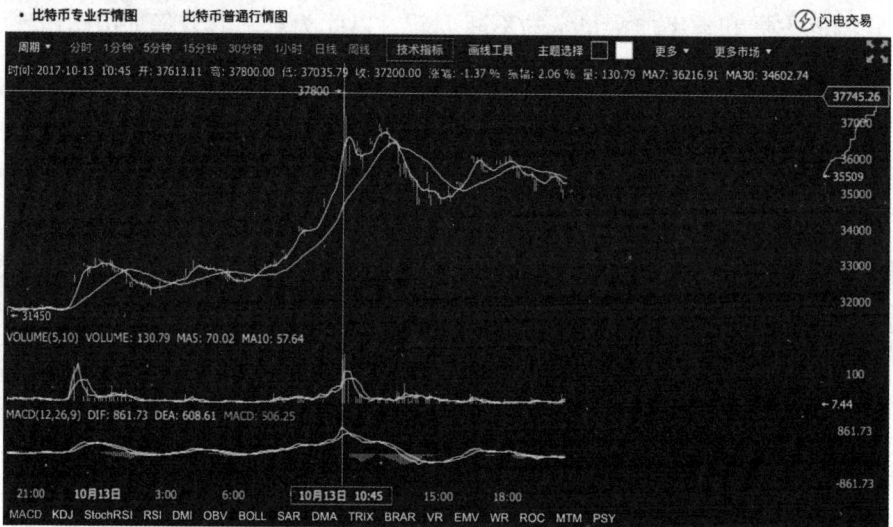

图 3-1 2017 年 10 月 13 日比特币价格走势

资料来源：火币网。

比特币价格疯涨的背后是无数为之狂热的投资者们，2016年中国比特币交易量占据全球交易量的93%；2017年由于日本金融厅承认比特币，日本超越美国成为比特币交易量最大的国家，占比达40%；韩国以太币交易额超过了比特币交易额，以太币韩元交易量超过全球以太币总交易量的 30% 。

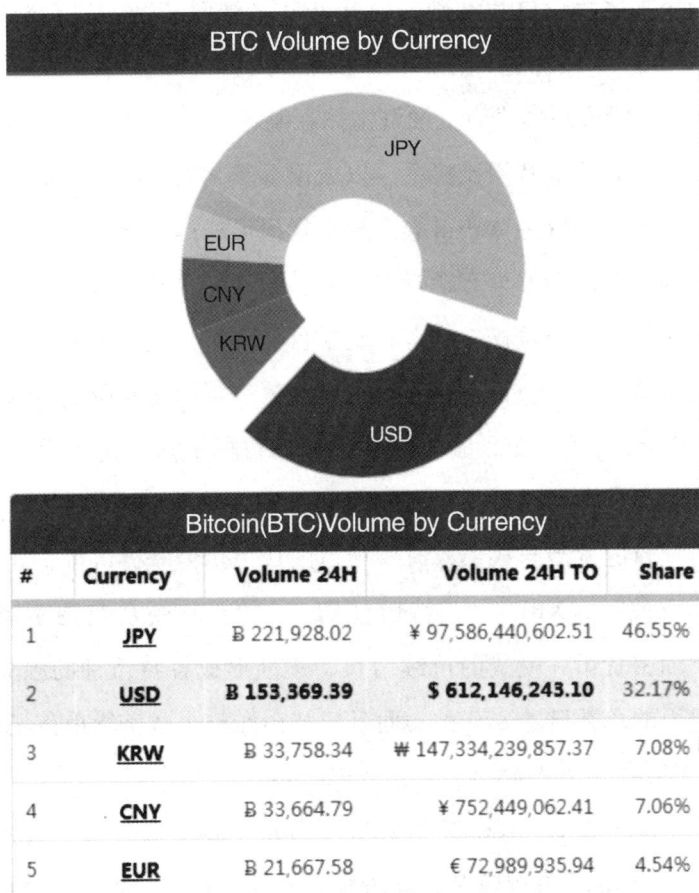

Bitcoin(BTC)Volume by Currency				
#	Currency	Volume 24H	Volume 24H TO	Share
1	JPY	฿ 221,928.02	¥ 97,586,440,602.51	46.55%
2	USD	฿ 153,369.39	$ 612,146,243.10	32.17%
3	KRW	฿ 33,758.34	₩ 147,334,239,857.37	7.08%
4	CNY	฿ 33,664.79	¥ 752,449,062.41	7.06%
5	EUR	฿ 21,667.58	€ 72,989,935.94	4.54%

图 3 - 2　截至 2017 年 9 月 19 日各国货币比特币交易量

资料来源：华尔街见闻。

二、ICO 的发展及监管历程

（一）ICO 的曲折发展

ICO 是一种借助数字加密货币（Crypto - Token）进行融资的方式，最开始是 Initial Coin Offering 的简称，被译为"初始数字货币发行"。但是 Coin 的翻译引起很多争议，更多的学者则认为用"Crypto – Token"来表示数字加密货币更为准确，因此 ICO 又被解读为"Initial Crypto – Token Offering"，被译为"首次代币发行"。

ICO 的一般表现形式为：融资主体在某区块链上发行自己的企业代币或项目代币，投资者用比特币、以太币等较为通用的数字加密货币来兑换项目代币。融资主体获得数字加密货币形式的资金，相应地，持有项目代币的投资者能够享有融资主体提供的某种权益，这种权益可以表现为融资主体享有收益权，或者有些项目代币本身就是可供流通转让的代币。投资者可以在项目正式上线后通过数字货币交易所流通退出。

在 2014 年之前，由于多数 ICO 项目的目标受众与比特币社区成员的重合度较高，比特币（BTC）成为早期 ICO 唯一的融资代币。随着其他区块链项目的发展与成熟，有些项目的代币价值获得认可，如以太坊（ETH）、瑞波币（XRP）、莱特币（LTC）等，其受众范围不断扩大，这些数字加密货币井喷式的持续增长，逐渐形成各自币种的独立社区。这些竞争币的总数已达 870 种，而且比特币在整个数字货币市场的份额也从 2013 年的约 90% 降至如今的 40%。

从全球视角来看，ICO 近年来呈现出越来越"疯狂"的发展态势。2014 年时，ICO 的融资规模尚不到 2600 万美元，2015 年时一度下滑至 1400 万美元。但随着 2016 年下半年数字加密货币市场热度升高，ICO 全球融资总额跃升至 2 亿美元，其中，一个名为"The DAO"的 ICO 项目作为运行在以太坊区块链上的去中心化投资基金，融资额超过 1.3 亿美元。

国家互联网金融风险分析技术平台的数据显示，截至 2017 年 7 月 18 日，国内提供 ICO 服务的相关平台共 43 家。依托这些平台上线并完成 ICO 的项目有 65 个，其中，2017 年 6 月和 7 月共上线 46 个 ICO 项目。可见，当下 ICO 呈现出井喷式的迅猛发展态势。除此之外，ICO 融资规模和用户参与程度也呈加速上升趋势。

(单位：个)

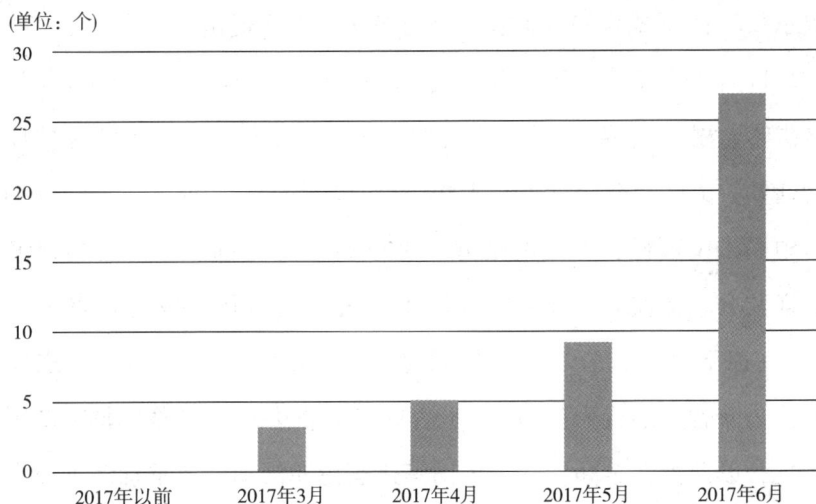

图 3 - 3　2017 年 3—6 月 ICO 项目上线数量走势

资料来源：国家互联网金融安全技术专家委员会发布的《2017 上半年国内 ICO 发展情况报告》。

（二）ICO 监管靴子落地

数字货币作为 ICO 的融资工具，与 ICO 的发展有着密切的联系。自 2017 年 6 月起我国掀起了一股 ICO 热潮，ICO 作为投资市场上最火热的概念之一，此前虽然被赋予一系列"光环"，但缺乏有效的监管和自律机制、信息披露渠道不透明、缺少产品登记和结算体系等硬伤使得 ICO 的风险积累引起监管层和学界的高度重视。

进入 2017 年 8 月以来，行业协会和学术界对 ICO 持较为谨慎的态度，以投资者风险释明为主。2017 年 8 月 31 日，中国互联网金融协会发布《关于防范各类以 ICO 名义吸收投资相关风险的提示》，明确提出部分机构采用误导性宣传等手段进行诈骗、非法证券、非法集资等行为，部分 ICO 项目资产不清晰，投资者适当性缺失，给投资者带来较大风险。而在此之前，8 月 28 日晚间，北京网贷协会向北京市网贷行业协会各会员、观察员单位发出 ICO 风险提示。学术界也纷纷以"风险提示书"的形式告知投资者，摒弃侥幸，尽早退出。

2017年9月2日，互联网金融风险专项整治工作领导小组办公室向各省市金融办（局），发布了《关于对代币发行融资开展清理整顿工作的通知》（整治办函〔2017〕99号，以下简称"99号文"）。9月4日，中国人民银行、中央网信办、工业和信息化部、工商总局、银监会、证监会、保监会七部门联合发布《关于防范代币发行融资风险的公告》（以下简称《公告》）。《公告》认定ICO"本质上是一种未经批准非法公开融资的行为"，涉嫌非法集资、非法发行证券、非法发售代币募集，以及涉及金融诈骗、传销等违法犯罪活动，严重扰乱了经济金融秩序。《公告》要求全面摸排、一律叫停ICO新发行的项目，对已完成的ICO项目要进行逐案研判，打击其中的违法违规行为。至此，国内三大ICO平台（ICOINFO、比特币中国和ICOAGE）主动发布公告，暂停ICO相关业务，并表示此举为配合最新的政策进展，严格遵循中国政府的法律法规的要求。

ICO监管政策的制定要考量其所蕴含的风险。如前所述，我国目前的ICO市场鱼龙混杂，其本身存在的金融系统性风险、金融"脱媒"风险、技术与信息安全风险和监管风险，使得ICO市场崩塌后所造成的影响甚至远远超过股灾。在这种情况下，风险控制的手段即监管政策会更加严格，如果非取缔方式在短期内不能有效地控制风险，那么直接取缔的方式将会是监管层可以选择的唯一方式。

非取缔的监管方式包括采取参照"监管沙盒"进行试点性工作、提高信息披露要求、明确ICO平台责任等。首先，ICO的形式与监管沙盒的本质难以融合。监管沙盒试点是指监管部门通过规模、金融模式等条件筛选部分优质企业，在确保投资者利益的前提下，对ICO的审批、投资者限制和公开宣传等方面实施部分或者全部豁免，适当放松对参与实验的创新产品和服务的监管约束。但是ICO发行主体不能承担赔偿投资者损失的责任，这与监管沙盒所要求的承诺对投资者的损害赔偿不同。其次，提高信息披露要求在当下情况难以解决即时紧迫的问题。据财新网的有关报道，央行相关人士研究了大量的 ICO 白皮书，得出了"90% 的 ICO 项目涉嫌非法集资和主观故意诈骗，真正募集资金用作项目投资的 ICO，其实连 1% 都不到"的结论。在这样的繁芜丛杂的背景下，提高信息披露要求这一监管方法起不到解决 ICO 乱象的效果。最后，如何界定 ICO 平台的责任存在较大的争议。当前的 ICO 平台在 ICO 项目中，更多地扮演着一种中介的角色，对于发行人和投资者双方的交易过程和结果，平台均不承担保证责任。事实上，大量发行主体不仅自己坐庄控制代币发行价格，同时开设交易所，集发行方、交易所、做市商于一身，ICO 平台的责任最终由发行主体承担。但如前所述，ICO 发行主体不承担赔偿投资者损失的责任。此外，有学者提出可以参考私募投资管理的相关理念，尝试将其纳入私募投资管理暂行条例规制范围。依据《私募投资基金管理暂行办法》和《私募投资基金管理暂行条例（征求意见稿）》的规定，私募投资基金是指在中国境内以非公开方式向投资者募集资金设立的投资基金，私募基金财产的投资包括买卖股票、股权、债券、期货、期权、基金份额及投资合同约定的其他投资标的。而 ICO 发行主体获得资金后并非从事上述投资业务，在本质上与基金存在较大差异，因此，将 ICO 纳入私募投资基金的规制范围缺乏法律基础。

综上所述，非取缔式的监管方式不能遏制目前 ICO 市场发展乱象，直接取缔的方式可能更适合我国的实际情况。随着 ICO 监管政策落地，我们将视线回到中国人民银行数字货币，包括全面叫停 ICO 等一系列监管措施，都反映了监管层对于维护国家货币发行权的决心。

（三）ICO 出走海外

但是，国内的封禁政策并没有收到如预期的良好效果。2017 年下半年以来，虚拟货币交易平台纷纷出走海外，在境外进行注册，但实际上继续为境内用户提供服务。相应的，ICO项目也纷纷出走海外，在国外注册或以外国人名义，继续开展筹资活动。但是，实际的项目和控制人都在国内。对于此类出走海外的ICO项目，同样存在着项目不实乃至传销、欺诈等安全风险，而且由于项目主体在境外，投资者一旦遭受欺诈则将面临无处维权的窘境，难以追回损失。

同时，虚拟货币交易平台违背央行禁令，通过将平台主体移至境外或通过所谓的"场外交易"等方式，向境内提供国家法币与虚拟货币之间的直接交易服务，容易变成不法分子洗钱的工具，也为投资者将资金投向ICO提供了便利。而且，注册在境外的交易平台一旦倒闭"跑路"，境内投资者交由其保管的财产将无处追回。

可以说，ICO出走海外带来了更大的安全隐患，广大投资者和交易平台用户的财产安全面临巨大的挑战，有较高的风险遭受损失，而且缺乏救济途径，一旦损失发生往往救济无门。

三、数字货币及 ICO 融资风险

作为一种新型的融资方式，ICO存在着一定的风险。作为ICO的融资工具，数字货币在进行其他交易时也存在类似的风险。

（一）金融安全隐患

首先，数字货币的流通易导致金融系统性风险，即在从事金融活动或交易时整个系统（机构系统或市场系统）因外部因素的冲击或内部因素的牵连而发生剧烈波动、危机或瘫痪，从而遭受经济损失的可能性。ICO的融资模式，涉及以区块链为主的金融科技应用。FinTech使金融风险更具有隐蔽性、传播速度更快、传播范围更广，从而增加了金融系统性危险。ICO的投资者获得的代币可以在数字货币交易所自由买卖，使得投资者退出机制更加灵活，这既是 ICO 的优势，同时也酝酿着巨大的金融系统性风险。

其次，相较于法定货币，数字货币的价格波动更大，部分投资者甚至不在乎项目本身的盈利情况，而关注其所获的代币价值。怀有强烈投机目的的投资者倾向于选择在代币价值最高点将其抛售，从而牟取利润，而非像股东一样，通过公司盈利获得分红，这会导致 ICO 发行的代币价格严重偏离其项目的内在价值。理论上，代币的价格应当由 ICO 项目的内在品质决定。若 ICO 项目本身没有实质价值，上家买入代币仅是期待下家能以更高的价格接盘，那么这种击鼓传花式的投机炒作和短线交易必将掏空 ICO 项目的价值源泉，使得 ICO 彻底沦为少数投机分子的金钱游戏，脱离其出现的最初目的设计。

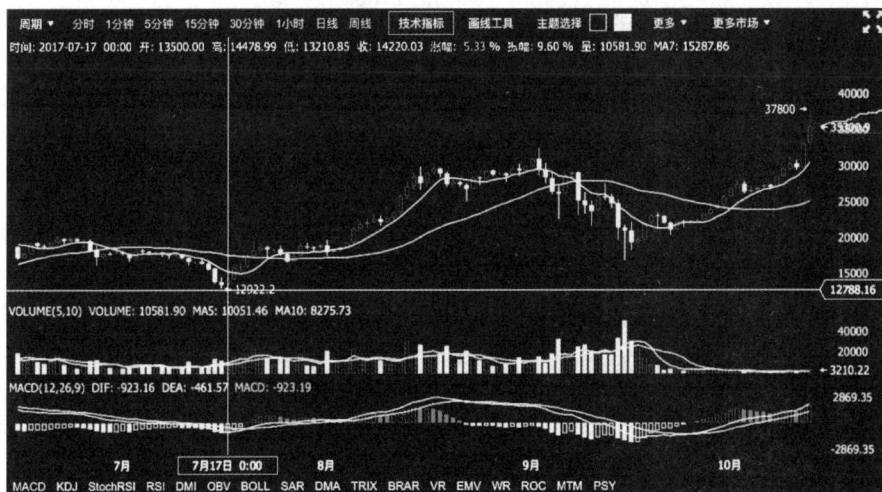

图 3-4　2017 年 7 月 17 日比特币跌破 2000 美元

资料来源：火币网。

以 ICO 中使用最为频繁的比特币为例，2017 年 7 月 17 日，比特币跌至每比特币不到 2000 美元（见图 3-4），而四天后其价格涨至接近每比特币 2800 美元。比特币作为加密数字货币的"龙头"，其本身可起到一定价格衡量的作用，甚至不乏直接将其作为投资对象的投资者。

比特币价格波动较大且没有涨跌幅限制，容易给 ICO 市场带来巨大波动，ICO 项目收益亏损偶然性大，从而滋生了大量投机行为。

（二）网络技术隐患

一方面，数字货币交易过程伴随着不可避免的技术风险，即伴随着科学技术的发展、生产方式的改变而产生的威胁人们生产与生活的风险，包括技术不足风险、技术开发风险、技术保护风险、技术使用风险、技术取得和转让风险。具体到 ICO 而言，其业务发展有赖于先进的技术和交易平台，技术和交易平台系统选择失误可能产生较大的风险。ICO 所涉及的区块链技术本身是一套复杂的软件系统和软件工程，所采用的数学原理、密码学原理、网络架构、共识机制、经济学模型，是缺乏专业知识背景的普通投资者难以理解的。

大多 ICO 融资平台不够规范，平台上只有简单的项目介绍和白皮书，而对募集资金的用途、资金的审计、项目的定期审核等重要信息却含糊其词。相较于发行人和相关技术人员，投资者往往处于信息弱势地位。ICO 投资者可能因存在内幕交易或受个别内部人员行为影响，受到难以预计、无法防范的损失。ICO 带来的"造富效应"使投资人易盲目相信表象，轻视了对投资项目的实际了解和把握，加之对"虚无缥缈"的 ICO 模式认识不足，承担了较大风险。

另一方面，加密数字货币天然带有信息安全风险。加密数字货币依据特定算法产生，并使用密码学设计来确保货币流通各个环节的安全性。无论是货币的生成、流转，还是发行主体、投资者的信息、交易，都暴露在互联网环境中，数据风险与信息安全风险相互交织，如果安全系统不够牢靠，互联网固有的黑客风险将给 ICO 运作造成巨大影响，黑客攻击事件会导致 ICO 大量数据丢失，造成难以弥补的损失。2014年 2 月，全球最大的比特币交易平台 Mt. Gox 价值近 5 个亿的 85 万个比特币被盗一空，导致 Mt. Gox 宣布破产。Mt. Gox 此前曾因为软件编程错误使得数千个比特币丢失，但并没有吸取教训对自身技术进行改进加固，最终因交易系统存在缺陷令黑客盗取大量比特币。

（三）监管安全隐患

首先，对于 ICO，其融资方式可满足发行主体的融资需求，尤其是高新技术企业发展速度快、资金需求量大，通过 ICO 进行融资是较为高效便捷的手段。但有些企业打着为生产经营所需进行融资的幌子，实则为非法募集资金，如 ICO 项目有积分返现、承诺收益等保本付息类承诺，则涉嫌非法吸收公众存款罪。

我国《刑法》中对非法经营罪的认定之一为"未经国家有关主管部门批准非法经营证券、期货、保险业务的，或者非法从事资金支付结算业务的"，ICO 募集的是数字加密货币，表面上不属于"证券"类的范畴，但根据穿透式监管的原则，如果其在发行时具有"证券"类特征，则可能被认定为非法经营。

ICO 发行主体不同于传统的融资主体，不限定于实体企业，目前大部分 ICO 没有线下实体企业，项目发起、代币发行、技术研发和产品运营完全依靠非实体公司的技术团队。因此，融资主体可能伪造项目，在收取投资者的数字加密货币后卷"款"潜逃，且由于 ICO 通过互联网的非中心化系统进行，发生欺诈情况，投资者往往救济无门。

其次，对于数字货币，其可绕开现有的商业银行体系和证券发行体系，直接在资金需求方和融资者间传递，完成资金的体外循环，造成金融"脱媒"风险。

2017 年 7 月 25 日，美国证监会（SEC）发布对 THE DAO 项目的调查报告，认定 ICO 在性质上属于证券投资邀约，适用于一般证券法注册监管条例。虽然上述决定只在美国境内生效，但美国的金融监管是各国金融监管的重要参考。英国目前尚未出台 ICO 的相关监管规定或措施，但英国相关监管部门和研究者都表示，美国金融监管是英国的重要参考，英国的监管措施可能将会紧随美国推出。美国、英国都作为全世界金融最为发达的国家之一，其对于 ICO 的态度将极大影响其他国家监管部门对于 ICO 的认定。

需要注意的是，SEC 的此次调查报告更多的是针对 THE DAO 项目，并非将所有 ICO 全都认定为证券发行。根据 ICO 项目标的的法律性质不同（或者说项目代币对应的权益不同），ICO 包括产品类项目、收益类项目、股权类项目等不同类型。产品类项目 ICO 的一个典型模式是项目代币对应融资主体提供的产品或者服务的凭证，用户可以用项目代币去兑换相应的产品或者服务，此种交易模式又被称为产品众筹，不涉及证券监管。收益类项目 ICO 是指项目代币对应投资者对"基础资产"（Underlying Assets）的未来收益权，代币持有人可以在未来时间内定期或不定期地获得特定收益。收益类项目 ICO 面向不特定的公众投资者，通过持续运行产生收益向投资者分配，投资者购买项目份额，并据此共享收益、同担风险，因此该类项目具有金融产品的特性，应当视为金融产品投资。类似金融产品投资的 ICO 同样不涉及证券监管。但是，当项目代币对应某个企业的股权或具有股权特征的财产性权利时，ICO 在法律上与 IPO 无实质区别，此种类型的 ICO 借发行数字加密代币之名，行发行证券之实。

四、数字货币发展必由之路——法定数字货币

从历史发展的趋势来看，货币从来都是伴随着技术进步、经济活动的发展而演化的，从早期的实物货币、商品货币到后来的信用货币，都是适应人类商业社会发展的自然选择。

与传统法定货币相比，数字货币具有以下的优势：一是节约货币发

行流通成本；二是提升经济交易活动的便利性，降低交易成本；三是提高央行货币政策的精确性和有效性，资金的去向和每一笔交易信息都可以实时跟踪和查询，为货币政策提供连续、全面、真实的数据基础，使央行具有货币流通的大数据检测能力；四是更好地支持经济和社会发展，助力普惠金融的全面实现。数字货币的发展是大势所趋，未来数字货币发行、流通体系的建立还有助于我国建设全新的金融基础设施，进一步完善支付体系，提升支付清算效率，推动经济提质增效升级。但数字货币带来的巨大风险又令人望而却步，法定数字货币的尝试将很大程度解决现有困境。正如央行数字货币研究所所长姚前于 2017 年 10 月 12 日在国际电联第一次法定数字货币焦点组工作会议上所说，法定数字货币以国家信用为价值支撑，有价值锚定，能够有效发挥货币功能，且法定数字货币有信用创造功能，从而对经济有实质作用，这些是私人数字货币无法比拟的优势。此外，法定数字货币还具有稳定货币价值功能。以下将从金融安全、网络技术安全和监管安全三个层面阐述法定货币优势。

（一）维护金融安全

2014 年年初，比特币正在被追捧和炒作时，中国人民银行参事、中欧陆家嘴国际金融研究院常务副院长盛松成便连续发表两篇文章——《虚拟货币本质上不是货币——以比特币为例》和《货币非国家化理念与比特币的乌托邦》，明确提出，比特币不是真正意义上的货币。比特币、以太币等数字货币利用区块链技术，解决了数字化支付的技术信任问题，以太币的智能合约技术还可以开启新的商业应用模式。尽管比特币等私人数字货币前景被投资者普遍看好，但先进技术并不能解决其背后的资产价值信任问题。

首先，私人数字货币因流动性水平低、流动性风险高，无法有效履行货币的交易媒介、计量单位和价值贮藏三项基本职能，尚未具备成为真正货币的条件，更遑论取代由国家信用背书、具有最高价值信任的法币。其次，私人数字货币具备通缩性，将抑制经济发展，比特币将在2140年达到2100万数量上限，数量有限使得虚拟货币很难成为与现代经济发展需要相适应的交换媒介，若成为本位币，必然导致通货紧缩，抑制经济发展。最后，比特币缺乏国家信用支撑，难以作为本位币履行商品交换媒介职能，且缺少中央调节机制，与现代信用货币体系不相适应。

因此，唯有法定数字货币才能成为新一代金融基础设施以及未来数字经济发展的基石。同时，法定数字货币也必然受到现有支付体系、信息技术的影响，但也需要与现有支付体系适当区分，以专注于自身服务领域，发挥其替代传统货币的功能。央行行长周小川曾表示，数字货币作为法定货币必须由央行来发行。数字货币的发行、流通和交易，都应当遵循传统货币与数字货币一体化的思路，实施同样原则的管理。

中央银行发行法定数字货币可从两方面控制金融安全隐患：首先，央行身份给数字货币提供官方背书，赋予数字货币实际价值，确保其流通条件，避免了盲目的"炒币"行为。央行还可通过考量科学确定并调控数字货币发行量以确保币值稳定，避免膨胀或紧缩现象。其次，央行发行的法定数字货币受到央行系统的记录与监控，可防止金融"脱媒"风险，有效监控资金走向。

（二）降低网络技术安全风险

首先，从技术的维度看，吸收借鉴先进成熟的数字技术是法定数字货币的必经之路。只有在强大的技术支持下，才可以保证法定数字货币的安全运行，其中主要包括数字货币整体架构，以及由协议、数字签名机制、数据格式、数字钱包等要素共同构建的数字账本技术。在当前行业发展的情况下，可以发现，区块链技术和加密技术是私人部门推出的各种类数字货币主要运用的技术。私人的各种数字货币通过公私钥签名验证、竞争性记账的方法来保证体系运行的安全性。由此，可以发现法定数字货币和私人部门类数字货币是有极大区别的：主要表现在后者去中心化；而前者必须中心化或部分中心化，以保证效率和安全。这一区别也决定了法定数字货币需要持续创新和改造，但是应当在借鉴吸收私人部门类数字货币技术的基础上进行。

其次，密码算法是法定数字货币赖以运行的另一大技术支柱。基于严密的密码算法，只有使用私钥签名才可以对账户进行操作，从而保护用户交易安全，这是私人部门类数字货币的基本运行情况。但同时，由于私人部门类数字货币所具备的匿名特点，经常发生因私钥泄露而导致货币资产被盗最终难以追偿的情况发生。这就对安全性提出了更高的要求，必须在法定货币的发展中彻底解决这一问题，即需要保证数字货币用户安全，建立可控匿名机制，实现一定条件下的可追溯，以进一步增强法定数字货币的安全性。同时，公众和市场检验也是法定数字货币所必须经过的考验，只有当公众和市场接受了，法定数字货币才真正地具备了生命力，才能真正实现替代传统货币。因此，从研发之日起就必须高度关注法定数字货币自身的服务能力和竞争能力，其中包括了体系安全性、操作灵活性、市场公信力、支付便捷性、应用场景多元化、系统高效性等众多方面。

（三）控制监管安全隐患

越来越多的国家政府和央行将比特币等数字货币纳入本国的监管体系中，法定数字货币的形式有助于官方机构实施监管。各国监管机构以数字货币初创公司和数字货币交易平台为主要监管对象，以反洗钱、保护投资者正当权益为主要目标，主要监管形式有四种。一是以传统的货币转移法为依据，出台专门针对虚拟货币的监管法案。如纽约州发布的

《数字货币监管法案》、加利福尼亚州通过的《虚拟货币商业统一监管法》、日本实施的《虚拟货币法案》。二是出台法律解释，将虚拟货币纳入传统的法案。如 2017 年欧盟议会（EP）发布第四版《反洗钱法》修改草案，将数字货币领域的反洗钱管控纳入其中。2017 年佛蒙特州通过新法案，对虚拟货币进行了定义，更新了该州的货币交易规则，并补充到该州的货币转移服务法中。三是利用监管科技，解决数字货币领域的监管问题。如 2017 年欧盟投入 500 万欧元支持数字资产监控项目"Tools for the Investigation of Transactions in Underground Markets"，旨在为调查或减少与数字货币和地下市场交易相关的犯罪和恐怖主义提供技术解决方案。四是单独出台监管规则、文件等。如 2013 年中国人民银行等五部委联合下发《关于防范比特币风险的通知》，禁止金融机构和支付机构开展比特币业务，仅将比特币作为特定商品对待。

此外，除了法定货币自身的优势之外，法定数字货币对经济和社会各个方面带来的深刻影响也是未来中国数字货币应当采取这种形式的原因之一，其中，对金融体系的影响尤其深远。在无法客观具体的评估这种影响时，据权威学者的分析和论证，逻辑上有可能出现以下几个结果：第一，货币结构发生变化，货币乘数增大；第二，实物货币需求持续下降，金融资产相互转换速度加快；第三，货币流通速度的可测量度有所提升，大数据分析的基础更为扎实，有利于更好地计算货币总量、分析货币结构；第四，降低 KYC 与 AML 成本，提高监管效率；第五，提供高效的共享金融环境，驱动金融创新。此外，法定数字货币对金融体系还可能带来另一个重要变化，即更易引发金融脱媒，影响货币创造。由于数字货币使存款向现金的转化变得十分便捷，金融恐慌和金融风险一旦产生也会加速传染，加剧对金融稳定和金融安全的破坏性。因此，在发展法定数字货币时，某些特定条件下必须设置适当机制加以限制。当然，实际上法定数字货币对金融体系的真正影响只有在其已经作为货币发行流通后才能被观察检测到。当下可以做的只有审时度势、积极稳妥进行制度安排和宏观调控，从而保证最大化法定数字货币对金融体系的正面影响、最小化其负面冲击。

第二节 网络借贷领域的安全问题

一、网贷行业安全治理时面临的风险

（一）P2P网络借贷的信用风险

P2P网贷平台的服务对象通常是无法提供抵押担保、被排斥在传统金融服务之外的借款人，其偿债能力通常较弱。对于纯信用无担保的线上营运模式，当借款人出现违约情形时，该损失将由投资者承担。信用风险一方面体现在单笔贷款损失上，另一方面还体现在贷款过度集中可能造成的损失上。这也是P2P网贷强调小额的重要原因，既在一定程度上满足借款者的资金需求，投资者有机会获得利息收益，又让风险充分分散。

各P2P网贷平台在进行交易撮合时，主要是根据借款人提供的身份证明、收入证明、财产证明、缴费记录、熟人评价等信息来评价借款人的信用，这些数据造假且并不全面，加上我国社会征信系统尚不完善，单纯依靠网络来实现信息对称和信用认定的模式难度和风险较大。在此背景下，不同于国外P2P网贷平台仅提供网络信息认定服务，国内的P2P网贷平台普遍出现异化而承担了线下审核的技能，出现了诸如担保型和债权转让型等模式。

（二）P2P网络借贷的流动性风险

由于P2P网贷模式的异化，平台为维系声誉多坚持刚性兑付，当新的资金无法及时、足额补上旧的窟窿时，就会产生流动性风险。加之目前资金存管制度并未得到严格执行，P2P 网贷平台自有资金和借贷资金是否有效分离、内部资金结构如何等问题，都处于相对不透明的状态，资金链一旦断裂，极易引发挤兑风潮。此外，异化后的 P2P 模式因为资产证券化，对流动性提出了更高要求，同时高杠杆性也放大了流动性风险。

（三）P2P 网络借贷的操作风险

操作风险主要源于人为、程序、技术三方面，P2P 网贷平台的从业者没有相应的资质要求，行业从业门槛低，加之前期监管的缺失，鱼龙混杂。P2P 网贷尚处于行业发展初期，平台各项管理制度并不完善，在平台建设、维护、运营和风险防范的过程中，可能由于平台工作人员的不规范操作引发错误，造成损失。平台一般要求投资者将资金转入在平台注册的账户内，再由平台转账给借款人，这一流程中可能由于平台系统和风险管理机制的漏洞发生运营风险。借款人也可能通过信息欺诈或注册多个账户来吸收公众存款。同时，平台本身的安全性也值得注意，平台遭遇黑客攻击可能造成客户信息泄露、平台瘫痪、资金损失等问题。

（四）P2P 网络借贷的道德风险

众多 P2P 网贷平台并未严格遵守不得设立资金池的监管要求，沉淀资金存在被挪用的道德风险，这是欺诈性、自融性平台常有的风险表征。目前少有 P2P 网贷平台公布其经审计的财务报告。事实上，即使 P2P 网贷平台公布财务报告，也无法说明平台借贷相关的财务问题。对于 P2P 网贷模式来讲，平台本身并不是债权债务方，坏账率等指标不会反映在其财务报告的任何指标中。财务信息的不透明，加大了投资者对平台信用预期的不确定性，投资者权益容易受到侵犯，也加大了风险治理的难度。

（五）P2P 网络借贷的声誉风险

由于社会公众对 P2P 网贷还不熟悉，"买者自负"的投资理念尚未深入人心，一旦有标的无法偿付，常常会让人对平台产生质疑，易发生挤兑。而近年来，众多平台欺诈、"跑路"更是给 P2P 网贷整个行业在声誉上造成不良影响。

（六）P2P 网络借贷的法律风险

在 P2P 网贷发展过程中暴露出诸多法律风险。集中体现在：平台没有资金存管或资金存管不合规、设资金池，平台自融，从事线下放贷，利率超过法律的最高限，违规为借款人提供担保甚至自保，违法违规催收到期债权等方面。

二、网贷安全治理语境下的创新空间——区块链的应用

区块链的成熟和应用可以为 P2P 领域打开新的篇章。在 P2P 网络借贷领域，区块链可以作为一种支付网络来创建一个去中介的、全球性的、实时的 P2P 借贷市场。笔者认为，目前 P2P 网贷可以借助比特币为载体开展借贷服务，它为我们提供了构建基于区块链技术的 P2P 网贷的思路。首先，借款人在区块链终端发起自己的借款需求，详细列出贷款总额、期限、利率、过往信用记录等基本信息，并说明自己可接受的借款跟踪检查项目；其次，意向贷款人也可以通过已提供信息或者与借款人直接交流来决定是否借款，到期后借款人通过系统设定自动还款；最后，它不需要任何中介机构或中间商的介入，通过智能合约自动完成交易，所有的交易和协议都会透明、公开地被记录在账本上，为政府部门提供监管依据，并大大节省了平台的组织成本，降低了执行借贷关系的监督和服务成本，控制了业务风险并提高了工作效率。

区块链的技术特点符合互联网金融普惠化的方向，它增强了P2P网络借贷平台的活力，深化了金融"脱媒"的趋势，降低了交易成本，为构造令人信任的交易组织形式而建立了适宜的基础设施框架。它是分布式的，实现了点对点、多中心的组织结构；它是非中心化的，实现了无中介、低摩擦的自治管理；它是一体化的，实现了风险管理、收益分享，权责分担的全流程业务模式；它是智能化的，实现了价值转移，可编程的智能金融。

三、未来网贷行业合规与安全治理的发展趋势：法律治理与技术治理相融合

美国网络法学者劳伦斯·莱斯格（Lawrence Lessig）教授认为，应该从经济学的角度考虑网络行为规则四要素（法律、准则、市场和结构）的社会成本，从而选取最佳的规制路径。尽管法律处于更高的核心地位，但法律并非在所有情况下都是最好的选择。为破除法律不确定性给民众带来的恐惧，法规必须保持确定性，与此同时安定的法规不可避免地滞后于时代的发展；而监管通常被视为可预测性的来源，且注定要持续进行，伴随创新速度的加快，制定法规注定亦无法跟上时代步伐。因此，有时法律通过其他规制要素的间接控制要比其直接控制更加有效和成本低廉，网络世界尤其如此。现实世界主要受法典或法律规制，而网络世界则主要由代码所规制。具体来说，技术应用已经在深刻影响着法律和治理，技术已不简单的是法律实施的工具，技术也是法律，并且与法律融合，带来新的法律和治理。

因此，以技术治理为指导的监管体系是实现对新型金融业态监管的必然趋势。节点众多、风险发生不确定性等是新型金融业态的特点，通过金融科技等技术手段的制约可以有助于形成合法、合规的监管环境，这使得传统监管手段所不能触达的一些风险行为受到遏制。技术治理要

求重点关注持续治理和风险控制能力，区块链技术就是一种具有代表性的动态协助监管方式。

区块链具有非中心化、开放性、自治性、信息不可篡改、匿名性等特点，是 P2P 天生的良药。通过区块链技术实现智能合约，能够有效地解决信用机制的建立、信息披露不完善、个人信息安全等问题，对于政府的监管有非常大的帮助，能够提高政府监管的质量与效率。区块链的优势主要体现在如下几个方面。

一是区块链有助于监管机构进行行为监管。区块链技术为监管部门提供了新的工具，每一个区块记录都包含有完整的时间戳，由于采用通用的共享数据库，所有的数据都按照一个共同版本的要求记录和加密，并且允许任何一个可信任方进行调用，因此可以满足监管部门的交易记录存档要求。同时，该技术还可以帮助监管部门通过一个窗口进行实时观察、跟踪交易数据，为政策的制定和调整提供依据。

二是区块链可以建立新的信用机制。利用区块链的非对称加密算法，交易双方可以基于此进行交易，省去了解对方信息和担保机构的环节。区块链自身的技术特点保障了系统对价值交换的活动记录、传输、存储的结果都是可信的，而分布式账本上的智能合约可以把许多复杂的金融合约条款（多以外部事件为触发点）写入计算机程序，在条件触发时自动执行，解决履约时的逆向选择和道德风险问题。

三是区块链可以使交易信息更透明。在区块链上的每一次信息都是有记录、可追溯、不可篡改的，并且每一笔交易都会传到网上，信息便可以精准、迅速地披露，并且不会出现虚假信息披露。P2P 平台的每一笔资金流向都会保存在区块链上，既能够让所有的用户都了解真实准确的信息，作出合理的风险、价值判断，又能够杜绝信息的篡改、平台传递出虚假信息等情况。

四是区块链可以更好地保护个人信息安全。区块链技术通过密钥控制和权限管理，保障了交易过程和信息记录的隐私性。基于节点的授权机制，区块链技术将私密性和匿名性植入用户控制的隐私权限设计中，只有授权节点才有相应权限查阅和修改有关数据信息，保障个人信息、财产状况、信用状况等信息。

四、P2P 网络借贷安全治理必须重视 RegTech

《信息披露指引》的落地，意味着银监会层面的"1＋3"监管规范体系正式落地，但在对 P2P 网贷行业的具体监管上，地方银监局、金融办的具体规定也必须符合银监会文件的思想。以要求网贷平台资金存管属地化的做法为例，如果地方监管机构一意孤行，大行地方保护主义，形成行政垄断，那么一旦面临被起诉，就有极高的败诉风险。这对于树立政府监管的公信力和维护网贷平台正常的经营秩序都十分不利。媒体也应该对网贷平台有正确的认识，不能见风险就忽视作用，一味抹黑甚至妖魔化网贷平台，使投资者和监管者视网贷平台为洪水猛兽，这有悖于金融普惠发展的趋势。

有些网贷平台确实也存在造假弄假，欺骗消费者，获取不正当利益的行为，因此，除了加大信息披露力度，还应该配套其他风险防控措施，如与银行资金存管对接，从银行资金存管方面监控资金流信息。此外，对于消费者的保护还要继续强化，消费者也要树立风险意识，重视权威信息的披露，及时、妥善地保留交易证据，发生了网贷欺诈和网贷风险事件时，及时向监管执法部门报告。

网贷平台和监管部门还应该构建主动型信息和数据共享平台，建立可触达、可打通的实时数据监管模式。用技术（区块链）监控信息流，资金流，实现 RegTech 监管，实现资金端和资产端的匹配。

对 P2P 网贷的监管和治理，也必须具备监管科技的思维，就是要坚持技术治理与法律治理相结合。规制金融科技风险，不是简单的监管体系问题。

监管和法律是金融科技能够落地的两大核心要素，在金融科技时代，金融监管者急需理论的重构与技术的提升，而监管科技（RegTech）正是用科技来武装监管，从而应对金融科技带来的风险与挑战。建立一套实时动态的监管工具，对提高监管效率、提高金融风险的防范能力是至关重要的。

因此，为了促进 P2P 网贷行业的健康发展，维护我国的金融安全与经济社会的健康发展，积极响应习近平总书记在第五次全国金融工作会议上强调的"将防控金融风险放到重要位置，牢牢守住不发生系统性风险底线，加强金融监管，防范和化解金融风险"的目标，应建立以监管科技为核心的金融监管手段，重构金融监管模式，防范金融风险。

第三节　第三方支付领域的安全问题

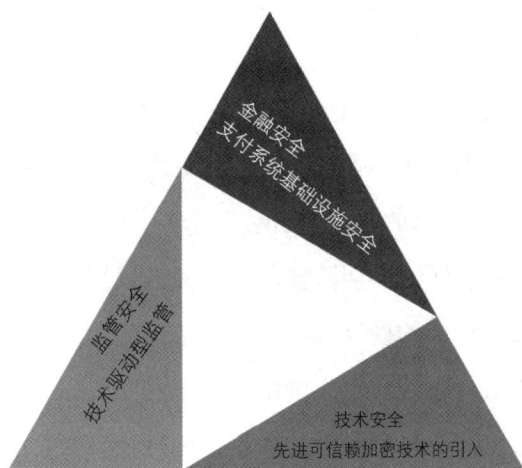

图 3-5　第三方支付领域的安全问题

资料来源：笔者自绘。

一、金融安全

支付的核心在于降低资金流通成本，提高资金流通和交易实现的效率，纵观支付的历史就是一部不断降低交易成本的历史。如在实体货币时代，交易的执行需要通过大量的实际等价物如贝壳、贵重金属等实现，这样的支付成本极高。在票据时代，支付主要通过银票、纸币、支票等载体实现，从而大大降低了支付的成本。现代的金融科技，大大推动了第三方支付、数字货币等技术的发展，支付将逐步步入"数字化"时代，支付的成本进一步降低。由此可见，以数字货币为代表的支付方式将是支付发展的主要方向，而金融科技为这一变革提供了技术基础。

金融科技的迅猛发展，使得支付脱离于银行等金融中介机构，更加贴近实体经济，诞生了独立的第三方支付机构。而第三方支付的发展也反哺了金融科技的发展。

因此，第三方支付安全从金融安全角度有两大重要意义。

其一，第三方支付（主要为电子支付）是数字经济重要的基础金融行为。

中国的电子支付与电子商务有着非常紧密的关系，两者相伴相生，互相促进，正是依赖高效、便捷、低成本的电子支付手段，我国电子商务市场才得以迅速发展到今天的规模。

我国电子商务发展的初期阶段，电子商务发展面临一些阻碍，一方面，对于一些规模较小的商家和在网上开店的个人用户而言，越来越难以承担因与商业银行连接而产生的维护成本和交易费用；另一方面，在茫茫的互联网中，商户与交易者的信任面临冲击。提前付款模式中，购货方无法相信小商家和网店的信誉，实际上购货方受骗的事件也屡屡发生。货到付款模式中，商户也往往无法承担购货方大量拒收的时间成本和物流成本。

因为信息高度不对称，当时的市场开始出现道德风险和逆向选择，电子商务发展受到很大限制。后来，在新技术发展的促进下，具有担保功能、廉价高效的第三方电子支付因能够解决上述问题而异军突起，成为电子商务中不可或缺的重要角色。

之后，随着电子支付的更加便利和电子商务对于时效性和便捷性的要求，电子商务和电子支付的关系结合得更加紧密。

金融"脱媒"是互联网金融平台迅速被中国小微初创企业和投资者接受的原因。资金供需双方直接交易，超级集中支付系统和个体移动支付的统一，大大降低了市场信息不对称的程度，促进支付便捷，让信息处理和风险评估得以通过网络化方式进行。互联网金融作为金融脱媒和去集中化的代表，回答了经济领域的三个基本问题：第一，谁来决定哪个项目值得融资；第二，我们如何保证被投资的项目代表该项目的市场前景；第三，如何平衡资本形成和投资者保护的关系。在这三个基本问题中，金融中介是具有通道作用的基础设施，支付清算犹如该基础设施的管道和血液，将彼此独立的金融模块和分支连接成有机整体。

其二，第三方支付是金融市场基础设施。

电子支付还成为互联网金融发展的基石，支付宝诞生后，余额宝等互联网金融产品纷纷涌现，如果将金融科技的创新发展喻为高速行驶的汽车，那么电子支付就是高速公路。这种良性循环世所罕见，也成为我国在金融领域，尤其是金融科技创新领域弯道超车的重要条件。

第三方支付作为金融市场基础设施，尤其是金融科技的市场基础设施，其公开信息传输和风险传递功能非常强大。必须加大对于第三方支付的系统性安全监管，加强整体第三方支付市场的安全稳定。

由于高度依赖账户、终端和功能等技术创新及互联网信息资源，对信息制造、传播和加工利用方式的改变，第三方支付有着新型信息技术风险。一是随着电子信息及其商业价值的提升，对金融消费者个人及其交易和社会行为信息的采集、存储、处理和利用的过程中，侵犯消费者权益以及相关信息被泄露、盗用、篡改等风险与日俱增。二是在互联网信息发生、发送和传播认证及监管机制未配套、信用体系不健全的情况下，虚假、欺诈和误导性的信息，加之网络用户的信息行为"搭便车"现象，均增加了互联网金融的系统性风险，支付清算、计算机病毒和电脑黑客攻击等信息安全问题也更加突出。三是互联网拓展了金融交易的可能性边界，形成的"长尾"风险使个体非理性和集体非理性更为突出，金融风险的负外部性更容易通过网络传播和蔓延。

二、技术安全

第三方支付由于主要通过网络向客户提供产品和服务，应用信息技术手段加工处理与客户交易的相关信息，因此更加依赖以非面对面的方式获取和收集信息，进而根本改变了传统金融信息行为及其风险管理模式。随着支付服务提供者对支付服务接受者身份验证需求的增长，市场中也出现了一些提供身份识别服务的企业，但良莠不齐。由于身份验证涉及支付服务接受者个人隐私信息，容易涉嫌违规，出现信息的盗用、滥用、非法买卖等问题。支付服务提供者的使命就是保护支付服务接受者信息安全，在专业性和服务能力方面具有天然优势，应当保障数据来源和使用的合法合规性。同时，支付服务提供者可以基于海量风险数据和强大的机器学习技术，建立精准风控模型。通过事前信息审核，事中监测预警，事后关联分析，全程实时监测业务潜在威胁，精准识别账号盗用、暴力破解、脱库撞库、诈骗转账、身份冒用、交易伪造、洗钱套现行为，保护用户财产不受侵犯。

支付过程涉及支付服务接受者的身份信息、银行卡信息、密码信息等诸多敏感信息，这些信息一旦泄露，便很容易给不法分子以可乘之机，给用户带来重大损失。所以，敏感信息保护一直也是支付类机构的红线。敏感信息的保护自然是红线，几乎没有机构敢以身犯险，但诸如支付金额、业务种类等非敏感信息，就不是如此了，随着大数据概念的崛起，这些信息成为各类机构判定支付服务接受者信用状况的上佳数据，在信息保护上面便容易出现一系列的问题。

区块链等金融科技的引入，也在一定程度上改变了第三方支付技术安全的面貌。区块链有利于改善金融交易的记录，并提升金融交易的效率，区块链智能合约的应用也将在一定程度上改变金融的面貌。区块链在金融领域的实践有着广阔的前景。区块链是信息传递到价值传递，是人与人之间创造信任的渠道，是形成信息共享与互联的工具。区块链技术是构建信用体系的绝佳进路。

区块链的引入也有一定风险。由于区块链技术是一项新兴技术，其安全性能否满足金融安全的要求一直受到质疑。区块链技术的主链采用工作量证明机制（Proof of Work，以下简称 PoW），从理论上来讲面临着一定的安全风险，因此新的区块必须得到多数的认可才能加入，如果区块链上占据全网算力 51% 以上的使用者同意恶意区块加入公链时，则使用者就有能力成功篡改和伪造区块链数据。因此，从理论上，区块链技术一直面临着 51% 的攻击风险，目前区块链并未发生过这一类型的风险，但区块链在其他更重要的领域，如支付结算领域大范围应用，这一安全问题需要得到有效解决。

同时，区块链技术的应用者面临着较大的密码破译风险和黑客攻击风险。由于区块链采用非对称密码机制，从而有效地实现了匿名性的特征，但是也限制了使用的便利性和损失追索的可能性。如果用户不小心遗忘密码等，则相应的资产无法追回。同时，黑客攻击也会造成用户或者交易平台的风险，如日本最大的比特币交易平台 Mt. Gox 曾受到黑客攻击，损失达到数亿美元，并直接导致了这一平台的破产。由此可见，在广泛应用于支付结算领域前，区块链技术需要有效解决自身面临的安全性风险。

对此，需要构建适当的合约层协议，完善数据备案和防灾设计。区块链技术面临的重要挑战之一即是资源重置和合约层设计的问题。在高频的支付结算领域，在维护系统稳定性的基础上降低交易成本、提升交易效率是区块链的核心价值。因此，笔者主张逐步推进对合约层协议的研究，采取 DPOS 协议或类似方式，设立特定权益持有人作为核心监管方进行自律监管，防范系统性风险。同时，结算领域对安全性的苛刻追求要求监管机构建立完善数据备份制度。考虑到区块链技术现有的数据备份制度不足以应对金融交易对安全性的需求，笔者认为，可以设计数据备份机构，由公认的特定节点分别进行数据的不充分备份，使得部分节点的数据损失不至造成数据库的丢失，即丢失数据可从其他节点获取。如此，既能降低关键节点进行数据储存的压力，又能提高数据的安全性。建立冷备份系统和防灾系统也是必要的手段。

三、监管安全

在支付清算的监管安全领域，英美两国对于第三方支付机构监管有着长久的历史和有价值的经验。

2013 年 4 月，英国的金融服务监管局分为两个独立的机构，分别是金融行为监管局（FCA）和审慎监管局（Prudential Regulation Authority，以下简称 PRA），支付清算的监管机构也随之相应发生了变化。2013 年 12 月 18 日，《金融服务法案（银行法案）2013》经王室同意生效。该法案明确了"促进竞争、促进创新和确保支付系统能够满足并回应消费者的需要"这三个目标。值得一提的是，法案中还创设了一个新的用以监管零售支付系统的机构：支付系统监管局（Payment Systems Regulator，以下简称 PSR）。

2014 年 4 月，该机构正式成为 FCA 的附属机构，自 2015 年 4 月开始正式运作。2013 年法案表明 PSR 机构有权力监管所有经由财政部指定的国内的支付系统。PSR 机构作为支付系统的监管者，有义务与其他监管机构相互配合协调。英国目前的支付监管体系主要是由 PSR 机构，与 PRA、FCA 以及竞争和市场管理局（Competition and Markets Authority，以下简称 CMA）一起，对英国的支付清算体系实施监管，他们共同的义务是维持英国金融体系的稳定与信心。其中，PSR 机构与 FCA 一起协作监管信用卡市场，PSR 机构与 CMA 一起负责零售银行市场的调查。

为了鼓励支付清算领域的创新，尤其是金融科技的创新，并平衡风险，英国于 2015 年专门设置了支付系统监管局（Payment Systems Regulator，以下简称 PSR）对支付行业进行监管。英国首次采取了这样一套全面的措施来帮助改善竞争和创新，帮助解决支付系统使用者和相关企业的需求，第一次有了独立的监管机构来监督支付服务。英国消费者和企业应享有的世界级支付系统，支付系统几乎支撑每一笔金融交易，无论是重要的大额资金转移，还是一般性的工资给付、养老金入账。去年，英国支付系统处理了 210 多亿笔交易，价值 75 万亿英镑。这些系统是什么以及它们如何工作不为一般人所知，但所有人生活的许多方面都在使用它们。

PSR 的目标是促进竞争和创新，并确保支付系统运行，促进用户的利益。PSR 的监管规则将在广泛征求各方意见后制订，以便保证监管措施有针对性，适度和旨在促进行业发展和健全，同时继续发展创新的新产品和服务。英国监管层相信支付系统必须具有弹性、有竞争力、有活力，并服务于使用它们的人和企业的需求。PSR 希望支付系统行业不断创新——无论是新服务，现有系统的改进还是全新的产品。与此同时，PSR 希望促进支付系统的创新，以符合使用支付体系的群众和相关组织的利益，同时也希望支付系统及其运营的基础设施能够对使用它们的个人和企业有利的新开发和创新作出回应。

PSR 的创新工作将包括监控和跟踪该行业的创新发展，与利益相关者（包括 FCA 的创新项目（Project Innovate，其中包括监管沙盒等措施））合作，确定现有或潜在创新的障碍，并酌情采取行动消除这些障碍。

美国作为当今世界经济体量第一的国家，维系其国内外经济的正常运转就必须有一整套高效严密的支付、清算和结算（Payment，Clearing and Settlement，以下简称 PCS）体系。同时，PCS 要切实发挥作用自然也就对金融基础设施及其监管主体都提出了非常高的要求。美国在支付清算领域的监管安全实践也是值得中国探索与借鉴的。

金融危机后，美国对 PCS 的监管主要以出台法律的形式实现。包括于 2010 年 7 月 21 日开始生效的《多德—弗兰克法案》的第三章——"2010 年支付、清算和结算监管法案"（*Payment，Clearing and Settlement Supervision Act of 2010*）。与总法案一致，该法旨在通过缓释金融市场基础设施的系统性风险，促进金融体系稳定。该法赋予美联储在支付清算体系监管中更加强势的角色：（1）明确美联储作为系统性风险监管主体。作为系统性风险管理的主导机构，美联储将对系统重要性金融机构和基础设施制定统一的风险管理标准；（2）贯彻国际社会普遍接受的风险管理原则和最低标准，强化金融市场基础设施的流动性管理；（3）强化对系统重要性金融机构支付、清算和结算活动的审慎管理。

在应对以区块链技术为代表的新技术带来的挑战时，传统的审慎监管理论往往显得捉襟见肘。革新金融监管理念，强调技术在监管中的重要作用，加强自律监管，加强监管部门、行业协会对数据收集和确认、数据分析的重视程度，对于防范数字经济时代下支付结算领域面临的新风险具有重要意义。因此，金融监管模式应遵循互联网时代下支付结算方能适应新的发展趋势。

支付结算监管主要围绕资金流向展开，旨在保证交易安全的基础上维护交易效率，这一点并不因为采取中心化结算模式或去中心化的结算模式而改变。然而，区块链技术的应用和去中心化的结算模式的推广，将改变支付结算风险的表现方式。我们认为，应当从以下方面着手，逐步推进技术治理型监管，避免出现监管真空，防范系统性风险。

一是监管机构应树立技术治理的思维。技术治理要求监管机构重点关注金融机构的持续运营能力和风险控制能力，并以大数据和云计算等技术实现对风险及金融机构运营能力的精准测评。监管机构的监管重点应逐步转移到日常交易的监管中，如对大额交易的关注，对超出正常交易水平的异常交易进行观察；通过数据分析特定交易人的信用能力以限制其交易水平等。通过对交易人的行为监管而非资质监管，促进结算风险监管的完善。一言以蔽之，支付结算的风险监管应从事前监管向事中、事后监管推进。

在支付结算领域，监管机构的核心目标是完善数据收集和数据评估能力，区块链技术的逐步应用将使得每一笔系统内的交易都被记录且难以被篡改，从而改变传统监管机制中依托各方自身进行信息披露并借助于监管机构进行审核信息的模式，也将改变金融机构在用户自身信用信息和资金流向进行汇报的基础上进行审核的模式，大大降低了各方之间的信息不对称程度，从而实现精准收集信息的目的。

二是监管机构应当在逐步试点、验证技术可靠性的基础上，逐步制定相关技术基础设施标准指引、风险预警、风险评估和风险规制措施，制定数据收集、数据使用、数据评估的方案，制定紧急情况下的预案措施等，完善相关监管。同时，监管机构应当对新技术的应用留有余地。监管机构应重点关注金融机构的技术基础设施监管，对金融机构的基础性和关键性信息系统定级备案和等级测试，要求金融机构建立防火墙、入侵检测、数据加密以及灾难恢复等网络安全设施和管理制度，完善技术风险规制制度，采取完善技术手段和管理制度保障信息系统安全稳健运行，并进行定期检查监督。

三是建立全面完善的数据收集系统，平衡区块链技术匿名性和信息收集之间的平衡。目前，区块链技术交易的匿名性不仅对监管机构进行资金流向监管造成了重大挑战，也往往成为犯罪分子交易的工具，成为恐怖主义犯罪、毒品犯罪和集团犯罪的帮凶。因此，规范区块链技术的监管，划定匿名性、显名的范畴以及信息的使用规则，对于维护支付结算的稳定、完善资金流向监管、打击犯罪等都具有重要的意义。

四是构建大数据分析和风险预警机制，建立事前风险防范机制。监管机构对于区块链系统收集的结算信息需要进行评估，并以此识别风险。这是一项浩大的工程，需要监管机构借助于既有的监管经验，借助于既有和正在研究的最新技术，如人工智能、区块链技术、云计算和大数据等，评估金融机构乃至具体个人的风险，有效地评估资金流向、资金使用情况，为宏观决策提供第一手的信息。

第四节　互联网理财领域的安全问题

一、互联网理财行业的金融科技发展

互联网理财（Online Investment），又称互联网资产管理、互联网财富管理，是指投资者通过互联网平台获取金融机构提供的理财服务和金融资讯，以实现财富保值与增值的一种金融服务形式。互联网金融理财是在传统金融理财的基础上，通过互联网媒介（包括第三方支付平台和电商平台两种方式）实现的金融活动。与其类似的概念还有美国金融业管理局（FINRA）官方定义数字化投资（Digital Investment），其中细分领域包含数字化资产配置（Digital Asset Allocation）、高频荐股（Stock Selection）等。数字化资产配置俗称智能投顾（Robo - Advisor），适合大众的财富管理需求；荐股服务适合追求择时超额收益的少数投资者。

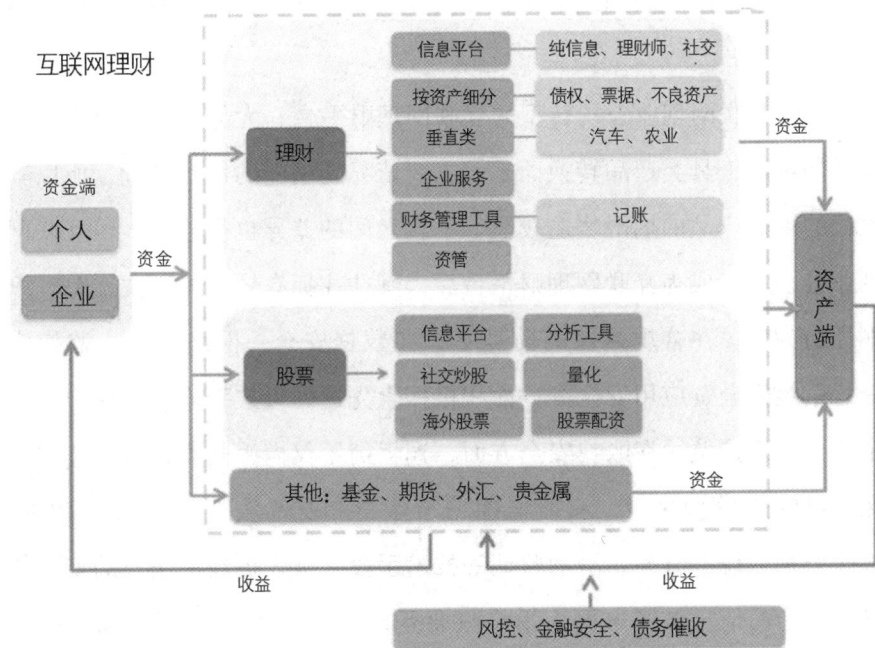

图 3 - 6 互联网理财资金流向

资料来源：笔者自绘。

（一）互联网理财行业

互联网理财模式是作为对传统理财模式的有效补充，它将金融理财活动与互联网技术充分结合，以实现潜在投资用户与第三方理财机构的直线交流，有效地提升了理财活动的便捷性，降低了理财主体双方间的理财成本。2017 年 1 月，开通金融（PANO）公布了《2016 互金理财市场年度报告》（以下简称《报告》）。《报告》收录了众多主流的互联网平台的数据，数据显示，我国 2016 年度互联网理财市场的总体发行规模已逾万亿，互联网理财正成为我国互联网金融市场举足轻重的支柱部分。根据平台的背景进行划分，当下互联网理财平台的类别主要分为：金融机构背景的互联网理财平台、电商互联网背景的互联网理财平台、产业背景的互联网理财平台以及互联网创业公司转型的互联网理财平台。

对于互联网创业公司转型的互联网理财平台，大部分由 P2P 平台或互联网理财工具类产品转换而来，主要依靠转型前的用户基础。所以其发行的理财产品的期限普遍较短，平台之间的差异也很显著。但互联网创业公司转型成为互联网理财平台后，其往往拥有较强的科技优势。以铜板街为例，在合规风控的前提下，在数据安全、网络安全、监控安全、系统安全、应用安全等方面积极探索先进的科技手段，为用户的资金安全保驾护航。在账户安全方面，铜板街不仅携手同盾科技通过智能化的反欺诈模型决策，实时监控用户账户和交易安全，还引入 OCR、人脸识别、设备管理、滑动验证等技术手段，极大提高了用户的安全体验。在产品信息披露方面，用户只要登录 APP 或官网，可以随时查询平台交易数据、通知公告、高管团队、公司动态等信息，以及募集金额、资金去向、债权明细等产品信息。

（二）智能投顾：互联网理财行业的金融科技应用

铜板街理财是铜板街金融科技集团旗下的智能财富管理平台，其 APP 上线于 2013 年 6 月 11 日。与其他注重线下获客的互联网理财平台不同的是，铜板街搭建了一个网上商城，通过金融科技能力筛选各类拥有合格金融产品的商家（包括基金、保险、银行、新金融公司）入驻，同时吸引理财客户，让他们之间通过合规的交易通道和存管银行完成在线理财交易。铜板街理财把用户人群锁定在个人资产 10 万—200 万元的普通群体，通过移动互联网，7×24 小时地提供在线交易、风险匹配、分散投资、智能投顾服务。得益于这种"理财版天猫"的独特模式，铜板街的业务规模快速发展，截至 2017 年 5 月，铜板街 APP 用户规模超过 1200 万人，累计交易额突破 2000 亿元。

智能投顾通常是通过一系列的大数据、云计算、机器人深度学习等科技手段来取代传统投顾面对面服务，实现金融产品的匹配和资产规划，其以科技手段为客户提供人脸识别、账户保护、智能支付路由等服务，对金融产品分散投资，达到金融产品的风险匹配。铜板街的科技手段相对成熟，他们在理财用户的画像和风险偏好上进行分层，通过一系列数据分析对智能投顾的用户特征以及风险承受能力进行全面了解，之后再对金融产品进行分类，这样产品和人可以进行一一对应，例如通过用户地理属性、资产属性、职业属性以及在互联网上的消费习惯和每次做交易的交易行为等数据，得出用户本身的风险承受能力是保守型、稳健型、平衡型和积极型中的哪一种，以此对客户的金融产品做匹配。智能投顾，就是将客户的风险偏好、流动性需求和收益需求全盘考虑，其在运营过程中重在两点。

第一，千人千面。由于每个投资者的风险承受能力存在差别，每个人配置的资产方案都应当是不同的。智能投顾的意义在于其实现资产配置方案更为精准，这是"科技＋金融"的意义所在。这在原来传统金融机构是不可能实现的，其将客户按资产值划分，按 100 万元以下、100 万—500 万元、500 万—800 万元等层级划分。在资产范围的区间内，每个人的资产配置方案差别不大。千人千面，是智能投顾的一个特点。

第二，全程跟踪。智能投顾在作出现阶段的资产配置方案之后，它将是动态的，而非一成不变。而传统金融机构，如果您正好拥有千万以上资产，有幸成为某家私人银行的客户的话，他的财富经理如果跟您进行了面对面的了解，作出资产配置方案之后，基本上2—3年内是不会变化的。然而，金融市场可能发生很大的变化，比如市场资金紧张造成不同金融产品收益率变化，之前提供的资产配置方案将不能称之为精准的匹配。而智能投顾完全是机器来实现的，只要客户愿意跟机器互动，它可以做全程跟踪。

互联网理财领域的智能投顾应用，通过机器人对客户的风险偏好、流动性需求和收益需求进行全方位考虑，做到对千人千面的客户要求精准回应，并且在智能投顾做了现阶段资产配置方案之后，通过重新填写问卷调查来更新资产配置方案，找到当下最适合客户收益和风险的金融产品进行匹配，如此通过科技手段运用低成本来进行全程跟踪。以铜板街理财为首的互联网理财公司正是通过科技的手段，高效低成本地向传统金融机构无法覆盖到的人群提供服务，以达到普惠金融的目的。

二、网络技术安全维度下的理财行业，对接大数据实施风险控制

网络技术安全是互联网理财行业的主要特征，完善的风控体系是互联网理财平台适应市场、实现理财目标、安全高效运营的"安全网"，平台风险管理水平的高低直接影响客户资金安全以及平台的声誉、收益。为了保证理财平台稳健运行，增强投资者信心，互联网理财平台出于满足监管机构要求、保障投资者资金安全，通常设置内部风险控制措施，构建信用评价机制和风险控制体系。互联网理财平台的业务模式不同，所采取的风控措施也有所不同。以铜板街为例，其制定了六层风控安全保障体系，拥有十道审核工序流程，涵盖贷前现场考察、评审会综合评估、内部专业风控审查及贷后持续性监管等。同时，铜板街不断对自身的风控系统做流程化、电子化、数据化的更新迭代，确保风控持续有效，保障资产优质安全。

互联网理财平台往往对接征信机构，以海量的交易数据为基础建立信用评价机制，深入开展授信前的调查与分析。互联网理财平台要实现以客户为中心，用数据和科技的力量提供平等透明、高效的金融服务，最后实现平民化、碎片化、智能化的投融资需求，离不开科技与数据。目前，互联网理财平台对接的数据库包括芝麻信用、腾讯征信、鹏元征信、安融征信等大型征信机构，风控系统通过整合多种系统技术（DMR 算法、Graphic Database、反欺诈云技术、黑名单服务、SSL 加密通道等）研发出大数据"蜂窝"技术。针对平台以及合作金融机构的征信查询需求，根据业务特点自定义配置征信维度和大数据贷前调查、贷中审查、贷后检查以及反欺诈检测、客户分析等报告，并可以实现信贷全流程风险管控。

在信用评价机制方面，以余额宝为例，芝麻信用的数据平台在引入客户的物流、资金流、经营等数据后，通过网络数据模型对该商户的信用状况进行综合评估，辅以交叉检验技术及在线视频技术，采取面对面的方式对客户的基本状况进行深度评估，加上各个渠道的信用记录，出具信用评级报告。整个过程无纸化、高速便捷高效率。随后系统通过对投资者资信状况的分析进行后台处理，通过系统核定和人工审批，核定出授信额度。通过对投资者的信用管理，有效地确定了与投资者信用相匹配的信用额度。除了针对投资者的信用管理外，还需要利用大数据系统，实现对投资者的授信额度实时动态评估。

互联网理财平台通过对接征信机构，强化授信管理，提高风险防范能力。对投资者进行事前授信管理，通过定期监控、重点分析授信客户的信用状况，及时发现、识别和评价授信风险，能够有效地对风险进行事前防控，防止投资者的非理性过度投资行为，同时降低相应的不良资产率和坏账率。

51 信用卡的金融风控系统则是一个很好的例证。该风控系统是一套结合大数据和机器学习的智能风控系统，依托于平台自有的 8000 万存量信用卡用户，多维度地整合外部数据，通过机器学习算法挖掘，51 信用卡具备了全面的风险识别与管控能力。从逻辑层次上来看，51 信用卡的金融风控系统主要分为三个层次：数据清洗、特征抽取和风险决策。第一层，数据清洗模块，负责从数据中心将公司采集的多模态数据（包括信用卡账单数据、借记卡流水数据、央行征信数据、电商流水数据、电信运营商账单数据、公积金数据）抽取并清洗后存放在大数据平台上，后者目前主要基于 Hadoop/Storm/Cassandra。第二层，特征抽取模块，负责通过大数据平台计算出风险控制所需的各种特征，这些特征的定义部分来自于业务部门，部分来自于特征抽取团队的数据挖掘团队，而计算引擎则采用了基于 LISP 的多层依赖式变量后台。第三层，风险决策模块，负责在优选后的特征集上构建决策模型（主要评估客户的预授信额度、信用风险与欺诈风险三个维度）并实施运算。目前主要的决策模型分为两大类：一类是完全基于数据的机器学习模型（主要包括 Logistic Regression、Decision Tree/Random Forest、Multi-layer Perceptron/Deep Learning、Support Vector Machine），另一类是基于数据反馈、人工逻辑、专家经验的混合式专家系统（Hybrid Expert System）。当任何一个客户的数据更新后，数据中心将通过 Kafka 通知到数据清洗模块，将这部分数据更新到大数据平台，然后通知特征抽取模块，重新计算所有依赖于这些所更新数据的特征，最后驱动风险决策模块重新评估客户的风险。

除此之外，凡普金科在金融风控领域也走在了前列。自创立以来，凡普金科一直坚持打造自有风控模型和风控系统，并借助大数据、云计算、机器学习等不断创新迭代。几年来，凡普金科的风控系统走过了三个阶段：第一阶段以人工为主，机器为辅，主要由经验丰富的信审员来判断借款人情况，将用户资料输入系统并利用评分工具生成个人评分。

第二阶段自主研发评分模型，转变为以机器为主、人工为辅。第三阶段基本实现了风险的全机器识别。

智能动态风控系统——FinUp 云图和自动建模机器人水滴（Robot Modeler）是凡普金科在金融科技领域的重要产品。其中，FinUp 云图是凡普金科自主研发的第三代风控系统，加入了人工智能 AI，被称为"智能金融大脑"，也是业内首个完整的动态风控知识图谱生态系统。该系统一方面是对非传统交易类征信数据的使用，例如手机终端的行为、社交网络新型数据等；另一方面则是基于 AI 和机器学习的知识图谱，实时动态地在整个互联网上搜索关于某个固定客户或者固定客户群体的信息，不断更新动态数据且数据量呈现指数增长。自动建模机器人水滴（Robot Modeler）的设计核心，由 30 多个数据处理模块组成，其中有 10 余个自主研发的算法。它能够模拟人类对数据变量的理解，在深层神经网络和深度学习的辅助下自动化提取特征，并针对不同人群进行分类。其逻辑是基于传统银行的逻辑回归模型，吸取了 GBDT 和 Random Forest 这两大机器学习的精髓。简言之，这是一个由几百个树形结构的逻辑回归组合而成的强大 Hybrid 模型，称之为 Random Ocean。这种算法尤其适用于稀疏、高维、多元化的风控数据，真正做到让每一个人都享有公正公平的金融服务。

三、金融安全维度下的理财行业，严格准备金和银行存管制度

（一）风险准备金制度

在互联网理财行业里，风险准备金是由依据借款人的信用等级确定的比例金额和平台自有资金投入两部分构成，在出现比较大的系统性风险或逾期还款时，平台可以启动风险保证金对投资人进行先行赔付，通过风险备用金保障投资人的投资本金和利息（见图 3 - 7）。

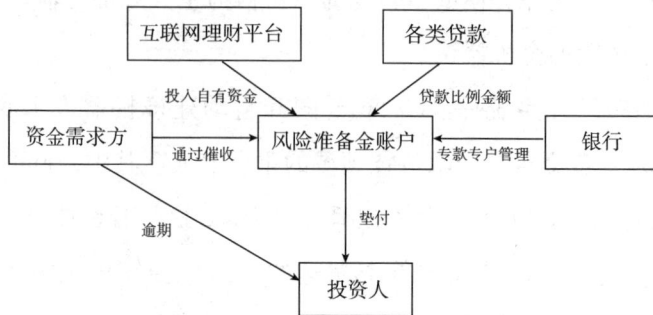

图 3-7　风险准备金来源和流向

资料来源：笔者自绘。

风险准备金的使用通常遵循以下六个规则：第一，违约偿付规则。当受保障借款的借款人（债务人）逾期还款超过一定时间时，可从"风险备用金账户"资金中提取相应资金偿付投资者逾期应收赔付金额。第二，时间顺序规则。"风险备用金账户"资金对受保障借款的投资者逾期应收赔付金额的偿付按照该债权逾期的时间顺序进行偿付分配。先偿付逾期在先的债权，后偿付逾期在后的债权。第三，债权比例规则。"风险备用金账户"资金对同一受保障借款的《借款协议》项下不同投资者逾期应收赔付金额的偿付按照各债权金额占同协议内发生的债权总额的比例进行偿付分配。第四，有限偿付规则。"风险备用金账户"资金对受保障借款的投资者逾期应收赔付金额的偿付以该账户的资金总额为限。当该账户余额为零时，自动停止对理财人逾期应收赔付金额的偿付，直到该账户获得新的风险备用金。第五，收益转移规则。即当受保障借款的理财人享有了"风险备用金账户"对某笔受保障借款按照既定规则进行的偿付后，平台即取得对应债权；该债权对应的借款人其后为该笔受保障借款所偿还的全部本金、利息及罚息归属"风险备用金账户"；如该笔受保障借款有抵押、质押或其他担保的，则平台处置抵押质押物或行使其他担保权利的所得等也归属"风险备用金账户"。第六，金额上限规则。即当"风险备用金账户"内金额超过届时平台上发生的所有债权未清偿本金金额的10%时，平台有权将超出部分转出该账户并自行支配。

（二）银行资金存管

2017年2月23日，业内备受关注的《网络借贷资金存管业务指引》（以下简称《指引》）正式下发，本次《指引》的出台，基本原则在于强化对网贷资金专用存管账户的监管，防止网贷平台侵吞客户资金，卷款跑路。《指引》明确了银行的义务责任。专用账户的存管，使得存管银行能够对客户的资金进行专门的开户和销户。除了资金存管外，存管银行还将进行资金清算和账户核对，使交易的过程全面透明化。截至2016年12月底，已有民生银行、广东华兴银行、江西银行、徽商银行和浙商银行等38家银行布局互联网平台资金直接存管业务。共有238家正常运营的互联网理财平台宣布与银行签订直接存管协议（含已完成资金存管系统对接并上线平台），约占同期正常运营平台总数量的9.72%；其中有188家正常运营平台与银行完成直接存管系统对接并上线，占正常运营平台总数量的7.68%。

目前互联网理财平台与银行进行资金存管合作有三种模式，分别是：直接存管、银行直连和"银行+第三方支付公司"联合存管。其中，联合存管模式是银行和第三方支付公司推出的联合存管方案，共有两种：一种是"大账户存管"，即理财平台在存管银行开设存管账户，第三方支付机构担任技术辅助方，提供支付结算、技术咨询、服务定制、运营维护等服务，在这种模式下，银行只为平台开立一个大账户；另一种是"嵌入式存管"，这种存管模式与大账户存管模式相比，第三方参与度低，银行为每位客户开立独立的银行存管账户，第三方支付提供支付通道，在银行存管体系基础上提供支付清算服务。

（单位:家）

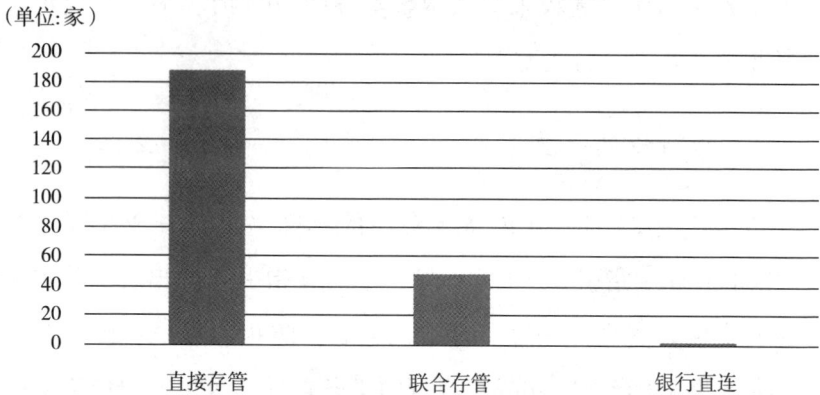

图3-8　已签订资金存管协议的平台存管运营模式情况

资料来源：笔者自绘。

四、监管安全维度下的理财行业，突破技术监管难题

大数据金融模式在重构传统金融机构、打破金融市场的信息不对称方面发挥了重要作用。大数据金融能支撑更迅速、更灵活的融资决策，带来更贴近客户需求的产品创新。但与此同时，大数据金融带来的风险也不可忽视，其中最重要的是大数据对个人信息的大量获取所导致的隐私和安全问题。金融市场乃至整个社会管理的信息基础设施，因为大数据系统而变得越来越一体化，其对外性也日益提升，这给个人隐私和数据安全、知识产权构成巨大潜在风险，同时也给监管机构带来挑战。

（一）监管机构面临的监管技术难题

第一，责任主体认定问题。在人工智能代客进行证券交易的场景下，现有监管体系下对自然和法人的监管将会失效，人工智能代客进行证券交易，证券投资账户的所有人和经营人并不一致，一旦出现违法、违规的操作行为，责任主体认定就会存在困难。而在人工智能向客户提供投资咨询建议的场景下，同时客户在人工智能给出的投资咨询建议下作出交易若出现巨额亏损或者触犯法律，责任主体的认定同样存在困难。

互联网理财，尤其是智能投顾应用是技术驱动型的金融创新，技术基础门槛高、理解难度大。对广大金融消费者来说很难理解智能投顾底层的技术原理，所以智能投顾平台和投资者的信息极不对称，可能出现智能投顾平台提供的投资咨询建议来自"人工＋智能"的投资顾问，甚至是以人工智能概念包装的"人工"投资顾问，而且平台有夸大宣传自身智能程度的潜在风险。所以在智能投顾的发展过程中，极有可能引发由于信息不对称造成的欺诈风险，监管需要结合智能投顾的发展水平与国内的金融环境出台相关政策以规制信息不对称引发的欺诈风险。

第二，大数据、人工智能等平台内生的技术风险带来的监管问题。如智能投顾的技术原理是大数据、人工智能等现代信息科技技术，而技术本身具有不稳定性，比如平台暴露在开放的互联网之下，平台可能遭遇黑客、木马等攻击而陷入瘫痪，或者随着人工智能技术的发展，平台有可能失去对智能体的控制能力。同时目前人工智能还处于初级阶段，而人工智能的发展需要大量的历史数据积累，同时不断提高数据分析能力，技术的发展与进步是一个长期的进程，而智能投顾的有效性也需要经历周期和时间的检验，所以在技术发展的过程中，算法的稳定性是主要的风险来源。所以针对"金融科技"这一新生事物，监管应该仔细研究"大数据""人工智能"等现代科学技术，制定出相应的风险规制办法。

（二）互联网理财领域的监管趋势

针对互联网理财领域的监管，近期出台了较多互联网理财领域相关的监管动态（见表3－1），其中重要监管内容包含如下。

表 3 - 1　互联网理财领域监管动态

发布时间	法律规范	发布机构	具体内容
2017 年 7 月 6 日	《关于对互联网平台与各类交易场所合作违法违规业务开展清理整顿的通知》	互联网金融风险专项整治工作领导小组办公室	该通知明确要求于 2017 年 7 月 15 日之前，互联网平台停止与互联网金融各类交易场所的合作。
2017 年 4 月 25 日	14 部委在银监会召开 2017 年防范和处置非法集资法律政策宣传座谈会	"一行三会"、最高人民法院、最高人民检察院、工信部、公安部等 14 个部委	着重强化对包括投资理财等民间投融资中介机构在内的重点行业领域的监管，组织各级政府对投资咨询、财富管理、第三方理财、担保等投融资中介机构，网络借贷平台、第三方支付、众筹平台等互联网金融行业企业，私募股权投资、电子商务、租赁、房地产、地方交易场所等行业企业及关联企业，各类涉农互助合作组织、养老机构、民办院校等重点领域、主体，开展一次全面风险排查，有效减少存量风险、控制增量风险。
2017 年 4 月	《互联网金融风险专项整治工作简报》	互联网金融风险专项整治工作领导小组办公室	对下一步工作重点提到，互联网资产管理的清理整顿，要求金融活动需要获得牌照，在资产管理产品的发行、交易、销售环节，均需获取金融监管部门发放的牌照，否则就是非法金融活动；同时提到重点清理整顿资产管理平台与地方金融资产交易所合作，实施收益权拆分转让中存在的问题。

续表

发布时间	法律规范	发布机构	具体内容
2017 年 3 月初	银监会主席郭树清举行新闻发布会	银监会	针对层出不穷的交叉性金融产品的监管难题，目前正由中国人民银行牵头，会同三会统一制订统一资产管理产品标准规制；重视银行业的理财业务，明确进一步完善理财业务的规制建设，并将重点落在"加强监管"之上。
2017 年 2 月	《关于规范金融机构资产管理业务的指导意见（征求意见稿）》	中国人民银行牵头银监会、证监会、保监会	该指导意见（征求意见稿）禁止资管产品间多层嵌套，即资产管理产品不得投资其他资产管理产品，但可以通过 FOF 或者委外的名义进行一层嵌套；在不改变整个金融领域机构监管的现状下，通过"一行三会"的协调，统一资管行业的监管标准。
2017 年 2 月 23 日	《网络借贷资金存管业务指引》	银监会	给出网络借贷平台作为委托人及银行业金融机构作为存管人的各项要求，以及资金存管的业务规范。

资料来源：本书课题组整理。

从上述监管规定和监管动态可以看出，"监管"已经成为当今金融市场的主旋律，对风险点的处置和资产泡沫的防控将成为"一行两会"[①] 等监管机构的工作重点。"要把防控金融风险放到更加重要的位置，下决心处置一批风险点，着力防控资产泡沫，提高和改进监管能力，确保不发生系统性金融风险。"2016 年年底中央经济工作会议提出

---

① 中国人民银行、中国银行保险监督管理委员会、中国证监会。

的针对 2017 年的这一要求，正在被"一行两会"抓紧落实。目前要实现互联网金融资产管理的监管，一方面，要从根源上解决金融风险的监管问题，特别是"一行两会"的金融风险监管职责，这亟须跨部门形成合力，统合治理，才能实现"金融安全"，风险治理取得成效。在监管措施上，应当采用监管科技（RegTech）理念，建立大数据共享机制，切实落实风控措施；另一方面，互联网理财平台也应当加强自身的风险防控意识，针对互联网理财中各项风险点，利用科技手段将风险控制措施落实。

五、互联网理财行业的金融科技安全问题

随着互联网金融发展，互联网资产管理主要是指互联网企业利用互联网平台实施资产管理，互联网资产管理由于其产品设计的新颖性和创新性，导致目前对于其监管存在漏洞，互联网金融资产管理平台在缺乏资质准入的情况下，较多互联网金融资产管理平台未经过严格的资格准入管理，缺乏金融牌照，其风险防范能力受到质疑，随之而来的许多高风险金融产品流向普通投资者，使得投资者承担更大的风险。下面，对互联网理财领域的金融科技安全问题，分别从互联网理财平台自身及其合作机构两个角度展开。

（一）互联网理财平台的金融科技风险

互联网金融创新会规避金融风险，降低交易成本，增加流动性，增加金融机构利润，有助于进一步发挥金融在市场经济中的作用，进而保障资金融通的安全和整个金融体系的稳定。互联网金融创新产品在渠道拓展能力上具有传统金融机构难以企及的优势，但其风险管控能力也是互联网金融所不具备的。互联网理财平台同时具有传统理财机构的风险，包括由人为操作、程序紊乱或技术未更新等原因而导致的操作风

险；因财务信息不透明导致投融资双方信息不对称，引发的包括信用风险在内的信息披露风险；资金可能被挪用的道德风险及因期限错配导致的流动性风险。除这些典型传统风险外，互联网理财平台还面临以下风险和问题。

图 3 - 9　互联网理财平台的风险

资料来源：笔者自绘。

1. 资产嵌套和杠杆投资风险

随着跨行业、跨机构、跨平台的各类层层嵌套的跨界金融产品涌现，各金融机构、非金融机构参与其中，我国资产管理市场获得快速增长的同时，其法律风险和隐患也在不断积累。2016 年 10 月，互联网金融风险专项整治工作领导小组办公室，发布《通过互联网开展资产管理及跨界从事金融业务风险专项整治工作实施方案》，将通过多类资产管理产品嵌套开展资产管理业务，规避监管要求的互联网平台作为整治重点。面对金融混业经营不断深入，2017 年 2 月《关于规范金融机构资产管理业务的指导意见（征求意见稿）》，在该征求意见稿中，明确统一产品标准，修补监管漏洞，同时也针对当前混业趋势背景下的产品嵌套问题提出了风险准备金、资本约束的监管要求。在监管领域，理财产品嵌套问题成为当前监管机关的重点关注内容。

　　互联网资产管理中的嵌套是指金融资产交易所、银行、小贷公司等金融机构将一个底层金融资产一次次转让、转让过程中一层层承诺回购。资产嵌套的主要目的就是扩大杠杆或绕开法律对于牌照准入或投资者合格性的要求。资产嵌套的每层嵌套都可能抬高了杠杆，而且通过嵌套也绕开了金融监管，扩大了风险。资产嵌套最终的回购者是底层金融资产的提供商，底层资产一旦出现问题，风险会层层传导、扩大，而且期间可能出现很多问题，最终售卖者可能难以获知底层资产的真正来源，很容易引发系统性金融风险。

　　很多嵌套中的金融资产涉及合格投资人条件、投资者人数、宣传手段、经营牌照的要求，这都可能导致互联网理财线上交易存在合规性问题。无金融牌照的互联网金融平台可能涉及非法集资，有资质的金融企业可能在发行、交易和销售等环节违反相应监管要求而受处罚。日益严格的穿透式监管也将使得平台的合规性风险更加突出。

　　2. 期限错配风险

　　期限错配是指资金来源短期化、资金运用长期化。期限错配在互联网理财上的一个应用是拆标期限，拆标期限指的是把长标拆成多个小标滚动发行。如一年期的理财项目，最后拆成数个几月期的理财项目。期限错配存在的原因是融资需求的时间常常与资金供应的时间不一致，为了对接需求和供给，往往就需要拆分搭配不同的资金供给与需求的时限。

　　期限的风险主要体现在流动性风险上。理财项目中单个违约或者提前偿付都有可能因为期限错配导致不能偿付的情况。

　　3. 互联网理财平台准入风险

　　《互联网金融风险专项整治工作简报》中，互联网金融风险专项整治工作领导小组在回顾总结以往整治成果，特别是对下一步工作重点中提到互联网资产管理的清理整顿，要求金融活动需要获得牌照，在资产管理产品的发行、交易、销售环节，均需获取金融监管部门发放的牌照，否则就是非法金融活动。

金融市场中的集资行为若是缺乏必要的监管和领导，往往容易放任资本市场中盲目跟风投资的行为，投资者的盲目性所造成的跟风效应也往往容易使得投资的人数与投资的规模都急剧膨胀，一旦风险发生便会产生恶果。因此，法律对该投资行为，在准入条件上都有严格的规定。互联网理财以互联网作为宣传渠道，其涉及的人数之广、数额之大往往极易使其触及法律禁止的"红线"。

4. 投资者适当性风险

2008 年爆发的全球金融危机警示我们，金融创新与风险治理必须考量市场发育程度、投资者的投资水平和风险承担能力等因素，一定的金融产品只能销售给适当的投资者。

显然，不同的投资者控制和承担风险的能力是不一样的，为了避免投资者承担其无法承担风险的困难，就需要根据证券产品的特殊性贯彻"将适当的产品销售给适当的投资者"的原则，使金融产品与投资者的风险承担能力相适应。如果金融产品被出售给了不适当的投资者，会容易引起市场的动荡，甚至爆发系统性风险。保护投资者特别是建立合格投资者制度，正是贯彻"将适当的产品销售给适当的投资者"的原则，使投资者的个人投资水平和风险承担能力与金融产品相适应。

互联网理财投资者在现实中必须具备一定的专业能力和知识水平，并不适合所有投资者参与。合格投资者准入制度是对投资者资格的规定，不过与通常所理解的不同，合格投资者制度制定的初衷是让试图购买金融产品的潜在投资者，根据合格投资者制度所标示的不同产品的门槛，主动对照、加以衡量并知晓本身是否具有和交易相称的譬如专业知识、收入水平和风险承担能力等在内的资格，以最终决定是否投资、购买该金融产品。实质上是基于适当性原则对投资人所做的尽职提醒，是对投资者利益的必要保护,并不是在该产品上附加门槛条件,设置壁垒或禁止不合格投资者进入私募投资行业。

而目前部分理财平台没有遵守相应的投资者适当性制度,在发行、交易和销售等环节存在问题。

(二) 互联网理财平台合作机构的风险

互联网金融资产管理平台作为销售方,在缺乏金融资质管理的情况下,其是否具备对合作方及其提供的理财产品的风险识别能力存疑,容易将高风险理财产品引入平台销售给投资者;特别是在投资者适当性方面,实施投资者适当性管理的责任主体尚无规定,应当由互联网金融资产管理平台还是由理财产品提供方实施投资者适当性判断,未有效实现投资者适当性管理时应当由谁来承担责任、承担何种责任,目前均属于空白状态,易导致投资者不理性地选择超出自己风险承受能力的理财产品。同时,互联网金融资产管理平台如果在信息披露环节中存在问题,投资人将无法准确获知理财产品的净值水平、投资情况、风险状况等因素,对于投资者来说互联网金融资产管理相当于一只黑箱,这容易出现较大风险,亦不利于监管。针对互联网理财的不同模式,具体来说如下。

1. 互联网理财平台的货币基金销售模式

互联网理财平台的基金销售资质。整治重点:发行、销售、交易环节均应当有金融资质,否则将被认定为非法金融活动。当前互联网理财平台销售货币基金的模式,往往存在资质不全的问题。

2. 互联网理财平台与金融租赁公司、网贷平台合作中的风险

伞状分散产品销售,将涉及非法集资、非法吸收公众存款问题,成为商务部监管重点。资金安全风险中的资产管理重点在于对客户投入资金的管理,客户选择平台上提供的产品,客户根据平台的描述,对产品

进行评价，或为其高收益所吸引，或为其稳健收益所吸引，客户选择心仪的理财产品进行投资，按照理财平台的提示，将资金投入到平台指定账户，平台将按照要求管理这部分资金，定期向客户支付收益，或到期还本付息。那么，互联网理财平台从产品设计、销售、发行、收益、回赎等各个环节都涉及客户资金的安全性问题。

3. 互联网理财平台与互联网金融资产交易平台合作模式的风险

互联网金融资产交易平台的业务主要围绕非标金融资产、理财产品销售而展开，且在业务上受地方政府金融办的监管，不受"一行两会"金融监管机构的约束。凭借开展业务方面的灵活性，互联网金融资产交易平台逐渐成为互联网理财平台进行增信和销售的渠道。互联网理财平台为规避监管红线而"借道"互联网金融资产交易平台处置存量非标债权性资产与理财产品的交易模式实质上属于监管套利，由于地方政府金融办过度追求平台服务于地方经济发展导致监管懈怠的产生，使互联网理财平台利用当前的制度漏洞与监管疏漏将部分非标债权性资产、私募债置于互联网金融资产交易平台上销售的行为风险丛生。

第五节　现金贷领域的安全问题

一、现金贷的市场准入问题

目前，银行、消费金融公司、网络小贷公司、P2P 网贷机构均已作为持牌机构（平台）来开展现金贷业务，并且已经有相对完善的行业监管政策。除上述机构以外，数量众多的互联网垂直借贷平台在开展现金贷业务时，往往由缺少相关金融业务资质的互联网企业借助互联网平台发放贷款，在监管层面尚无明确的法律规定，也没有明确的监管部门，存在监管缺位。由于缺少准入机制，导致市场上大量低资质的互联网现金贷平台涌现，平台主体良莠不齐。

2017年11月21日，互联网金融风险专项整治工作领导小组办公室向各省、自治区、直辖市整治办下发特急文件《关于立即暂停批设网络小额贷款公司的通知》（以下简称《通知》）。《通知》显示，近年来，有些地区陆续批设了网络小额贷款公司或允许小额贷款公司开展网络小额贷款业务，部分机构开展的"现金贷"业务存在较大风险隐患。为贯彻落实国务院领导同志批示精神，经过会商，互联网金融风险专项整治工作领导小组办公室要求，自即日起各级小额贷款公司监管部门一律不得新批设网络（互联网）小额贷款公司，禁止新增批小额贷款公司跨省、自治区、直辖市开展小额贷款业务。

目前现金贷平台和网贷平台都迫切地想方设法去拿互联网小贷牌照，以此解决现金贷展业的合法性问题。现金贷的风险会迅速蔓延到互联网小贷领域，甚至不排除对互联网小贷带来传染风险。中央监管层避免现金贷风险往互联网小贷迁移，出于防患于未然的考虑，采取了措施进行监管。据业内预计，控制增量后，接下来可能还会出台对存量网络小贷的监管政策。在跨区域经营、拥有小贷牌照却无实质业务、网络小贷异化为现金贷等，都是网络小贷面临的问题，不符合监管标准的存量网络小贷也将会被取缔。另外，未来可能会出台全国性的监管政策，使得网络小贷沿着合规的轨道健康发展。根据央行、银监会发布的《关于规范整顿"现金贷"业务的通知》，设立金融机构、从事金融活动，必须依法接受准入管理。未依法取得经营放贷业务资质，任何组织和个人不得经营放贷业务。

二、现金贷的风险控制问题

（一）信用风险

现金贷目前存在的是借款人质量较低，贷款费用较高，征信体系不完善导致借款人借款后无力还款等主要问题。一是对客户审查标准缺失。部分平台为了实现快速放贷，甚至对借款人资质不进行任何审查。由于过于放松风险控制标准，导致很多不具备还款意愿的客户也能获得贷款。二是对借款人"多头借贷"行为难以有效识别。部分借款人同时从多家现金贷平台贷款，或者在不同平台间借新还旧，其贷款金额往往远超其还款能力，造成资金链极其紧张，信用违约风险很高。据业内估计，有多头借款记录的用户大约占到总用户的 20%—30%。三是诱导客户续贷，短贷长用。现金贷产品为覆盖高风险，如果固守其小额、短期的产品本质，用户负担利息的绝对额并不高。但少部分用户主动或在平台的诱导下，通过不限次数的周转将借款行为从短期变为长期，"利滚利"造成还款成本急剧上升，最终难以为继。

（二）经营风险

现金贷平台在经营过程中，存在一定的经营风险。一是行业竞争的风险，放贷收息的商业模式使得现金贷平台的数量激增，行业经营风险极大，容易引起恶性竞争。行业进入壁垒低，产品种类单一也给现金贷平台带来经营风险。二是现金贷经营中，有骗贷组织勾结现金贷平台风控人员进行团伙欺诈，给平台造成严重损失，宜人贷就受过一起有组织的骗贷，被骗金额达 8126 万元。三是部分平台无视职业操守，未能充分保护消费者权益，造成行业声誉风险。

（三）技术风险

现金贷面临着重大的信息技术安全风险，主要是指信息存在被盗取和泄露的风险以及技术安全风险。互联网金融建立在互联网技术基础之上，如果技术存在安全隐患，那么将会导致互联网金融出现安全风险，例如信贷平台遭受恶意攻击或者信息遭到泄露等，这会给互联网金融平台的资金安全造成严重威胁。例如，投融资交易进行时，投资者进行资金的转移需要输入密码和校验码，一旦密码和校验码泄露，资金很可能被不法分子所窃取，存在很大的安全隐患。

三、现金贷的利率合法性问题

据麻袋理财研究院统计，部分现金贷平台借款年化利率高达100%—300%，逾期罚息年化利率大多数超过了300%。现金贷平台往往设定较高的服务费，各种明目的费用收取使得借款成本大大提升，这也是被广泛认为是变相高利贷的原因。而高费率的设定其实与平台融资成本高、运营成本高（包括人员支出、数据获取及支付通道等费用）及坏账率相对较高密切相关，为了弥补运营成本和冲抵风控不足导致的坏账，其不得不借助高费率实现赢利。

除此之外，部分平台会在给借款人放贷时，从借贷本金中先行扣除利息、手续费、管理费、保证金等金额，即俗称的"砍头息"，使得借款人实际收到的借款金额与借款合同约定金额不符，变相提高借款人借款利率。①

另一个关于现金贷平台利率的问题是信息披露不明。无法让借款人清楚地知悉真实利率，对还款计划中的期限和数额计算往往含糊带过，在利率的介绍方面不够明确。比如，在某网贷平台上注册成功即表明接受其服务条款和借入协议，很多急需借款的人可能未能尽到理性消费者

---

① 比如某网贷平台借入人注册协议中表明在用户注册成为网站用户、用户向账户充值、用户成功获得贷款、用户借款逾期未归还等情况下，网站将收取一定的费用，费用将从用户的任一账户或者款项中直接扣除。宜人贷的收入主要来自撮合贷款过程中向借款人收取的交易费用，分为贷前和贷中两个部分。在2016年，其贷前服务费占促成借款的比重为22%左右。2345贷款王的服务费为5%或6.2%，通常直接扣除，而日利率为万分之六或万分之十，还有诸多平台都是"砍头息"的做法。

的审慎注意义务，在平台上的借款服务合同通常是事前拟定好无法当面协商的，平台也没有尽到提示和说明义务，提请借款人注意。不仅如此，高额的逾期罚息等与借款人重大利益相关的条款通常也没有进行突出显示。

四、现金贷的个人信息保护问题

（一）收集阶段

现金贷平台为了在市场中具有更大的竞争力，会千方百计地通过各种渠道收集用户个人信息，其收集方式分为直接和间接两种。直接方式是指平台在用户允许或知晓的情况下，以各种理由收集用户个人信息，例如注册时填写的手机号、邮箱等；间接方式是指平台在为用户提供服务时，利用后台加密等技术手段，在用户不知情的情况下收集非服务必需的信息，例如，智能手机中的软件在用户未授权时收集手机中的联系人、通话记录、短信等个人信息。而且，现金贷平台在开展业务时需要了解用户的个人信息，对用户的身份进行确认。不仅如此，平台为了确保借款方的还款能力，还需要信贷记录、信用状况等性质上更为敏感的信用信息。这导致现金贷平台必然会收集大量的用户个人信息。

（二）流转阶段

现金贷平台在开展业务时，不可避免地会有意或无意地泄露他人的个人信息，例如将其交予催收公司帮助进行催收，乃至于直接在互联网上公开公布。另外，还有一个不可忽视的现象就是网络攻击。黑客通过APT攻击等技术手段，有预谋、有目标、有组织地攻击现金贷平台，寻找这些平台的安全漏洞，大规模地窃取平台内存储的用户个人信息。近年来此类案件时有发生。

在现金贷业务运作过程中，侵犯个人信息事件时有发生。据《新京报》记者调查发现，用户资料在现金贷平台与中介、平台与平台之间倒卖已不是秘密。标价则根据数据的"新旧"程度而定，价格在 0.1 元/条至 1.5 元/条不等。

（三）利用阶段

现金贷平台收集到的用户个人信息，可能会被现金贷平台自身或其他获得该信息的主体以传播信息以外的方式进行一定程度的利用，以期实现经济利益。例如，得知用户的电话号码、邮箱等联系方式后，向其发送包括广告在内的各种各样的垃圾短信、垃圾邮件。或者是根据用户在另一网站的网购记录向其有针对性地推送推荐商品。这些行为都有可能直接侵害用户的权益。

五、现金贷的暴力催收问题

由于我国银行外借贷服务的法律监管体系尚不完善，网络借贷发展过程中出现"劣币驱逐良币"的现象，并带来了一定的暴力催收问题。畸高的利率、低标准的风控和准入门槛、民间资本的进入给网络借贷行业带来了超高违约率，部分借贷平台，或民间借贷平台进行发放贷款的借贷人，会采取一些非常规的手段进行催收。在借贷人违约后，有些放贷平台雇请催收公司进行催收，有些平台或者放贷人本身就拥有催收团队。部分催收人员最开始采取短信、电话的方式对借贷人进行威胁、恐吓，利用"呼死你"等软件给借贷人造成心理压力。少数催收人员从一开始，就采取辱骂、威胁、殴打的方式进行催收。对于现金贷来说，由于其借款金额较小，线下暴力催收问题相对较小。但线上侵犯隐私及骚扰借款人及他人生活现象较为普遍。消费者违约超过一定期限，通常是几天，催收人员就开始联系借贷人的家人、朋友等，甚至给借贷人的通讯录群发消息。借贷人本身不具有还款能力时，催收人员便给借贷人施加压力要求其向家人、朋友借钱还款。51 信用卡的贷后催收模块可以较好地解决此问题。如果借款人出现逾期的情况，相关的订单将流转到贷后催收系统。考虑到逾期用户的量级增长和复杂多样性，贷后催收系统主要在以下两方面来帮助催收团队完成任务：案件分流和用户画像。首先，会基于入催的订单的复杂性和优先级以及催收专员的工作量和经验，进行案件派单。点击进入具体的每一单催收订单后，贷后催收系统将展示大数据标签，从历史贷款记录、通讯录、运营商、设备指纹等多维度来给借款人做画像；这样，催收专员可以相应地选择合适的催收策略与话术。

第四章

金融科技安全中的数据安全与治理

　　技术创新与制度创新的交织共同推动着人类社会的进步。技术创新推动生产力发展进而造就制度创新，而制度创新又进一步点燃了技术创新的火炬，产业变革与人类社会的进步始于技术创新，而成于制度创新。数据成为多个新技术的融汇点，正在逐渐演变为新的关键生产要素，推动物质资料生产方式和上层建筑的变迁。法学需要回应这种新的时代发展，形塑崭新的数据生产要素体系。由于在数据权属配置、交易制度设计等方面存在争议，数据的流动分享机制构建迟滞，需要借助新的工具。

第一节　消费者数据安全问题及其采集标准

一、金融消费者数据安全保护之挑战

中国的互联网产业经过二三十年的发展已经取得了可观的成就，数字经济已成为新兴产业的支柱，党的十九大报告指出要推动互联网、大数据、人工智能和实体经济深度融合，在中高端消费、创新引领等领域培育新增长点、形成新动能。而大数据与云计算的结合，可以作为分析用户行为、偏好、信用等的有力工具，也有助于企业获客、营销及风控，但这样的产业高速发展必须建立在个人信息保护的基础之上，需要注意的是大数据在商业利益的驱动下可能产生负外部性，衍生出危害个人信息安全的恶性事件。有鉴于此，推动数据应用法治化、规范化刻不容缓。

当前，大量互联网企业对消费者数据保护缺乏必要的法律意识：在具体设计产品、服务时，未充分考虑个人信息保护，在数据收集和使用环节，存在未明确告知用户或告知方式较为隐蔽等情况。企业也存在员工个人、企业集体"倒卖"用户数据的行为，使得数据黑色产业长期存在且十分猖獗。危害金融消费者数据安全、侵犯个人隐私的多发区在于用户数据的采集与处理环节，主要存在以下几种情况。

（一）Cookie 的使用

Cookie 可以记录用户的 IP 地址、浏览历史、交易历史等反映用户偏好、习惯的信息，进而为消费者提供个性化网页、量身定做的网页内容。但目前通常 Cookie 以极小字节的形式被植入网页或浏览器中，或未提供明确的禁用 Cookie 选项，Cookie 也可能沦为商家任意收集消费者数据的工具，目前已经成为人们网络信息安全的一大威胁。

（二）利用提供服务超范围采集数据

目前关于个人信息收集的基本法律要求是知情同意原则，但在实践中缺乏更为细致的法律指引，企业在实践中存在告知不明确，事先同意或者超出告知使用目的收集数据的情况。支付宝年度账单、网易云音乐获取用户歌单等事例都反映出在法律原则规定之下，企业采用不同的实践操作给用户带来的困扰。

（三）大规模数据泄露

近几年大规模的数据泄露事件层出不穷，2013 年 10 月圆通速递被曝其近百万条快递单个人信息被泄露，且单号、数据信息等还能 24 小时刷新；2014 年 3 月携程网被曝大量用户身份证号、银行卡号、CVV 码等信息或遭泄露；2016 年 5 月 LinkedIn 超 1.67 亿个用户账号在黑市被公开销售。金融服务提供商存在安全漏洞、内部管理不规范等都可能导致泄露事件发生。

（四）利用木马程序侵入电脑获取数据

木马程序具有窃取内容和远程控制功能，被称为最危险的恶意软件。根据瑞星出具的《2017 年上半年中国网络安全报告》，常见的电信诈骗，如贵金属理财诈骗、假冒银行客服号诈骗、网购退款诈骗、10086 积分兑换诈骗等，基本都是由木马病毒、短信、电话多种方式联合完成。

（五）设置钓鱼网站非法获取数据

"钓鱼网站"是指不法分子以仿冒真实网站的 URL 地址以及页面内容等方式骗取用户"自愿"提供银行或信用卡账号、密码等信息。通常此类网站链接迷惑性极强，一旦落入圈套，账号、密码等个人信息就成为不法分子的囊中之物，数据安全面临极大威胁。

二、金融消费者数据安全保护的现有规范

随着个人信息与数据成为重要商业战略资源，互联网企业对其的争夺必将愈演愈烈，如若摆脱信息裸奔的命运，一方面有赖商家的自觉道德约束，但更重要的是靠消费者权利意识的提升和监管部门的硬性规定，目前我国已经出台一系列保护金融消费者数据安全的相关法律法规及国家标准，以下对主要规范予以简单介绍。

2016年11月7日，十二届全国人大常委会第二十四次会议表决通过了《中华人民共和国网络安全法》（以下简称《网络安全法》），该法于2017年6月1日起施行。《网络安全法》的出台，对于加强和完善个人信息安全的法律保护起到重要作用。其中要求移动金融服务提供商建立健全用户信息保护制度，① 采取技术措施和其他必要措施，确保其收集的个人信息安全。同时，收集、使用个人信息，应当遵循合法、正当、必要的原则，公开收集、使用规则，明示收集、使用信息的目的、方式和范围，并经被收集者同意。②

中华人民共和国工业和信息化部于2017年1月20日发布《信息通信网络与信息安全规划（2016—2020年）》，提出大力强化网络数据和用户信息保护，重点从建立网络数据安全管理体系、强化用户个人信息保护、建立完整数据与个人信息泄露公告和报告机制三个方面展开。

《信息安全技术 个人信息安全规范（报批稿）》由全国信息安全标准化技术委员会（SAC/TC260）提出并归口，按照GB/T1.1—2009给出的规则起草，已经公布为国家标准。该标准包括从获取个人信息、存储

---

① 参见《中华人民共和国网络安全法》第四十条。
② 参见《中华人民共和国网络安全法》第四十一条。

处理到转移或发布个人信息应该坚持的个人信息保护的基本原则，对于"数据控制者"需要承担何种责任，对个人数据要实施何种安全防护，从管理上和技术上都提出相应的要求。《信息安全技术　移动智能终端个人信息保护技术要求》（征求意见稿）经由国家标准委员会批准为国家标准，实施日期为 2018 年 5 月 1 日，要求移动智能终端处理个人信息遵循其目的明确、最少够用、公开告知、个人同意、质量保证、安全保障、诚信履行和责任明确八项原则合理地利用个人信息。①

由此可见，金融消费者数据安全保护要从两方面同时进行：一方面应加强对普通公众权利意识的教育，提高其对个人信息及数据的保护意识；另一方面，相较于欧盟、日本，我国尚缺乏一部统一的、自成逻辑体系的个人信息保护立法。虽然《网络安全法》《个人信息保护规范》《个人信息保护倡议书》对网络安全领域的一些问题已进行规范，但其条款是分散性的，相关主管部门"九龙治水"，如何进行权限划分、相互协调仍需一部统一的法律进行规范。

三、金融消费者数据采集标准

以上述法律规范及国家标准为基础，结合行业特点和运行现状，下文拟初步提出更为具体详尽的金融消费者数据采集标准，希望能够为金融服务业者提供参考，也对监管部门的规则完善有所借鉴。

（一）金融消费者数据采集基本原则

在采集消费者数据的过程中，应当遵循如下原则。

1. 知情同意原则

除法律规定的情形外，互联网金融平台应充分告知用户有关个人信

① 参见《信息安全技术　移动智能终端个人信息保护技术要求》（征求意见稿）第五条。

息处理的重要事项，尽到告知、说明和警示的义务，并在告知的基础上获得用户的明示同意或默示同意。①

2. 公开透明原则

以明确、易懂和合理的方式公开收集和使用用户数据的范围、目的、规则等，并接受外部监督。

3. 确保安全原则

具备与所面临的安全风险相匹配的安全能力，确保其收集的个人信息安全，防止信息泄露、毁损、丢失。

4. 收集和使用匹配原则

不得收集与提供服务无关的个人信息，做到数据收集的目的和数据使用场景相呼应。

5. 权责一致原则

数据控制者有义务遵守根据以上原则而采取的措施，收集使用用户数据的活动对个人信息主体合法权益造成损害，需承担责任。

6. 目的明确原则

个人信息的收集目的在收集前就应明确，其后的利用仅限于实现收集目的和与最初的收集目的不相抵触的其他目的，目的变更时也应该是明确的。

（二）金融消费者数据采集知情同意原则的例外

以下情形中，采集数据无需征得金融消费者主体的授权同意：

（1）与国家安全、国防安全和金融安全等公共利益有关的；

（2）与犯罪侦查、起诉、审判和判决执行等有关的；

---

① 齐爱民：《个人信息保护法研究》，《河北法学》2008 年第 4 期，第 15—33 页。

（3）出于维护个人信息主体或其他个人的生命、财产等重大合法权益但又很难得到本人同意的；

（4）所收集的个人信息是个人信息主体自行向社会公众公开的；

（5）与个人信息主体签订合同或向其提供服务所必需的；

（6）用于维护所提供的产品或服务的安全稳定运行所必需的，例如发现、处置产品或服务的故障，防范欺诈，维护网络安全等；

（7）法律法规规定的其他情形。

（三）金融消费者数据采集基本要求

不得欺骗、诱骗、强制金融消费者主体提供其个人信息。若信息的提供基于被欺骗、被诱骗、被强制，则视为用户未同意，亦未自愿提供个人信息给金融服务提供商。

不得隐瞒产品或服务所具有的收集个人信息的功能。实践中服务提供者不得利用技术特权在相关载体上设置隐藏程序"隐瞒"其对用户的信息收集活动，在未明示信息收集方法及目的的前提下，用户未对个人信息作出自愿处分，服务提供者收集信息的行为属于违规行为。2010年年末闹得沸沸扬扬的"腾讯和360之争"的导火索就是360认为腾讯QQ在用户不知情的情况下自动扫描用户文件，并针对性推出360隐私保护器监督QQ等软件的运行。虽然腾讯QQ极力否认自己窥视用户隐私，并对360的侵权行为提起诉讼，但金山隐私保护器以及国外安全软件检测结果仍然表明，腾讯QQ在运行过程中扫描了用户的农业银行文件、工商银行文件以及Office文档等。

不得从非法渠道获取金融消费者数据。就目前市场业态来说，信息非法贩卖的黑产非常猖獗，近乎形成产业链。2017年5月9日，《最高人民法院、最高人民检察院关于办理侵犯公民个人信息刑事案件适用法律若干问题的解释》在京发布，明确非法获取、出售或者提供公民个人信息，违法所得 5000 元以上即可入罪，这是"两高"首次就打击侵犯公民个人信息犯罪出台司法解释。5 月 16 日，最高人民检察院发布了 6 个侵犯公民个人信息的典型案例。金融服务提供商需严守法律红线与道德底线，杜绝非法渠道获取金融消费者数据的现象；这对于整个行业的规范化和持久性发展，是有着深远意义的。

不得收集法律法规明令禁止收集的个人信息。例如，2013 年 3 月 15 日起国务院公布施行的《征信业管理条例》中规定，禁止和限制征信机构采集的个人信息，包括：禁止采集个人的宗教信仰、基因、指纹、血型、疾病和病史信息以及法律、行政法规规定禁止采集的其他个人信息；征信机构不得采集个人的收入、存款、有价证券、商业保险、不动产的信息和纳税数额信息，但征信机构明确告知信息主体提供该信息可能产生的不利后果，并取得其书面同意采集的除外。①

第二节 数据垄断的安全问题

2017 年 6 月，谷歌因在搜索结果中推广自己而屏蔽竞争对手的购物比较网站，违反了《欧盟运行条约》第 102 条关于滥用市场垄断地位的规定，被欧盟委员会处以巨额罚款。2019 年 2 月，德国反垄断监管机构裁决 Facebook 滥用市场支配地位，在未经用户自愿同意的情况下收集数据。在发展数字经济的大背景下，各国反垄断法开始登上历史舞台发挥其独特作用。反观国内，"头腾大战"一纸判决抽丝剥茧直指双方协议约定这一核心，虽然避免了授人以柄，但对数据垄断问题的回应却有所缺失。结合微博诉脉脉案中，对数据抓取行为严格要求三重授权，以及数据问题在反垄断法上的审查不足，可以发现强调个人信息保护的过甚性、

---

① 参见《征信业管理条例》第十四条。

反垄断法的滞后性正在催生一座座数据孤岛。

（一）个人数据权的归属

数据作为无形物，以二进制代码表现出来的比特形式存在于计算机网络中，受到载体、代码及相关技术规则的限制。

是否具有可识别性是界定个人数据的主要标准，当然，在信息技术高度发展的现代，可识别性已经不仅仅指直接体现主体身份的数据，能够通过结合、分析、去匿名化等技术手段识别出特定主体的数据亦具有广义上的可识别性。正如我国《中华人民共和国网络安全法》第七十六条第五项所规定的："个人信息，是指以电子或者其他方式记录的能够单独或者与其他信息结合识别自然人个人身份的各种信息，包括但不限于自然人的姓名、出生日期、身份证件号码、个人生物识别信息、住址、电话号码等。"

个人数据在产生上具有独特性，即个人数据是被收集方与收集方共同作用的产物。被收集方实施的相关行为需要借由网络平台或传感器等载体进行记忆与存储才能形成数据。此外，个人数据从根本上来说，蕴含着强烈的人身属性。也因此，个人数据权利的归属、应用与流通应有其独特规则。强调个人数据权完全属于被收集者自身的观点，忽视了收集者所付出的"劳动"，尤其是其在构建数据收集、存储的技术系统中所进行的成本投资，不利于提高数据收集者发展数据经济的积极性；而认为个人数据可适用捕获规则或关联规则等适用于经典流动性财产的归属规则亦不甚合理，数据是被收集者与收集者共同作用下的产物，并非是天然的无法确定权属的物品，猎人取得追赶到的猎物的所有权或关联者取得特定物的财产权的规则不利于保护被收集者的个人数据安全，容易扩大被收集方与收集方之间的矛盾，难以在数据安全与数据红利之间寻求平衡点。

（二）平台的特殊地位

以开放为精神内核的互联网中，大型平台打破了传统企业的边界，俨然成为广大商户的基础设施中枢，也正因此，平台中立性问题引发热议。平台是否中立关系到第三方在诸如亚马逊等超级平台控制的互联网经济系统中能否得以生存。实际上，平台与第三方（包括平台内经营者）属于亦敌亦友的关系。例如，亚马逊作为电子商务平台，一方面，希望吸引各行业商户入驻，利用各商户的数据进行科学决策、扩展行业范围；另一方面，通过在搜索中优先展示自身商品，以期在竞争中取胜。如果第三方不能成为足以与平台开展竞争的有力竞争者，那么将面临被收购或被排挤出市场的结果。2013 年谷歌收购了依靠用户"众筹"更新地图数据的 Waze（位智），两者亦敌亦友的关系以 Waze（位智）被收购告终，而互联网巨头谷歌得以消除最具挑战性的竞争对手并访问更多地图数据，其市场主导地位进一步巩固。国内，在"阿里系"和"腾讯系"各自拥有的多个场景和领域，支付宝和微信支付相互不支持；网易云音乐 APP 分享至微信的链接曾被禁止，在与 QQ 音乐形成版权授权协议后，才可以重新在微信上分享。现实中，今日头条和微信为用户个人数据大打出手的"头腾大战"等竞争案例屡见不鲜，数字经济竞争的冲突凸显了数字经济的内生矛盾。

超级平台之所以能够成为市场寡头，是因为其通过自身营造的网络生态系统吸引千万流量、汇聚海量信息，进而形成网络效应。因此，数据的重要作用不言而喻，对数据的控制提高了市场进入壁垒及转换成本，带来了赢者通吃的局面。如果任由平台集中数据影响行业的正常竞争秩序，将丧失数字经济的发展先机。

（三）通过反垄断法规制平台

目前，针对数据垄断问题，2019 年 1 月 1 日起施行的《中华人民共和国电子商务法》第二十二条规定电子商务经营者因其技术优势、用户数量、对相关行业的控制能力以及其他经营者对该电子商务经营者在交易上的依赖程度等因素而具有市场支配地位的，不得滥用市场支配地位，排除、限制竞争。市场监管总局发布了《禁止滥用市场支配地位行为的规定》，在认定市场支配地位因素中添加了掌握相关数据情况等。

上述法律规范在一定程度上弥补了有关滥用市场支配地位规定的不完善之处，但缺乏完整性。实践中，大量数据驱动型并购并未纳入经营者集中审查，大数据的特征为体量大、多样性、速度快、价值高，为获得数据优势，平台通常采取激进的行业并购策略。经营者集中审查制度作为事前申报审查机制，过滤掉有害市场竞争的数据驱动型并购，对于防止平台作恶具有重大意义。

早在 2016 年，滴滴出行完成收购优步中国的股权，但并未向商务部申报，商务部对其展开调查是经举报而开始且进展缓慢。由此可见，现行经营者集中审查申报标准以营业额为判断依据，无法将有反竞争危害可能的数据驱动型并购纳入审查范围，原因在于：数据驱动性行业特殊的商业模式表现为通过免费服务吸引用户提供数据，早期利润可能为负；平台愿意承担损失而采用防御性收购将竞争对手逐出市场；收购目的是为获得数据，并不看重营业额。因此，不应当仅仅以合并方的营业额为标准，还应当考虑交易额（Transaction Value）。德国与奥地利已经对此展开修法，德国《反限制竞争法》引入交易额标准作为经营者集中审查的补充性门槛，奥地利于 2017 年通过修正案也调整了并购申报门槛。我国现有的申报标准无法有效应对数据驱动型并购的情形，应当借鉴上述做法增设补充性规定。

第三节　天秤座（Libra）的安全问题

2019 年 10 月 24 日，习近平总书记在中共中央政治局第十八次集体学习时强调，要把区块链作为核心技术自主创新的重要突破口，加快推动区块链技术和产业创新发展。此前区块链技术无疑是具有争议的新一代信息技术，原因是区块链技术的落地运用尚未显现之前，其体系内的激励方式——加密货币（Token）凸显出不受规制的非理性金融属性，加密货币泡沫的破碎造成了投资者损失，引发了监管部门对金融安全的担忧。近年来，我国监管部门反复强调防范以"虚拟货币""区块链"为名的非法金融风险，而在区块链技术上升到国家战略高度后、政策利好与技术价值充分释放前，防范非法金融活动假借技术创新为名再兴风浪，避免技术与资本脱实向虚的监管任务比以往更加迫切。从时间序列上看，我国区块链政策和法定数字货币方案的推进与域外的加密货币实践与监管存在关联。2019 年 6 月，Facebook 联合发起伙伴发布的全球加密货币项目——天秤座（Libra），旨在基于 Facebook 生态建立超主权私人加密货币，此举引发了世界范围内的热烈讨论。央行研究局局长王信认为可以通过加快央行法定数字货币的推进等手段应对 Libra 带来的挑战。[1] 邹传伟从金融基础设施角度分析以 Facebook Libra 为代表的、由区块链支撑的新经济金融活动，认为既要充分理解并发挥 Token 范式的优势，又要警惕过分神化该范式而忽视了合规风险。[2]

Libra 面世后，各国央行纷纷表示要审慎对待超主权私人货币可能带来的金融稳定、洗钱和恐怖主义融资等风险，要施之以最严格的监管要求，美国国会也多次召集有关 Libra 和区块链的听证会，加密货币及其底层区块链技术已然成为各国金融科技角逐的新高地。虽然 Libra 尚未实际落地，但中央银行和监管部门的担忧并非杞人忧天，互联网时代来临后，

---

① 《央行王信：Libra 能落地吗？如何应对加密货币的挑战？》，财新网，见 http://m. finance. caixin. com/m/2019 – 07 – 09/101437055. html。

② 邹传伟：《区块链与金融基础设施——兼论 Libra 项目的风险与监管》，《金融监管研究》2019 年第 7 期。

提供金融服务早已不是金融机构的专属权利，BATJ、谷歌、亚马逊、Facebook 等科技巨头巨大的数据和网络外部性优势，赋予了他们涉足金融服务的坚实资本。[①] 当科技巨头与加密货币产生交集时，对固有秩序的冲击可能难以想象。

如果私人发行的超主权货币诞生且被广泛使用，则国家的货币发行权将遭受侵蚀，进而对现行国际金融秩序形成巨大冲击，因此世界主要经济体的中央银行和监管部门都对 Libra 密切关注。各国基于不同的金融和加密货币监管立场，强调 Libra 需要满足监管部门的要求，防止对金融稳定产生影响，同时还要求 Libra 发起人提供更详尽的项目信息。综合国内外监管机构的公开言论整理，Libra 带来的挑战可以概括为以下几点：（1）货币、汇率、利率等金融系统的稳定问题；（2）对商业银行的冲击；（3）反洗钱和反恐怖主义融资；（4）用户隐私保护；（5）保护竞争。具体来说，Libra 作为超主权货币可能导致中央银行控制下的货币政策不能顺畅地传导至社会经济中；商业银行吸储放贷的能力也将因资金流出银行体系并滞留于 Libra 生态而遭受削弱；不仅域外对 Facebook 滥用用户数据开出天价罚单，数据滥用的现象在我国也令人担忧，类似今日头条和微信为用户个人数据大打出手的"头腾大战"等竞争案例屡见不鲜，数字经济竞争的冲突凸显了数字经济的内生矛盾。Libra 的发行可能对金融稳定、反洗钱、证券监管、保护竞争等诸多问题提出挑战。Libra 仅是私人加密货币的个案，但为金融安全和市场秩序编织安全网的监管政策不能狭隘地局限于"就事论事"，而是需要实现一定程度的监管延伸。

---

① Bank for International Settlements，"Big Tech in Finance：Opportunities and Risks"，*BIS Annual Report*，2019.

（一）加密货币交易平台监管悖论

就 Libra 个案监管而言，最应关注的是其去银行中介化的交易模式可能产生的挑战，即加密货币交易平台代替商业银行作为法定货币进入加密货币交易活动中可能产生的风险。中国人民银行等七部委联合发布的《关于防范代币发行融资风险的公告》（以下简称《公告》），禁止代币融资交易平台从事法币交易与币币交易，甚至将信息中介服务也予以叫停，加密货币交易平台在我国没有法律上的存在空间。然而我国民间还存在着大量不符合《国务院关于清理整顿各类交易场所切实防范金融风险的决定》的加密货币交易平台，这些交易平台业务准则缺失，更不具备维持可靠稳定交易系统的能力。在我国的二三线城市甚至边远村镇，这些交易平台利用金融下沉人群金融风险防范意识差的特性，埋下了群体性事件的隐患。

设想在 Libra 正式推出后，无论我国监管政策是否对其持欢迎态度，国内外加密货币交易平台必将争先恐后地上架 Libra 与其他加密货币的交易产品，因为 Libra 能为交易平台实现便捷的法定货币和加密货币的实际兑换，给交易平台流动性带来增量资金的流入。如监管政策对 Libra 持开放态度，那么在缺少银行分销的情况下，是否同时放开加密货币交易平台在我国的法律生存空间？如若放开加密货币交易平台的运营，又如何区分兑换 Libra 的交易平台和交易非标加密货币资产的交易平台？此外，通过交易平台进入加密货币市场的法定货币资金可能不会流向 Libra 这类接受监管、具备一定公信力的加密货币，而是作为炒作资金购买具有欺诈性质的加密货币，引发更复杂的市场风险。因此，在加密货币交易平台名义上被禁止的监管现实下谈及 Libra 的应对问题，很可能陷入"按下葫芦浮起瓢"的监管悖论。

以交易模式为视角细致分析 Libra 推行后可能引发的监管尴尬，发现加密货币监管措施缺失整体性安排，即使 Libra 发行方尽最大可能满足监管要求，各类潜在风险得到充分控制，但也会因市场主体的自发性而被动地引发风险。因此，现阶段的研究不仅需要持续关注 Libra 的开发进程和国内外市场、监管的回应，更需要以此为契机正视加密货币的整体性监管问题。《中共中央国务院关于支持深圳建设中国特色社会主义先行示范区的意见》指出，支持在深圳开展数字货币研究与移动支付等创新应用，可见数字货币、加密货币不再是公开言词的禁区，国家层面也逐步重视新兴金融资产的研究和运用。在对 Libra 的基本性质和潜在影响有了基本认识后，应充分关注 Libra 发行后的现实影响，以客观的现实和数据为进一步的研究和应对锚定原点。这一阶段，监管部门不应被动跟踪，而应在 Libra 给社会公众普及加密货币和区块链的认知的基础上，对加密货币市场非法行为的毒瘤进行切割和整治。当前我国就 Libra 的应对之道不能局限于大量概念层面上的解读，而是要从我国加密货币监管最直接的挑战入手，即广泛存在的、未经批准的地下加密货币交易行为入手，建立整体性的加密货币监管框架。

（二）金融科技异化下的加密货币监管困境

金融科技是技术带来的金融创新，对金融市场、金融机构或金融服务的提供方式产生了重大影响，[①] 是"破坏性创新"内生增长理论印证于金融演进趋势的客观表现。分布式账本、云服务、大数据和人工智能在金融领域中的广泛运用，创造出更高效、更具活力和更低成本的金融体系。[②] 这些新技术的涌现之所以能够带来金融领域的颠覆式创新，关键

---

① Financial Stability Board，"FinTech：Describing the Landscape a Framework for Analysis"，*Research Report*，2016.

② KPMG，"The Pulse of FinTech 2018"，2019；CB Insights，"FinTech Trends to Watch in 2019"，2019.

在于改变了信任的建立方式，即技术和代码的客观信任一定程度上取代了财富和道德的主观信任。分布式金融（科技）通过减少传统金融服务中的中介机构和中心化程序，降低中间环节的风险，有利于金融稳定和金融效率的提高。[1] 金融科技中最具分布式特征的技术当属区块链技术，区块链在根本上改变了中介化的信用创造方式，有能力重构金融市场的基础设施，对金融市场带来革命性的影响与改变。[2] 区块链技术一度面临着技术性能与应用场景之间的抵牾，但随着技术层面的日臻完善，中央银行、交易所、金融机构纷纷利用区块链技术优化完善金融产品和金融服务。

区块链运用于金融领域中的优势已毋庸置疑，但区块链作为金融科技异化的源头即是最原生的区块链概念——Token。[3] 在中本聪公布《比特币：一种点对点的电子现金系统》白皮书后，最具影响力的加密货币——比特币横空出世，十年间千万倍价值的增长某种意义上诱发了"山寨币"（Altcoin）和"首次代币发行"（ICO）乱象。在真实价值缺失和监管重拳打压的联合作用下，欺诈与炒作的泡沫已经破灭，市场逐步回归金融规律的客观和理性。各国监管部门对加密货币的监管认识和执法日益成熟、金融机构在依循金融逻辑下的创新活动都使加密货币在提

---

[1] Financial Stability Board, "Decentralised Financial Technologies: Report on Financial Stability, Regulatory and Governance Implications", 2019.

[2] 杨东：《区块链如何推动金融科技监管的变革》，《人民论坛·学术前沿》2018年第12期。

[3] Token 的本质可以认为是数字经济时代基于区块链的新的组织方式之下产生的新的一种权益凭证及其分配机制。Token 在区块链业态中的用途和功能主要有赋权、记账、奖励、密钥、支付工具、付费工具、承诺、等价物，其中具备记账和承诺用途的 Token 类似有价证券。杨东：《"共票"：区块链治理新维度》，《东方法学》2019年第3期。

升金融效能方面更好地发挥作用。①

我国加密货币监管效果概括为：监管效果不佳，市场活跃程度剧增。2017 年七部委《公告》将首次代币发行（ICO）定性为"本质上是一种未经批准非法公开融资的行为"，对我国的加密货币交易行为进行了"全口径禁止"。② 2018 年银保监会、中央网信办、公安部、中国人民银行、市场监管总局联合发布《关于防范以"虚拟货币""区块链"名义进行非法集资的风险提示》（以下简称《提示》）。五部委《提示》虽然在目的上与七部委《公告》一致，即防范借炒作区块链概念进行非法集资、传销、非法发行证券等违法犯罪行为，但措辞言简意赅、切中要害，更准确地把握住加密货币异变的新情况。五部委《提示》公布后不久，中国互联网金融举报信息平台将"代币融资发行"列入"互联网金融举报范围"中。结合 2018 年以来最高人民法院、最高人民检察院和公安部等政法机关对虚拟货币整治力度加大的背景，可以说我国对虚拟货币的监管较此前认知更全面、态度更严厉、手段更坚决。

然而，监管部门的严厉打压并未收获预想的效果。比特币在七部委《公告》公布后，跃升至 20000 美元的历史高点，在一定程度上显示了去中心、跨国界的加密货币不受制于单个国家的监管政策。而进入 2019 年后，加密市场总值从 1000 亿美元低点最高跃升至 4000 亿美元，部分加密货币再次展现了如 2017 年 ICO 盛行时的造富效应，虽然价格尚未回到历史高点，但在加密货币交易的活跃程度上远胜于 ICO 盛行的 2017 年。加

---

① 典型案例是 2019 年年初摩根大通发行了其稳定币——JPM Coin，JPM Coin 运用的场景主要是大额国际支付、证券即时结算和移动支付。J. P. Morgan Creates Digital Coin for Payments，见 https：//www. jpmorgan. com/global/news/digital – coin – payments。

② 在论述我国监管政策时，虚拟货币、数字货币、加密货币、加密资产采取同意理解。我国将加密资产视为一种民间金融资产，其价值主要基于密码学及分布式记账等技术，不由货币当局发行且不具有法偿性与强制性等货币属性。参见中国人民银行金融稳定分析小组：《中国金融稳定报告（2018）》，中国金融出版社 2018 年版。

密货币的交易并没有因监管政策的弹压而消寂，而我国金融下沉市场中违法犯罪行为伴随着市场的回暖再度猖獗。

从加密货币的交易现实而言，先前的监管措施可能并不尽如人意，且上述《公告》《提示》属于法律位阶较低的规范性文件，现行法律又未能体现出对新型金融资产的灵活应对，加密货币监管在我国处于事实上的"失语"。我国加密货币监管又始终未从根源上遏制违法犯罪行为，反而是伴随着近来比特币价格的回暖，犯罪行为又有抬头之势。有鉴于此，在 Libra 网络成型前，我国金融监管政策，需要规制假借金融创新之名，实际进行诈骗、传销、非法集资之实的违法犯罪行为。

第四节　开放银行的安全问题

随着金融科技在世界范围内的兴起和发展，金融业在产品服务、场景应用、业务模式等方面实现了创新与升级。开放银行作为 2018 年全球金融领域的突破性变革产物，通过开放 API（应用程序编程接口）或 SDK（软件工具包）端口，将金融数据信息与第三方合作平台共享，提供账户信息与支付服务。其出现具有时代的必然性。从微观层面看，开放银行主要由客户预期、竞争合作、技术应用以及规制系统四个因素驱动而产生（周琰，2019）。其中，客户需求以及相关规制是核心驱动要素（EBA，2017）。从宏观层面看，开放银行是金融科技迭代以及银行业变革的产物。金融科技已发展到 3.0 阶段①，即人工智能、大数据、区块链、物联网等技术主导下的深度变革。该阶段，金融产品的设计、生产、

---

① 目前，金融科技已历经三个阶段的发展，1.0 阶段的特征为将 IT 产品导入金融服务之中；2.0 阶段的特征为金融的互联网化，客户由此得以通过更多样和更便捷的途径获得金融服务，在此阶段开放银行开始萌生；而在 3.0 阶段，开放银行发展为金融科技推动下的金融生态一体化的典型代表。

销售和服务全产业链将与科技深度融合，以有效提升金融效率，使进一步降低成本成为可能。

现今，金融部门越发依赖技术来支撑其提供的服务和产品，金融创新正在改变金融业（芬克、赫希曼（Funk、Hirschman，2014））的生态环境。金融科技实际上是随全球金融化的趋势需求应运而生的附属性手段。而金融化是金融动机、金融市场、金融行动者和金融机构在国内和国际经济运行中的作用日益增强的一种现象（Epstein，2005）。在该过程中，技术打破了金融市场内各主体的潜在壁垒，成为金融元素相互作用、相互联系的黏合剂。但技术始终是一种"渠道"而非"枢纽"，而开放银行是金融化过程的一部分。在这一过程中，通过支持性法规、市场力量和技术变革之间的互补性和凝聚力来推动变革，从而出现了新的实践和安排（斯科特、博洛蒂纳（Scott、Bolotin，2016））。此外，以伊顿（Eaton）为代表的学者认为，上述变化主要由数字化所驱动。数字化是一种跨越更广泛的社会和体制领域来应用科技的社会技术化过程。数字经济为开放银行与第三方合作开拓支付、投资、信息中介等服务提供了基础条件，从而使其带有了互联网金融产品的色彩。

近年来国内开放银行的实践数见不鲜。如浦发银行推出业内首个 API Bank（无界开放银行），就可称为真正意义上的"开放银行"，而非单纯的技术平台。API 技术将构建出接近于"跨行业的数据共享生态系统"，将其产品和服务直接嵌入到合作第三方的平台而并不局限于物理网点和手机 APP，以此能够更好地实现数据整合和资源共享，为跨界金融服务的顺利展开提供技术保障。

开放银行本质是一种新型业务模式和数据共享机制。其以消费者为中心，以平台维度为建构层次，以 API 技术为赋能基础。国际上开放银行的发展模式通常包括两种：自建 API 平台模式和第三方 API 平台模式。

自建型开放银行是由应用程序构建的平台和附着于其上的商业生态系统构成，如西班牙对外银行 BBVA、花旗银行和汇丰银行。其特点是资金雄厚、风险承受能力高、技术能力强、相关人才资源充足等。而通过第三方 API 构建平台则是一种"合作型"开放银行，中小银行一般选择这种模式。其特点是，资金较为薄弱、技术能力较低、场景连接较单一、风险容忍度小、侧重于短期内增加营收。此种平台呈现出的三重维度如图 4-1 所示。

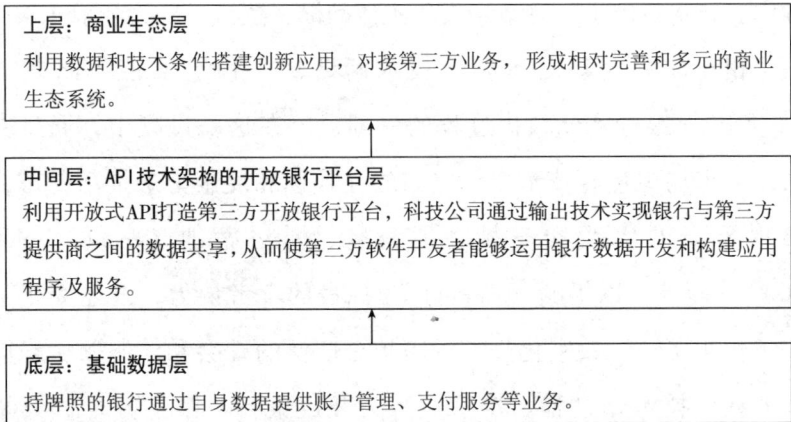

图 4-1　第三方开放银行平台三重维度示例

资料来源：笔者自绘。

基于我国金融实践的实际以及与监管驱动型不相适应的性质，我国开放银行呈现出由市场驱动的特征，具体成因如下。

（一）金融实践创新的自主性与市场性

一般而言，金融数据容易在金融机构、第三方供应商、政府机构三者之间形成的数据割裂和信息孤岛，给金融监管治理、企业数据战略发展以及用户经济生活体验等方面均带来负面影响，且在金融行业中，这种分散割据的格局十分明显。但随着由信息技术即 IT（Information Technology）时代向数据技术（Data Technology，DT）转变，数据的关联、整合与分析的价值日益受到重视。互联网企业率先嗅到商机，并依托其金融科技优势迅速发展，成为数据红利的优先获益者。数据共享所象征的共享经济与平台经济快速崛起，影响了经济生活的方方面面。"以客户为中心"的经营理念、"开放共享、数据驱动、业务模式重构"的冲击，已经促使传统商业银行为应对这一巨大变革而作出决策转向。如中国银行于2013年9月推出的中银开放平台，华瑞银行于2017年宣布"把银行开在别人家APP里"及"全线上、一体化、浸场景的综合金融服务模式"的开放构想，浦发银行推出的业内首个API Bank（无界开放银行），以及打造金融服务领域的"万能连接器"，全方位开发场景接入、资金引入、资金存管以及开放平台等多元应用与功能的新网银行等，都是金融领域自主应对创新与积极变革的表现。

（二）监管驱动模式的差异性和限制性

首先，我国长期以来实行的银行业监管政策的特点表明，在银行数据开放方面，金融机构不具备较好的自由竞争环境、自主创新保障以及风险控制管理。发展中国家银行业监管政策，是由对竞争和行为相对较为严格的监管政策与对资本充足、银行内控、市场纪律和存款保险相对较弱的监管政策配合组成；发达国家银行监管政策是由对竞争和行为相对较弱的监管政策与对资本充足、银行内控、市场纪律和存款保险相对较强的监管政策配合组成的（王凌云、余维彬，2015），即发展中国家和发达国家的银行监管政策格局之间存在较大差异。而数据开放涉及各个金融机构和其他第三方之间的竞争，在竞争和行为监管网络交织密集的情形下，极易触碰监管红线。在数据所有权、授权使用规则等一系列制度均不完善的情况下，监管驱动这一以规范强制推动的数据开放模式相对更容易与其规范主旨背道而驰，徒增变动和解释成本。

其次，从开放主体之间的关系看，"监管驱动"的特殊性在于，数据开放的规范化，实质也是数据垄断的一种监管手段；但基于我国金融数据分布存在领域不均、数量不均、质量不均等问题，占有数据优势地位的大型商业银行的数据开放能够进一步拓展业务、获取合作机会、赢得数据开放带来的红利，而业务体量较小、客户信息稀缺、数据信息贫乏的小型金融机构则面临业务资源流失、竞争劣势进一步扩大的窘境。若不加以区分强制开放，统一由监管政策驱动，实际上会强化占据垄断地位的金融机构的数据整合基础，加剧金融数据集中，产生"马太效应"和"雪球效应"。

最后，从开放主体与对象的关系看，我国电商平台及第三方支付业务十分发达，近年来互联网金融企业在金融业务的优化、金融服务的提供等方面大显身手，逐渐在金融领域占据了一席之地，甚至在某些领域与银行分庭抗礼。其拥抱金融科技的优势大大刺激了银行创新业务的开展，使其迅速与电商平台、金融科技企业展开密切合作。而依照开放银行的业务模式，单向式的数据开放无异于营造了双方间竞争不平等的局面：电商平台等可依赖金融机构更丰富的数据资源获得发展的机会，而传统金融机构则极易丧失基础数据的优势。据此，"监管驱动"式的数据强制开放，可能会影响金融市场的稳定乃至金融安全，并会加剧不公平竞争，因此需要慎重考量。

第五节　共票：区块链治理新维度

习近平总书记在中国科学院第十九次院士大会、中国工程院第十四次院士大会上的讲话中强调："以人工智能、量子信息、移动通信、物联网、区块链为代表的新一代信息技术加速突破应用……科学技术从来没有像今天这样深刻影响着国家前途命运，从来没有像今天这样深刻影响着人民生活福祉。"① 当下，应当进一步发展区块链等为代表的新一代信息技术，同时充分把握中国实践，深刻研究其改变、推动社会发展的机理，完善适应其规律的制度。

一、以链治链：从监管到治理

技术创新与制度创新的交织共同推动着人类社会的进步。技术创新推动生产力发展进而造就制度创新，而制度创新又进一步点燃了技术创新的火炬，可以说，产业变革与人类社会的进步始于技术创新，而成于制度创新。② 以蒸汽机、电力等技术为驱动的工业革命可能正在被一场以互联网、大数据、云计算、人工智能、区块链等科技驱动的数字革命所取代，本次革命最大的特点是不同技术之间的融合，混淆了现实世界与虚拟世界之间的界限。③ 审慎监管、功能监管、行为监管等应对科技所引发的风险乏力，亟须突破传统监管维度，充分利用科技带来的契机，从而解决监管中"治乱循环"桎梏，在促进创新的同时有效控制风险。④

对区块链进行监管需要打破传统，采取一些新型方式。其中最为重要的就是"以链治链"，也就是建立起"法链（RegChain）"⑤，借助区块链技术来对区块链行业进行规制。若区块链技术被用于监管而非将监管者排除在外，那么，基于区块链的规制系统将有助于提高监管的有效性。以区块链技术为依托的监管科技（RegTech），需要构建内嵌型的、技术

---

①　习近平：《在中国科学院第十九次院士大会、中国工程院第十四次院士大会上的讲话》，《人民日报》2018 年 5 月 29 日。

②　杨东：《论金融领域的颠覆式创新与监管重构》，《人民论坛·学术前沿》2016年第 11 期。

③　Klaus Schwab, "The Fourth Industrial Revolution", *Crown Business*, 2017, p. 6.

④　杨东：《监管科技：金融科技的监管挑战与维度建构》，《中国社会科学》2018年第 5 期。

⑤　杨东：《区块链 + 监管 = 法链》，人民出版社 2018 年版，第 5 页。

辅助型的解决政府与市场双重失灵并考虑技术自身特性的有机监管路径。唯有运用技术治理的方式，才能有效应对新兴技术的风险与挑战。

这种从单纯的"监管"到全面的"治理"的思维转变，主要体现为：目标上，不仅在于"管住"区块链的风险，还在于"促进"区块链健康发展，最终服务实体经济，造福广大人民；策略上，从单纯的违规打击转向合理合规引导；具体路径上，由传统的单一监管工具，发展为社会共治的多种治理措施，特别是引入技术工具，完善自律监督。就此而言，当下区块链治理的主要问题在于市场由错误的理念引导，并且缺乏技术规制工具的引入。

二、理念引导：共票理论提出的必要性

区块链作为一种全新的去中心化技术，让互联网从"信息互联网"跃迁到"价值互联网"，目前区块链的运用与实践正在全球范围内火热开展起来。在区块链的运用与实践之中，"Token"一词也引起社会关注，区块链发展后，"Token"一词在英文世界被引入其中，但 Token 本身虽然意蕴丰富，但主要还是来源于计算机用语，存在名不副实之处。

英美法中有术语 Token Payment（象征性付款），即"仅为确认债务的存在而支付的非常小的一笔款项"。[①] Token 这种"用无用或微小之物标识某种意义"的用法，进而引申出了"代币""代金""礼券""令牌"等意义。[②]

今天，Token 具有丰富的英文含义，广泛应用于经济、计算机、社会领域——它可以代表经济价值：Token Coin（代币）、Casino Token（赌场筹码）；也可以代表某种物理世界的权利：如中世纪骑士的标志和一种授

---

① Merriam – Webster Dictionary, Retrieved November 1, 2018, 见 https：//www.merriam – webster. com/dictionary/token%20payment。

② 参见《元照英美法词典》，北京大学出版社 2013 年版，第 1347 页。

予机车司机以授权其使用一段特殊轨道的实物标志都被称为"Token"（此意义上可翻译为"标志或令牌"）；亦可适用于计算机领域：作为执行某个操作的权利标志（可被翻译为"令牌、密钥"，如 Session Token、Security Token、Hardware Token）或词汇标记（Lexical Token）；等等。

进一步对于区块链上的 Token 加以类型化，具备"承诺"和"记账"用途的 Token 可能类似于有价证券；具备"支付工具""等价物"用途的 Token 可能类似于货币，其他 Token 也各具功能，可以视为效用型 Token。进一步加以抽象概况，可以认为所谓 Token 的本质是：数字经济时代基于区块链的新的组织方式之下产生的新的一种权益凭证及其分配机制。然而，"Token"一词虽然意蕴丰富，但它并不能够准确表达出这层含义。

实际上，区块链带来的更多是理念上的创新，本质上是众筹理念的体现。区块链上的所谓 Token 是吸引系统外资源投入后给予的回报，这种回报通过区块链系统的运行实现价值。作为这种"回报"的所有者，系统参与人既是区块链系统的贡献者（投资者），也是区块链系统的使用者（消费者），同时还是基于民主参与的区块链系统决策者（管理者），这种三位一体的特征，充分实现了众筹的价值。众筹是基于前沿信息技术，实现支付清算、资金融通、协同管理等功能，具有快速便捷、高效低成本的优势和场外、混同、涉众等特征，并打破资本垄断，实现消费者福利的创新型经济模式。其依托于高速发展的互联网信息技术能在更广泛的范围内方便快捷地将资金需求者与资金提供者联系起来，提供平等协同管理的机会，具有开放、平等、共享、去中心化、去媒介等属性的新业态，能够促使金融回归本质，实现其本应具有的资金融通、资源配置的功能。

三、规制工具：以数据为核心的共票治理

一般而言，政府对于新科技业态发展与决策是建立在与之相关的特

定数据基础之上的，这些特别的数据对于政府之于新科技的态度与具体的规制策略、方式、介入时机都有重大关系。过早的规制会损害创新的初始动力，过晚的规制会导致"空窗期"的发生，在此期间创新可能异化与畸变。科技变化瞬息万变，这种密切变化的现实实践导致与新科技相关的数据还未来得及积累或者有关部门选取了错误的数据作为依据与指标。在多变、复杂且破坏式创新频发的时代，有关机关会发现自己陷入缺乏充足数据与信息的盲目规制或者无力之治的消极规制的艰难局面。[1] 在缺乏足够数据与信息的情况下，决策者和规制者难以作出准确的评估。依据片面的或者错误的数据作出相应决策，将会产生负面效果。

因此，需要能够随时发掘、采集、追踪数据的有效机制。结合内嵌的智能合约与区块链的不可篡改的记录性质，可以一比一智能匹配一段数据串，实现数据聚合、匹配与追踪，对海量的数据进行自动化分析，结合人工智能、大数据、云计算等前沿技术，辅助规制机关实现技术驱动型的治理，实现对日益增长的数字化经济趋势的回应。实践已经证明，对于新技术下的自动活动进行人为规制将逐步不可行，传统的人为模式向自动化智能模式转变是不可逆转的。[2]

基于区块链技术，结合其他前沿技术，构建数据聚合、大数据处理和解释、建模分析与预测的有效机制，以数据为核心，采取有效的数据收集、报告、管理和分析流程，从而推动规制模式由"了解客户"（Know Your Customer，KYC）向"了解数据"（Know Your Data，KYD）

---

[1] Erik Vermeulen, Mark Fenwick , Wulf A. Kaal, "Regulation Tomorrow：What Happens When Technology is Faster than the Law?", *Lex Research Topics in Corporate Law & Economics Working Paper*, No. 8, 2016.

[2] William B. McGuire, "Adaptive Financial Regulation and RegTech：A Concept Article on Protection for Victims of Bank Failures", *Duke Law Journal*, Vol. 66, 2016, p. 597.

的重大转变。① 在此基础上，提出科技治理方案，由规则、原则治理走向科技治理，其核心理念是透明、平等、智能，从而构建真正意义上的实时、动态规制体系。②

同时，过多的冗杂数据和非结构化的数据会造成信息堆积，空耗资源的同时还会提供错误的信息，对此，还需要赋予关键数据、结构化数据以特殊价值，这在传统的数据交易模式很难精准实现。传统的数据交易以量取胜，无论是掌握数据源的出卖者，还是利用数据的买入者追求的都是海量的数据，甚至往往是整个数据库或其查询端口的交易，这当然有大数据技术和理念本身的问题，但重点亦在于关键数据难以精确识别和准确定价。

在价值发现的同时，另外一个关于数据的重大问题也一并可以得到解决——即如何推动数据拥有者主动积极共享数据的问题，在区块链上具体表现为如何推动数据上链保存、记录的问题。在规制命题中，规制对象有规避以获得最大利益的一般性动机，尤其是存在实际违规行为的主体更是如此。提供更真实、更全面数据的被规制对象可能受到更严格的规制，相反，对数据进行造假或者隐瞒的被规制者可能被规制机关忽视，这样的被规制者既减少了提供全面真实数据的成本，也减少了被过度规制的成本，进而可能成为市场竞争的优胜者，导致市场出现逆向选择。

区块链的制度设计应当实现从"监管"向"治理"的思维转变，在目标上不仅在于"管住"区块链的风险，还在于"促进"区块链健康发

---

① Douglas W. Arner, JànosBarberis, Ross P. Buckley, "FinTech and RegTech in a Nutshell, and the Future in a Sandbox", *The CFA Institute Research Foundation*, Vol. 2, 2017.

② 杨东：《监管科技：金融科技的监管挑战与维度建构》，《中国社会科学》2018 年第 5 期。

展，策略上从单纯的违规打击转向合理合规引导，具体路径上由传统的单一监管工具，发展为社会共治的多种治理措施，特别是引入技术工具。当下区块链治理的主要问题在于市场被错误的理念支配，规制者缺乏技术规制工具。

第五章

金融科技安全治理国外实践经验借鉴

    科技创新主导金融创新，但金融监管和立法的技术手段相对落后、无法及时应对，使某些科技创新可能游离至监管体系之外，变相的规避监管，实现监管套利或引发监管空白。快速发展的金融科技亟须监管科技（RegTech）的同步变革，随着高频交易、智能投顾以及区块链技术推动的智能合约和电子货币等新金融业态的不断涌现，对这些自动交易或履约活动进行人为的监管是完全不切实际的，传统的人为监管模式向自动化监管模式转变不可避免。如果不使用自动化的合法审查、记录追踪和监管变革，将很难满足极端复杂的监管需求。这从各种国际组织及各国监管者对于监管科技的探索尝试与鼓励支持中可见一斑。

第一节　英国金融科技的安全治理经验

一、英国金融科技安全治理概况

英国作为世界主要金融中心，也是老牌金融帝国，在英国脱欧公投①的特定国际形势下，欧盟强推德国法兰克福等金融中心以取代伦敦的地位，在此情况下，英国努力推动金融科技的不断发展，以保证英国的世界金融中心地位不被动摇。总体而言，在英国财政部联合安永②于2016年发布的一份报告"*UK FinTech：On Cutting Edge*"中，将金融科技公司定义为通过结合创新商业模式与科技，进而实现、改进和革新金融服务的高速增长组织。英国金融科技安全治理主要分为法律建设、机构建设以及机制建设三大部分。其中机制建设也是英国金融科技安全治理的最重要部分。在本章，首先需要明确英国金融科技发展的目标等。

（一）英国金融科技发展目标

英国政府希望英国强化其在发展金融科技领域的世界领先地位，成

---

① 脱欧公投，是指就英国是否脱离欧盟进行的公投。

2013年1月23日，英国前首相卡梅伦首次提及脱欧公投。

2015年1月4日，英国前首相卡梅伦表示，如果有可能，将原计划于2017年进行公投提前举行。

2015年5月28日报道，英国政府向下议院提交并公布了有关"脱欧公投"的议案，包括公投问题，并承诺将在2017年年底之前举行投票。

2017年3月16日，英国女王伊丽莎白二世批准"脱欧"法案，授权英国首相特蕾莎·梅正式启动脱欧程序。

② 安永是指Ernst & Young Global Limited的全球组织，也可指其一家或以上的成员机构，各成员机构都是独立的法人实体。Ernst & Young Global Limited是英国一家担保有限公司，并不向客户提供服务。

为全球的金融创新中心。为实现这个目标，要培育最好的投资环境、合理的税收系统、合适的监管框架以及为金融科技企业搭建最好的基础设施是必要的。英国的环境将为金融科技创新提供现金的学术人才、投资和设施，提供无与伦比的国际连接、能够平衡风险与创新的监管环境、为创新企业创造并提供最佳的条件。

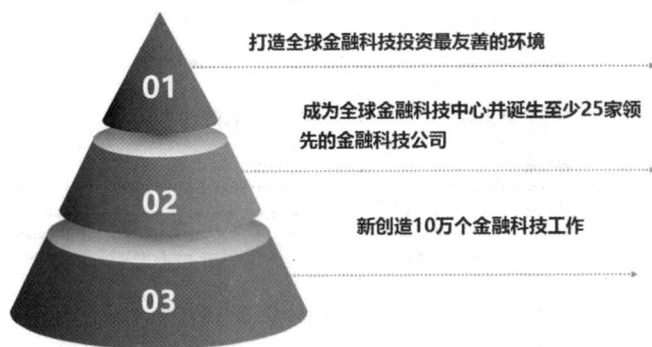

图 5 - 1　英国金融科技规划到 2020 年要实现的三个目标

资料来源：根据 "*UK FinTech: On Cutting Edge*"，由笔者自绘。

英国前首相卡梅伦在 2015 年曾宣布英国金融科技规划到 2020 年要实现的三个目标，分别是：

第一，打造全球金融科技投资最友善的环境；

第二，成为全球金融科技中心并诞生至少 25 家领先的金融科技公司；

第三，新创造 10 万个金融科技工作。

（二）英国金融科技分类与规模

进一步来讲，安永在与英国贸易投资部联合发布的报告中将金融科技细分为四类：

（1）支付（Payments）：包括线下支付设备制造（即基础设施，Infrastructure）和在线支付公司。

（2）金融数据与分析（Financial Data and Analytics）：包括征信公司（Credit Reference）、资本市场（Capital Markets）和保险数据分析（Insurance Data Analytics）。

支付	金融数据与分析	金融软件	平台
支付(Payments)：包括线下支付设备制造(即基础设施，Infrastructure)和在线支付公司。	金融数据与分析(Financial Data and Analytics)：包括征信公司(Credit Reference)、资本市场(Capital Markets)和保险数据分析(Insurance Data Analytics)。	金融软件：包括风险管理(Risk Management)、支付软件(Payments Software)、银行保险资管以及资本市场软件(Core Banking，Insurance，Asset Management and Capital Market Software)和会计软件(Accounting Software)。	平台(Platforms)：包括P2P借贷平台(Peer-to-Peer Platforms)、交易平台(Trading Platforms)、个人财富管理平台(Personal Wealth Platforms)和聚合平台(Aggregators)。

图 5 - 2　金融科技分类

资料来源：根据"*UK FinTech：On Cutting Edge*"，由笔者自绘。

（3）金融软件：包括风险管理（Risk Management）、支付软件（Payments Software）、银行保险资管以及资本市场软件（Core Banking，Insurance，Asset Management and Capital Market Software）和会计软件（Accounting Software）。

（4）平台（Platforms）：包括 P2P 借贷平台（Peer - to - Peer Platforms）、交易平台（Trading Platforms）、个人财富管理平台（Personal Wealth Platforms）和聚合平台（Aggregators）。

二、英国金融科技治理法律提要

英国的金融科技安全与法律治理主要关注第二支付服务指令（Payment Services Directive 2，以下简称 PSD2）、《金融服务法案（银行法案）2013》以及《2016 年英格兰银行与金融服务法案》。

（一）第二支付服务指令（PSD2）

2007 年欧洲出台了《支付服务指令》（Payment Services Directive，以下简称 PSD）。PSD 是欧洲支付相关立法的关键组成部分，旨在帮助开发单一欧元支付区（SEPA）制定支付的共同标准，规范支付机构，同时鼓励非银行机构进入支付市场，提高消费者保护与市场透明度。

该指令在英国于 2009 年被《支付服务法案》（Payment Services Regulations 2009，以下简称 PSRs）转化为英国的国内法。2012 年欧盟委员会对 PSD 进行评估，修改了 2009 年的指令。随后，欧盟委员会在 2013 年 7 月提出了修订后的立法并出台了 PSD2，即"第二支付服务指令"。PSD2 的最终修订条文于 2015 年 12 月发布在《欧盟公报》上，并于 2016 年 1 月生效。

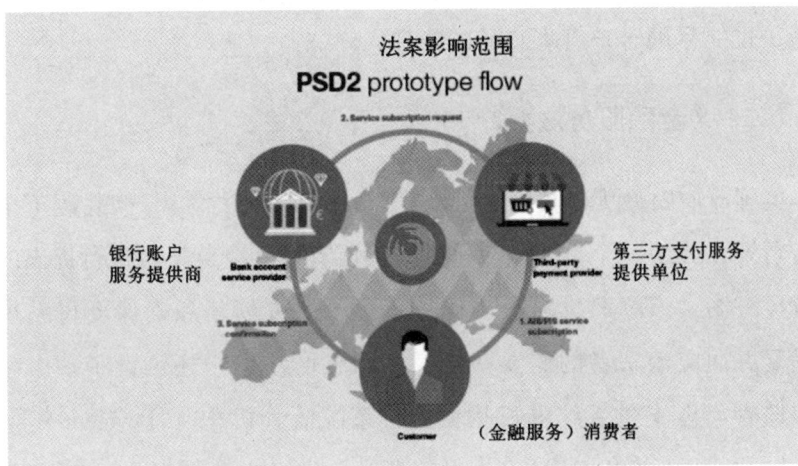

图 5-3　《支付服务指令》的影响范围

资料来源：根据 "*Payment Services Directive 2（PSD2）and Open Banking Drive Collaboration and Innovation*"，由笔者自绘。

PSD2 是对支付行业现有监管的重要演变。在本已竞争激烈的支付行业纳入新类型的支付服务，其目的是增加竞争。PSD2 是对原始支付服务指令审查的产物，它要求支付服务提供者对现有操作进行大量更改。

PSD2 要求所有成员国在 2018 年 1 月 13 日之前将这些规则作为国家法律实施，即国内化。有关客户认证和安全通信的一些规则外，其实施将按照不同的时间表进行。PSD2 是向欧洲数字单一市场迈出的重要一步，旨在使欧盟的单一市场适应数字时代。新措施也将确保所有在欧盟活跃的私营部门都受到监督和适当的监管。这将会对包括银行、其他非银行支付机构、FinTech 企业和消费者在内的各方产生深远的影响。

PSD2 文本清楚地表明，客户有权利使用账户信息服务商（Account Information Service Providers，以下简称 AISPs）和支付开通服务提供商（Payment Initiation Service Providers，以下简称 PISPs）提供的服务。这些变化反映了电子商务活动的市场增长、互联网支付（包括移动支付）的使用、FinTech 新技术发展兴起的趋势。这将使互联网和移动支付更容易，也能帮助客户管理自己的账户。

（二）《金融服务法案》

英国政府财政大臣奥斯本公布了《金融服务法案》，彻底改革金融服务行业，其中一个重要内容是财政大臣有权否决英格兰银行提出的银行救援方案。该法案明确了"促进竞争、促进创新和确保支付系统能够满足并回应消费者的需要"这三个目标。法案中还创设了一个新的用以监管零售支付系统的机构：支付系统监管机构（Payment Systems Regulator，以下简称 PSR）。支付市场竞争方面主要依据是《1998 年竞争法案》和《2002 年企业法案》。数据保护和信息自由相关法律也经常适用于支付市场的规制。

（三）《2016 年英格兰银行与金融服务法案》

2016 年 5 月英国议会通过《2016 年英格兰银行与金融服务法案》，

明确英央行（英格兰银行）在英国经济与金融体系中的核心地位。该法案包括以下三点措施：一是通过停止审慎监管局的附属地位，并首次允许国家审计署进行审查以加强英央行的治理和问责制。二是更新英央行和财政部间的解决方案与危机管理安排以保护纳税人不受企业失败影响。三是通过全面推行高管及认证机制确保金融服务业的高级管理人员为其监管失败负责。

这一法案的出台彻底改变了英国多年以来由英格兰银行、英国金融服务局（Financial Service Authority，以下简称 FSA）和英国财政部共同构建的"三方（Tripartite）"鼎立式的金融监管体系。

三、英国金融科技监管机构（PRA 与 FCA）

英国金融科技监管机构建立于传统的金融监管之上。随着英国脱欧以来英国政府强化金融立国的指导方针，对于金融科技的监管机构也数次进行调整以适应不断变化的金融科技发展形势。

FCA 在金融监管方面的作用或者说是地位是由议会授权的，FCA 被定位为一个独立的公共机构，其经费来源于监管对象，但同时收费与监管都要对英国财政部和英国议会负责。目前 FCA 已对超过 56000 家公司的金融行为进行合规管理，并正作为超过 18000 家公司的审慎监管人。

从 FCA 诞生看，在受到金融危机带来的系统性冲击之后，英国政府对金融监管制度进行了新的改革。新政府上台后于 2011 年发布《金融改革新办法：改革蓝图》白皮书，就此对监管体制进行彻底改革，废除原来的三方监管体制，建立准双峰模式。

改革具体内容为在英格兰银行下设金融政策委员会 FPC 监控系统性风险；撤销 FSA，新设审慎监管局 PRA，承担对金融机构审慎监管的任务；新设金融行为监管局 FCA，监管各类金融机构业务行为，促进金融市场竞争，保护消费者适当权益。就此，金融政策委员会负责宏观审慎监管，金融服务管理局原有的微观监管职能交给审慎监管局和金融行为监管局承担。

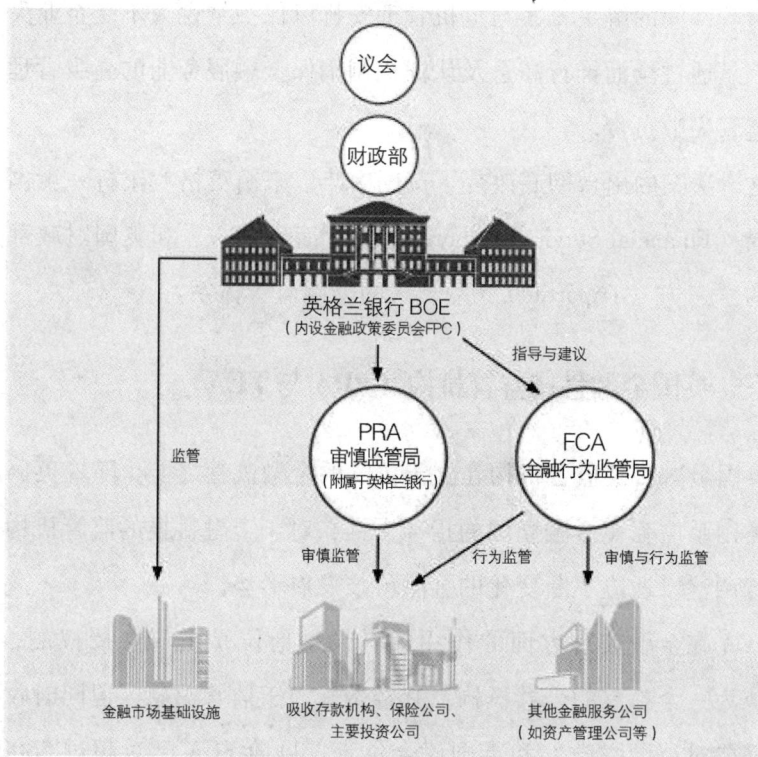

图 5-4　新金融监管系统构成与监管分工

资料来源：见 www.ixueshu.com。

在实施监管时，FCA 采取的监管政策工具主要包括金融机构系统性评估框架（Firm Systematic Frame work，以下简称 FSF）、专题审查（Thematic Review）、市场分析（Market Analysis）等。

（一）金融机构系统性评估框架

金融机构系统性评估框架 FSF 是 FCA 行为监管的核心工具。核心是确保金融消费者利益和市场诚信被金融机构摆在核心位置，强调从多个维度对金融机构进行考察并且评估的时候要进行提前干预。

FSF 由两个部分组成：

一是商业模式和战略分析（Business Model and Strategy Analysis，以下简称 BMSA），这一内容目的是分析一家金融机构盈利模式，从其行为角度确定它的可持续性，从而主动识别可能对消费者利益和市场诚信产生侵害的风险点。

二是深度评估（Deep Dive Assessment，以下简称 DDA），主要是评估金融机构日常经营行为中是否包含消费者保护理念和态度。具体包含 4 个模块："公司治理与文化模块"评估金融机构是否具备识别、管控和消除行为风险的企业文化和组织架构；"产品设计模块"评估金融机构的产品或服务设计能否满足消费者的需求，并对不同的金融消费者人群有所区分；"销售流程模块"评估金融机构的产品宣传、销售等行为的流程和内控制度；"售后和交易处理模块"评估金融机构在售后，包括投诉处理环节保障消费者得到公平对待的措施。

其中 BMSA 主要用于机构准入阶段评估其是否达到准入门槛，而 DDA 主要用于机构持续经营期间的日常监管。

（二）专题审查

专题审查是三大监管支柱中"专题和产品线监管"常用的政策工具。在运用中，专题审查会以某一特定主体或一类产品为对象，是一种功能监管工具。主要目的是分析一金融产品是否存在危害消费者权益或市场诚信风险、风险程度大小、风险深层次原因，以便针对性采取措施。

构成威胁原因通常是金融机构未按照行为规则经营或者该经营领域尚无明确行为规则。为此专题审查倾向于从行为规则层面给出政策建议，并且 FCA 强调要在产品设计、宣传等产品生命周期早期采取干预措施，防止风险形成和扩散。

（三）市场分析

市场分析也是常用于"专题和产品线监管"，用于评估金融市场竞争状况。市场分析主要从金融机构市场实力、金融机构和消费者等市场参与者信息公开的充分程度和信息获取的难易程度、消费者在不同金融机构之间选择产品或服务转换率，以及产品价格和消费者需求匹配状况等几个方面，分析当前市场是否存在抑制或扭曲竞争的市场失灵，评估采取干预措施的必要性。

四、英国金融科技机制建设

政策是跨地区的一个关键区别，英国评估政策的主要力量，即政策属性进步的金融技术政策制度，可以是工具信息的创新。相反，一个封闭而复杂的政策体系可能导致创新的障碍和过于繁重的合规成本。在英国金融科技机制建设中值得注意的就是监管沙盒机制以及英格兰银行金融科技加速器。

（一）监管沙盒

英国 FCA 率先提出监管沙盒项目，并于 2016 年 5 月 9 日开始实施；该项目拟在限定的范围内简化市场准入标准和流程，在确保消费者权益的前提下允许金融科技创新企业或业务的快速落地运营，并根据其在监管沙盒内的测试情况准予推广。

　　监管沙盒以实验的方式创造了一个"安全区"①，适当放松参与实验的创新产品和服务的监管约束，激发创新活力。英国监管沙盒的适用对象包括：目前未被许可但期望获得许可的企业；已经被许可但拟提供未经测试的产品或服务的企业；辅助金融服务机构的科技企业。

　　FCA 对拟参与监管沙盒的企业进行筛选，每年会有两轮企业获准进入监管沙盒测试，测试期一般为 3—6 个月。这些企业获得的是测试新产品或服务的有限许可。在测试前，FCA 会列明具体的实施规则，有时也会免除一些规则的适用；只要公司遵守 FCA 的指引，即使出错也不会遭受惩罚。测试企业需要和 FCA 协商，事先安排好紧急退出计划以防止消费者利益受损。通过监管沙盒测试并不意味着产品或服务可以直接进入市场，如公司想全面推进其产品或服务面向市场，仍然需要获得监管许可并且符合诸多监管标准。理论上，进入监管沙盒测试产品、服务或商业模式有助于促进 FCA 尽快作出许可决定。FCA 监管沙盒的具体运作流程（见图 5-5）总体上可分为三步：申请、评估和测试（及报告）。

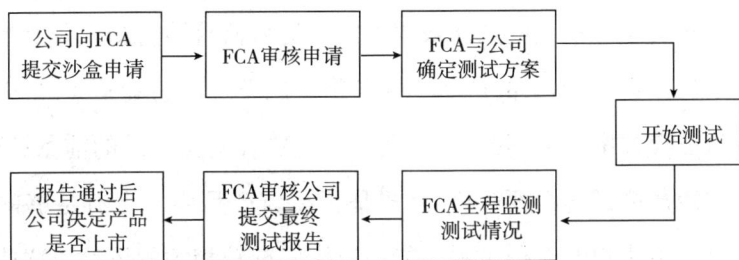

图 5-5　FCA 监管沙盒流程图

资料来源：笔者自绘。

① 需要对"安全区"做抽象意义上的理解。监管沙盒是给新创企业一个机会，在实际的市场中试做，并受到监管者设置的一系列条件的约束；只要测试企业遵循前述约束就不会招致法律责任，那么该授权的特定测试环境就相当于一个"安全区"。

（1）申请阶段

公司向 FCA 提交使用监管沙盒的申请，内容包括拟测试的新产品服务情况以及标准符合情况。由于金融科技企业遵循现有法律法规标准来探测消费者偏好或创新是否存在重大风险，所需成本高昂，因此 FCA 设定了适当的许可程序，使被测试企业首先获得有限的许可来测试其创意；虽然其仍需符合准入条件，但这些条件只需要满足沙盒测试的目的即可。比如，成立传统金融机构的资金门槛和取得营业执照的成本高昂，这与一个金融机构在正式、实际营业中面对的风险相匹配；申请在监管沙盒中试运营的创新企业也需要满足 FCA 的许可条件，以明确其试运营的限制范围和客户应受到的保障，但测试企业并不需要遵循设立传统金融机构那样的高标准，只需要与其可能招致的风险相匹配就行，所以在准入门槛上需要 FCA 根据个案进行适当调整。因此，授权测试的条件比较容易达到，这大大减少了获得测试的成本和时间，并且这种做法使得监管程度与测试范围相匹配。

（2）评估阶段

FCA 在决定申请人的产品或服务能否进入监管沙盒测试时所参照的审核标准包括：A. 测试的产品或服务是否属于金融行业；B. 是否属于创新或与现有方案显著不同；C. 是否有消费者明显受益的前景；D. 是否确有在沙盒测试的必要；E. 公司是否在新产品服务上有足够的资源投入，对适用法规有充分了解，能采取措施减轻相关的风险。这些企业将被授予以测试为目的的有限许可。

首先，如果企业申请通过审核，FCA 则指定专门的联系人，与通过审核的公司协商确定适用的政策，制定测试参数、评估方法、报告要求以及消费者保护措施。由于存在传统监管规则与金融创新之间的矛盾所引发的冲突，被许可企业非常期望通过与监管者沟通获得规则适用的确定性，因此为了帮助被测试企业，FCA 首先诉诸发布个别指引，即

FCA 通过阐明对相关测试规则的适用理解，从而向企业提供直接的个别指引；遵循指引的企业将被视为符合规则要求。其次，在特定情形下，如果规则被认为过度负担繁重或者无法实现监管目的，并且免除或修改这些规则不违背 FCA 监管目标时，FCA 可以豁免规则适用。但需要注意的是，FCA 无权免除欧盟法律或基本立法的适用。最后，在例外情形下，可能 FCA 无法发布个别指引或免除适用规则，从而使出具"无强制行动函"成为必要。其目的在于，只要企业与 FCA 沟通顺畅，遵循商定的测试范围并且公正对待客户，当出现无法预见的问题时，FCA 将不会对企业进行处罚。但"无强制行动函"只适用于测试期间和 FCA 有权行使的处分措施，不能限制对消费者承担的责任。

监管沙盒虽然为金融科技方案的实验创造了相对安全的环境，但其无法消除所有风险，因此，在监管沙盒的制度设计和实施过程中，监管者非常注重在允许公司向市场推出新产品时防止消费者利益受损，不使消费者因实施监管沙盒测试而丧失各类被保护的权益。FCA 曾提出四种可选的消费者保护措施，[①] 最终倾向于第二种方法，即由申请进入

---

① Financial Conduct Authority, "Regulatory Sandbox—Appendix 4：Customer Protection Approaches", November 2015, p. 22.

由于监管沙盒测试活动面对的是现实市场，创新产品和服务可能给消费者造成损失，FCA 提出的四种可选消费者保护措施如下：一是只有客户对测试活动表示同意并被充分告知潜在风险、补偿措施的情况下，使用沙盒的公司才能进行测试；二是由使用沙盒的公司提出测试活动的信息披露、保护、赔偿等方案，由 FCA 逐一审核；三是参与测试的消费者拥有与普通金融消费者一样的法定权益，比如同样得到FSCS（Financial Services Compensation Scheme，金融服务补偿计划）和 FOS（Financial Ombudsman Service，金融申诉服务公司）的保护等；四是进行测试的公司向客户赔偿所有可能的损失（包括投资损失），且需证明他们具备赔偿能力。对于前述措施，FCA 倾向采用第二种，理由是该方法保证了在设定客户保护措施方面的灵活性。因为当评价消费者保护措施时，FCA 需要谨记其促进有效竞争的职责。尽管第四种方法向消费者提供了最高的保护水平，但它并非最佳选择，因为只有拥有丰富资源的大型企业才能够采用，这将使监管沙盒丧失吸引力。监管沙盒面向的是各种各样的企业，包括新设企业，因此第二种方法会是不错的选择。

监管沙盒测试的公司提出测试活动的信息披露、保护、赔偿等方案，由 FCA 逐一审核。这种方法不仅与 FCA 促进有效竞争的职责相契合，而且使得企业对于特定测试进行分析以采取恰当的消费者保护措施，并给予了 FCA 审查消费者信息披露和赔偿安排等保护措施是否恰当的机会。

消费者保护的重点在于具体的执行过程，FCA 会采取多重手段以保证消费者不被暴露于测试风险之下：首先，FCA 只考虑那些有望直接或间接给消费者带来利益的创意。其次，FCA 和企业预先签订测试范围和消费者保护协议，并努力使其对于被测试的创意、消费者类型和相关企业是相适应的。比如，要求一家企业保证在测试未达到预期效果的情况下对普通客户恢复原状，但在针对小范围内的成熟消费者进行测试时，FCA 要求企业只需进行透明的信息披露即可。最后，FCA 要求被测试企业制订针对消费者的公平退出计划；这些计划可以根据测试的情况而定，比如企业可能中止营业或将消费者转移至第三方。

（3）测试阶段

企业开始测试，必须每周汇报测试进度、主要研究成果和风险管理，并由 FCA 对测试情况持续监测。如果没有回报，企业的测试可能会被监管者随时中止。测试结束后，公司须在四周内提交测试结果的最终报告给 FCA 审核。如果最终报告通过审核，公司决定是否在沙盒之外推行新产品服务。

截至 2016 年 11 月，FCA 共收到来自不同行业、地域和规模的 69 家企业测试申请，最终只有 24 家通过了初步审核。

FCA 已经授权这 24 家金融科技公司在监管沙盒这个动态环境中面向消费者测试；根据授权，24 家企业在确保恰当保护消费者的情形下，将被允许在一个"安全区"中测试其产品、服务或商业模式。被授权的 24 家企业由初创企业构成，将根据以保护投资者为目的的测试范围协议进行短期和小规模测试。前述获得授权的企业中有 18 家很快就开始了测试，具体情况简介见表 5 – 1。

表 5 – 1　英国沙盒监管首批 18 家企业概况

公司名称	业务简介
Billon An E – money Platform	以分布式记账技术为支持，安全传输交易记录，使投资者可以通过手机 APP 持有基金
Bit XA	提供以电子货币或区块链技术为支撑的跨境转账服务
Blink Innovation Limited	提供自动索赔处理的保险产品；方便游客在航班取消时使用移动设备立即预订新机票
Bud	提供线上平台和 APP，使得用户根据个性化建议管理金融投资
Citizens Advice	提供半自动的建议服务，便于借款顾问和客户比较可供使用的借款方案特征
Epiphyte	使用区块链技术提供跨境支付服务
Govcoin Limited	与就业和退休保障部（DWP）合作，共同决定启动除现金或快捷支付外的紧急支付的可行性；该支付平台将使用区块链技术使得 DWP 向移动工具授信，从而将该信用直接转移至第三方
HSBC	与新设的金融科技公司 Pariti Technologies 合作，帮助客户更好地管理金融投资
Issufy	是一家基于网络的软件平台，提高包括投资者、发行人及其顾问在内的 IPO 整体发行效率
Lloyds Banking Group	使线上和手机客户端的服务保持同步，提升客户的消费体验

续表

公司名称	业务简介
Nextday Property Limited	是一家基于互联网的财产公司，当客户无法在 90 天内出售财产时，其将为客户提供担保金额范围内的无息贷款
Nivaura	运用自动化和区块链技术来发行和管理私募证券
Otonomos	代表私人公司共享区块链信息，使其能够管理持股、进行线上询价和促进交易
Oval	帮助用户储存小额资金，将其用于偿还业已存在的债务；在测试期间，其将与消费信贷公司 Oakam 及它的诸多客户展开合作
SETL	提供智能卡，支持运行以分布式记账技术为支撑的零售支付系统
Tradle	提供基于网络的 APP 服务，利用分布式记账技术创设个人或商业身份（信息）；通过与 Aviva 合作，提供客户自动认证系统
Tramonex	是一家基于分布式记账技术的电子货币平台，便于使用"智能合同"向慈善组织支付捐款
Swave	提供跨账户视图的微型储蓄 APP，可以展现用户消费概要，并根据其消费行为计算需要储蓄的额度

资料来源：笔者自制。

根据被 FCA 授权进入监管沙盒测试企业的业务范围来看，主要是以大数据、区块链和分布式记账技术等为支持的新设金融科技创新企业，由此可以反观出监管沙盒对创新企业的真正支持。一方面，企业可以安全测试其产品，并且可以直接和 FCA 互动，而不是首先将时间和精力花费在成本高昂并且存在申请失败风险的监管许可上面，从而节省了为获得监管授权而遵守复杂程序所带来的高昂成本，有助于压缩新创意走向市场的时间和成本。另一方面，企业可以不断调试所提供的产品或服务，以更好地服从监管要求，而且当通过测试并获得理想的结果时，由于重大未知已经消除，所以吸引投资者将变得更简单，从而拓展金融产品和服务的种类，提高金融的易得性，不断提升金融消费者的体验度。

此外，FCA尽早参与协助创新企业，可以使其接近金融科技发展的前沿，从而识别创新、研判风险，并判定是否可以推广适用，以及决定是否需要对现有监管规则进行调整，从而在控制风险的条件下实现促进金融创新的目的。推动监管沙盒实施的过程，FCA可以随着实践发展而不断积累经验，获得相应的洞见和知识，从而更好地履行其促进竞争的职责。

（二）英格兰银行金融科技加速器

1. 加速器概况

英国的中央银行——英格兰银行（Bank of England）于2016年6月成立了金融科技加速器（FinTech Accelerator），不同于为创业公司提供各类便利创业条件的实体加速器，英格兰银行下属的该加速器没有实体，其目的在于与技术创新的公司合作，探索如何将金融科技创新用于中央银行业务，进而提高英格兰银行对金融科技发展趋势的了解，并支持该行业的发展。作为对参与加速器的企业的回报，英格兰银行为企业提供了一个机会来展示他们对实际问题的解决方案，并获得英格兰银行的专家的知识和具有实用价值的客户参考。加速器的另一个目的是了解技术创新如何影响英格兰银行的政策目标，特别是在金融稳定方面的影响。

该加速器是向全社会公开的。金融科技公司可以通过英格兰银行网站上发布的公开募集信息了解到加速器的细节并申请参加。英格兰银行会在网站上列出一系列的优先领域，申请参与加速器的公司可以在这些领域内开展概念证明工作，英格兰银行将会对所有参与的项目进行竞争性的透明评估。所谓概念证明，是指对某些想法的一个较短而不完整的实现，以证明其可行性，示范其原理，其目的是为了验证一些概念或理论。英格兰银行对这些项目的概念证明工作都设置了时间限制，并将在其结束时评估结果或发布报告。对于部分成功的公司，将有机会通过公开流程的二次招标，成为英格兰银行的持续合作伙伴。

现在，参与加速器的公司涉足的领域很广，包括涉及人工智能、数字货币、数据库、数据可视化、区块链等领域的金融科技公司，对金融科技的各类前沿技术和概念进行了丰富的尝试。在英格兰银行的网站上，可以找到参与金融科技加速器的公司的具体名单。

2. 配套设施

作为加速器的配套设施，英格兰银行还创建了一个金融科技相关组织的社区，目标是：

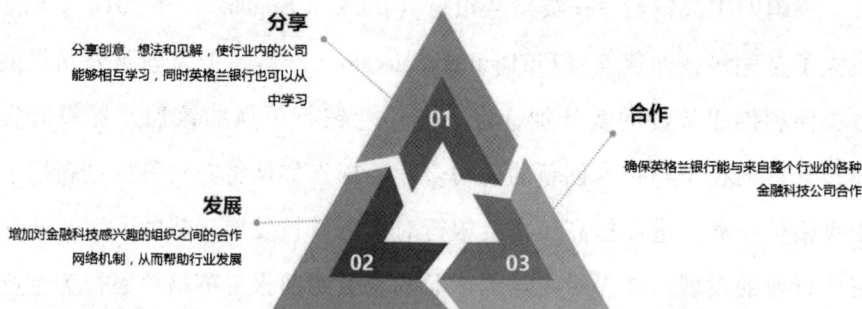

图 5-6　加速器发展目标

资料来源：笔者自绘。

（1）分享创意、想法和见解，使行业内的公司能够相互学习，同时英格兰银行也可以从中学习；

（2）确保英格兰银行能与来自整个行业的各种金融科技公司合作；

（3）增加对金融科技感兴趣的组织之间的合作网络机制，从而帮助行业发展。

社区不讨论或分享任何商业敏感的材料，对企业开放自由参与，但是初期成员资格限于与英格兰银行设定的金融科技目标最相关的公司，以及与英格兰银行联系以分享知识的公司。已经与英格兰银行完成前述概念证明的公司将自动被邀请加入。英格兰银行会定期审查社区会员，以确保会员继续符合这些标准，并确保适当的组织平衡。同时还将继续与社区以外的金融科技公司保持接触。

社区成员每年将被邀请到英格兰银行会面二至四次，分享有关行业发展趋势的最新动态。这些会议将是保密的。社区成员也将被邀请到季度网络和知识共享活动。英格兰银行将公开在这些活动中讨论的话题摘要。

目前的社区成员包括英国银行业协会（British Bankers Association）等行业组织，商业、能源和工业战略部等政府部门，金融行为监管局（Financial Conduct Authority）等监管部门，以及律所、金融科技公司等。

五、经验借鉴

英国金融科技通过法律、政策机制、组织机构，形成了相对完善的运行机制。其中，以法律为根据与导向，以机构重组为动力，以机制创新为手段，形成了在欧洲乃至全球范围内较为先进的金融科技促进创新机制。有效弥补了英国脱欧公投之后可能产生的金融动荡，同时，英国当局通过整体性的思路，以监管沙盒以及加速器为根本动力，实现了在相对完善与死板的传统金融格局下的相对创新。

对于我国而言，一方面英国先进而完善的金融法律制度值得我们学习，但是另一方面，英国在机制、机构相对成熟条件下不断创新也启示我国的金融创新部门，需要以更新的视角对待金融创新，以更加积极开放的心态去面对新生事物，最重要的是以合理的政策机制，实现对于金融创新的不断转型升级。

第二节　欧盟金融科技的安全治理经验

金融科技既带来了机遇，又带来了挑战，例如网络安全、跨行业标准和程序的碎片化。金融科技有其一体两面，一方面是金融，另一方面是科技，信息科技风险和金融外部性相互交叉，使得潜在的系统性和周期性风险更加复杂。这就需要明晰的法律规定为 FinTech 的持续健康有序发展，提供安全通道。然而这却有着明显的逻辑错误，因为法律制定在科技迅猛发展和金融创新加速面前显得无力和滞后。金融科技在欧盟也得到迅猛发展，但其安全问题与监管治理，欧盟很是重视，欧盟委员会在 2017 年 6 月份发布了主题为"金融科技产业：一个更具竞争力和创造性的金融部门"的产业报告，给出了金融科技监管的立法建议。欧盟委员会副主席东布罗夫斯基在最近的一次演讲中表示"展望未来，人工智能、分布式账本、云计算等还有更大的潜力，我们必须现在就开始为未来准备"。那么欧盟是如何治理金融科技安全问题的呢？

一、数据保护与安全

欧盟各国征信行业机构除遵循本国规定外，还需要遵守欧盟《涉及个人数据处理的个人保护以及此类数据自由流动的指令》（*Directive on the Protection of Individuals with Regard to the Processing of Personal Data and on the Free Movement of Such Data*，EU 95/46/EC，以下简称《数据保护指令》）。1990 年，欧共体委员会发布了第一个关于《数据保护指令》的草案。《数据保护指令》建立了欧洲征信行业数据保护的基本准则，根据各国不同的征信体系最大限度地实现了数据监管的一致。该指令为欧洲各国建立了良好的信息流动机制，降低了跨境数据共享的成本。欧洲的征信起源于对数据的保护。1995 年 10 月，欧洲议会通过了欧盟《个人数据保护纲领》，这是欧盟第一部涉及个人征信的公共法律，该法的立法宗旨和基本原则是在保护人权和开放数据之间取得平衡。

欧盟经历四年多的协商，于 2016 年 4 月 27 日正式通过《通用数据保护条例》（General Data Protection Regulation，以下简称 GDPR），并将于 2018 年 5 月 25 日全面实施。与 1995 年的《数据保护指令》相比，GDPR 在保护范围和程度上都存在实质性突破，对个人数据实施了近乎"超大范围"的全方位保护。其中，最为突出的特点莫过于个人数据保护适用范围的扩大，实现了从属地主义扩展至属人主义的突破——无论是何种行业或领域，只要在向欧盟境内个人提供产品或服务过程中涉及个人数据的处理，该类数据处理行为都将落入 GDPR 的适用范围。①

欧盟在金融科技监管立法征询意见中，也考虑到了数据保护和数据使用的平衡。关于数据保护有其一体两面——财产权和人身权。由于历史原因，在第二次世界大战结束后，欧洲各国都同意将个人隐私定义为一项最基本的人权。

与美国相对开放的方式不同，欧洲绝大多数国家对于个人信用信息的使用都有着严格的限制。然而在欧盟地区，电信与互联网企业有义务保留个人信息，期限可能长达两年，欧盟数据保护监督官曾说，这条规定是欧盟采取的最为侵犯隐私的措施，并且欧洲许多国家在以国家安全名义获取个人数据时缺乏透明度和正式检查。

---

① 参见欧盟《通用数据保护条例》第三条。

安全和操作的完整性以及恢复性是保证数据真实性、完整性和可用性的基础。对安全最大的挑战来自网络（黑客）攻击，因而构建防止网络攻击的系统安全和数据恢复至关重要。

与大数据相关的云计算技术安全，欧盟也有所考虑。欧委会推出的欧盟云计算战略及三大关键行动，其中之一就是"云计算安全和公平的合同条款及条件"，具体行动举措还包括：数据保护、网络安全。

二、生物识别技术

欧洲各国政府通过严格的安全标准和特殊规范，使得欧洲地区的生物识别技术市场在近年内取得了快速成长，2010 年市场规模超过 6 亿欧元。欧洲各国在普及生物识别护照、国民身份证计划和第二代申根信息系统的同时，积极推动生物识别技术产业的发展。Frost & Sullivan 公司的研究显示，目前欧洲市场关键的增长领域包括非指纹自动识别系统（Non – AFIS）、指纹自动识别系统（AFIS）、面部识别、扫描眼（虹膜和视网膜）、掌形、声音验证和签名验证等。

生物识别给欧洲人们带来了便利，如万事达卡（Master Card）在欧洲 12 个国家推出一项新功能"Identity Check Mobile"，将允许用户通过人脸识别和指纹识别的方式来确定身份，省去了输入密码的步骤，将帮助用户简化网上购物流程。然而生物识别在增加便利性和安全性的同时，也具有个人隐私保护方面的隐忧。对此，欧盟在 2015 年 7 月启动"个人身份认证即服务"（PIDaaS）计划，旨在利用当今智能手机传感器的功能（照相机、麦克风），以用户的生物特征来实现安全的用户认证，同时保护用户的隐私。

三、网络借贷领域

欧洲的金融科技市场，尤其是 P2P 网贷市场应该走向国际化，应该统一标准。对寻求国际化的金融科技公司来说，有三个关键问题阻碍欧洲 P2P 市场繁荣：第一，应对网络安全的用户认证在整个欧洲没有统一的标准。第二，替代金融市场没有一个统一的信息报告和披露标准。第三，安全问题，特别是商业秘密和个人隐私方面的保护，以及数据运行系统的安全。

确认统一的监管标准不仅仅是解决税收、认证问题的方法，因为每个国家都有不同的流程、数据存储需求，P2P 企业必须使用相当多的资金来根据不同的国家标准调整业务流程。在德国，所有的 P2P 平台为保证交易安全，也采取与网上支付机构进行合作，另外几乎所有的 P2P 平台也与清算公司进行合作。欧盟委员会也正在制定金融科技行动计划，预计将在 2018 年年初公布，其中一个议题是正在评估关于众筹和点对点借贷的立法，这将为跨国界活动提供便利，有助于扩大行业规模。

四、区块链

区块链存在风险与不确定性。一是区块链的分布式结构有很高的资源要求，一旦交易频次超过最弱节点的容纳能力，交易将耗时递增，甚至崩溃；二是验证节点在不知晓保存在区块链上的具体交易信息的情况下如何执行合同还是个问题，这可能影响数据保护和安全。就区块链分布式账本技术（DLT）ESMA 建立了一个"DLT 工作小组"，欧盟委员会（EC）和欧洲央行（ECB）随后也参与其中。欧洲央行始终对数字货币持怀疑态度，欧洲央行还草拟了一个指导性文件，认为虚拟货币不具备货币资格。欧洲央行（ECB）基于 DLT 又发布了一份专题研究报告，ECB 在报告中大致描述了 DLT 的基本框架，同时还重申了之前的立场——ECB 技术还不够成熟，近段时间不会采用这项技术。《新欧盟金融市场法规》（MiFID Ⅱ）和《金融市场规则》（MiFIR）将于 2018

年 1 月 1 日生效, 届时, ESMA 和欧盟成员国一旦发现任何有关该技术的危害, 有权发出警告, 禁止区块链技术的使用; MiFID Ⅱ 和 MiFIR 将进一步授权 ESMA 起草技术监管标准 (RTS) 和技术部署标准 (ITS), 以规制 OTC 的区块链运用。

五、支付领域（跨境支付）

要高度关注跨境支付领域的风险。在带来结算便利性的同时, 也必须关注到此类新型支付方式在反洗钱、发恐怖融资和反逃税等方面对现行风险管理和监管带来的挑战。

2015 年 11 月, 欧盟理事会批准关于内部市场支付服务的指令（EC/2007/64/号指令废止）, 指令充分考虑了新兴的、创新支付服务, 包括网络和移动支付, 并为确保更加安全的支付环境提供了条件。在第四次反洗钱指令的框架下, 德国 BaFin 想就应对整个客户认证程序中数据安全和电子化所带来的影响给立法者一个建议, 在确立基本安全标准的同时, 依据反洗钱法确定金融机构和非金融机构需要履行哪些义务, 对客户认证安全需要采取哪些措施和步骤。该新版指令于 2016 年 1 月实施, 新版指令要求, 初始支付服务提供者和账户信息服务提供者将承担数据安全的责任。

六、统一标准

金融科技需要的是数据流动, 数据各地差异化规则以及对数据流动的限制性规定都将是跨区域、跨国界金融交易的一个障碍, 各地差异化规则不仅包括监管规则、行政命令、采购政策、监管指导, 也包括基于国家安全要求的法律（如分级数据）, 公司账簿记录规则, 文件数据存档要求, 如果在国家内一个特殊机构进行报送存储, 许多是其他行业的规则要求, 但也适用于金融行业。

金融科技安全认证是金融监管者测定安全标准的重要参考，目前行业内没有得到认可的专门针对云计算的单独工业认证。ISO 27001 是目前最接近的标准认证，其他云计算标准认证也会被监管者加以参考，例如 ISO 27018。

在"金融科技产业：一个更具竞争力和创造性的金融部门"征询意见中提到还需要研究在金融服务提供者之间有哪些网络威胁信息以及和公共监管部门进行交换共享的监管障碍或者其他可能的不同性质的障碍，应该采取何种金融服务领域中的网络安全渗透测试和恢复性测试，哪些方面还需要欧盟层面的协调，哪些特殊之处需要处理（例如共同最低要求、测试、测试场景、针对恢复性测试不同法域的监管者之间的共识）。ESMA 表示支持数据标准化并促进行业协调性。网络安全标准应该在全球范围内进行协调。网络安全标准应该考虑人工智能、区块链、云计算给网络安全带来的挑战，并应该加强考虑个人隐私保护、监管者与行业的合作。

七、欧盟金融科技监管的立法建议

2017 年 6 月 15 日，欧洲银行管理局（EBA）发布报告，回应欧盟在"金融科技产业：一个更具竞争力和创造性的金融部门"的产业报告提出的金融科技监管立法建议，并系统阐述 EBA 对于金融科技监管的立场与举措——欧盟在金融科技领域的修法在短期应明确监管原则，修订反洗钱法规，整合对金融机构使用云服务的监管要求；中期应完善金融消费者数据保护的相关法规，解决对金融科技机构的不同监管中的监管套利问题；未来可根据人工智能在金融业的运用情况再考虑是否进行法规调整。同时，欧洲证券与市场管理局（ESMA）也给予了回应，各国政府需要提高本国金融科技市场的透明度，保障投资者和企业合法权益，降低由网络安全、市场混乱等因素引起的系统性风险。ESMA

认为，从业人员也必须意识到金融科技产业所涉及的风险。ESMA 就
"欧盟成立更具竞争力和创造性的金融机构"磋商文件，主要是从人
工智能自动化和大数据分析、众筹融资、RegTech（监管科技）、云计
算、分布式分类计数等几个金融科技领域给出回应和建议。人工智能
自动化和大数据分析方面有着不可忽略的技术风险，希望欧盟在该领
域建立具体立法保护消费者权益；外包和云计算领域，ESMA 强调在
引用相关技术带来便捷的同时，欧盟应建立法规，制定相应数据安全
和数据保护规则。

第三节 日本金融科技的安全治理经验

金融科技在日本的发展非常迅猛，得力于日本积淀深厚的科技实
力，涌现出了一批技术水平较高的金融科技企业，例如乐天智能支付、
智能财富管理企业 Money Forward、智能投顾企业 THEO 等。但是，总
体而言，市场和传统金融机构对金融科技的热情并不算高涨，社会整体
接受程度不高，这一定程度上是受日本偏保守的社会氛围所影响，社会
整体对新技术的接受较慢。

相比之下，监管层的应对则非常迅速。日本的核心金融监管部门是
金融厅，金融立法的工作通常也由金融厅主导进行。金融厅在经济产业
省、日本银行的支援与配合之下，通过设立立法工作小组、召开专家学
者会议等方式，形成系统性的工作报告，在此基础之上草拟法律修正案
并提交国会。这一流程高度体系化，修法的速度较快，一些重要法律甚
至能够做到每年修订，使日本能够迅速应对金融科技的发展潮流，对于
市场上出现的金融科技新业态能够作出及时的反应。同时，为了给市场
足够的缓冲时间，新修订的法律一般会在通过之后一年左右才开始施

行。因此，日本的金融监管安全的经验较为充足，值得深入研究和借鉴。

一、日本金融科技技术安全治理

在各发达经济体中，日本使用现金的比例相对最高，民众偏爱用现金进行交易，认为使用现金比信用卡更为安全。但是，近年来，日本社会上出现了各类代为管理银行卡的智能手机并逐渐普及开来，被称为电子支付代理业。这类应用在用户和银行等金融机构之间起到了居中代理的作用，通过向银行转达用户指示的方式，可以实现查询账户信息、转账支付等功能。

目前，电子支付代理业者普遍使用网页抓取（Web Scraping）的方式运营业务。所谓网页抓取，是指在提供网络银行服务的网站上，电子支付代理业者直接抓取网站所显示的用户账户信息，例如余额等，再将结果返回到用户。在这一技术下，用户必须向电子支付代理业者告知自己的银行账号和密码，电子支付代理业者直接使用这些信息，连接到银行为用户开设的接口。进行支付转账时机制也类似，电子支付代理业者直接使用用户的账号和密码以用户的身份向银行发出支付指令。这样，电子支付代理业者与银行交互时使用的是银行为一般用户开设的接口，因而就会掌握大量用户的银行账号和密码，存在较大的技术安全风险。一旦电子支付代理业者的服务器受到攻击或电子支付代理业者自身实施恶意行为，就有可能给用户带来巨大的损失。

另一种与网页抓取所不同的方法是通过开放式 API（Application Programming Interface）。开放式 API 是银行专门设立的面向第三方的接口。银行向用户提供一个认证暗号，用户可以把该暗号告诉电子支付代理业者，电子支付代理业者利用该暗号和具体的用户指令就能制成一个"令牌"（Token），然后就可以通过 API 接入银行系统，对用户的银行账户进行相应的查询或支付等操作。这一技术比网页抓取更为复杂，但电子支付代理业者不再直接掌握用户的账号和密码，大大提升了安全性。

对比之下，国内的非银行支付机构提供的"快捷支付"服务其实与日本的电子支付代理业相类似。但是，不同之处在于国内现在的主流非银行支付机构其实都是通过开放式 API 的方式接入到银行的系统来实现快捷支付功能的，这是因为国内的银行对新技术创新的态度其实较日本同行更为积极，愿意向非银行支付机构提供开放式 API 的接口。而日本的银行相对偏保守，对于这类金融创新更倾向于先暂时采取观望的态度，导致日本的电子支付代理业者不得不使用更为危险的网页抓取技术。

作为应对，2016 年，为了促使银行提供开放式 API 接口，进一步适应金融科技的发展形势，进行更深入的法律修改，日本金融厅在金融审议会下设立了金融制度工作小组，研究 2017 年修法的方向。该小组经过 5 次会议讨论，于 2016 年 12 月 27 日发布了报告书。2017 年 3 月 3 日，金融厅以此报告书为基础，向通常国会提交了《银行法》的修正案，该修正案于 5 月 26 日通过。修正案的主要内容就是对"电子支付等代行业者"的规制，主要目的也就是在于促进推广 API 开放，逐步取代网页抓取技术。以此为核心，新的修正案的具体规制内容大致包括如下四个方面。

第一，明确了电子支付代理业（日语：「電子決済等代行業」）的法律定义。虽然该行业的业态类似于国内非银行支付机构的快捷支付服务，但是日本这次的修法将其法律性质定义为接受用户委托而代为传达指令的代理行为。

第二，规定了对电子支付等代行业者的主要监管规则。对电子支付等代行业者实施注册制，同时，对其课以财务管理体制、信息管理体制、业务管理体制等多项基本要求。

第三，要求电子支付等代行业者必须与连接的银行按照规定形式缔结合同，并且合同中必须包含向用户的赔偿责任分担、安全管理措施等内容。

第四，规定新法实施后的两年之内，银行必须整备其运营体制使得符合条件的企业"在不取得用户识别符号的情况下也可以运营电子支付代行业务"，实际上就是要求银行公开 API 接口。

本次《银行法》的修法体现了日本非常独特的金融科技技术安全的治理经验：民间的商业银行采取了对技术安全不积极、不配合金融科技企业创新的态度的时候，政府和监管部门主动作为，通过立法的方式要求商业银行必须引入更为安全的新技术，开放 API 接口，保证金融科技创新企业在开展业务过程中的技术安全。可以说，技术安全不仅要依靠企业、行业协会、技术组织来制定相应标准，也要依靠政府和监管部门的主动作为，必要时可以通过立法的方式督促市场主体实现技术安全。

二、日本金融科技监管安全治理

日本的金融监管体系，由多个层次的规章制度组成。最核心的部分是法律，包括《银行法》《金融商品交易法》《保险业法》《电子记录债权法》《资金结算法》等一系列的法律，在此基础之上，行政部门还会制定政令、省府令对相应法律的具体执行作出进一步的细节规定，其层级相当于我国的行政法规、部门规章。不同之处在于，我国的行政法规、部门规章往往单独规定某一领域的内容，形成较为独立的法律渊源，而日本的政令、省府令通常是在法律的基础之上对法条未详细规定的问题进行进一步的细化和完善。法律、政令、省府令等法律文件，共同构成了庞大而完整的金融法规体系。

监管部门则以金融厅为绝对的监管核心。金融厅承担了对金融行业直接进行监督、检查、管理的任务,并在其每年一度的《金融行政方针》中对金融产业的发展作出宏观性的规划。日本的金融规制采取稳健保守、重视安全的监管思路,以准入监管、审慎监管为主要方式,并制定了非常详尽的业务细则规制金融机关业务的各个方面,最后通过金融厅落实施行。

图 5 - 7　日本金融监管体系核心法律

资料来源:笔者自绘。

(一) 支付手段的监管安全

日本的《资金结算法》是日本关于支付清算的体系化法律。该法是为了回应近年信息通信技术催生的支付清算新业态而成立的法律。该法定义了资金结算行业的概念,主要包括预付费式支付手段的运营和资金移动服务的运营两种业态。该法的主要内容于 2010 年 4 月 1 日开始施行。

其中,预付费式支付手段是指满足如下四个要件的服务:

(1) 使用票证、电子机器或其他物体,或者电磁方法,记载、记录金额或者物品、服务的数量。

(2) 所记录的金额或者物品、服务的数量相应的对价被提前支付。

(3) 记载的各种载体的财产价值有相关联的序号、记号被发行。

(4) 购入物品或接收服务的时候,可以通过提示、交付、通知票证等载体或序号、记号、其他符号的方式进行使用。

具体而言，商品券、礼物券、电磁或者 IC 式的预付费卡、互联网上的预付费卡等，都属于预付费式支付手段。但是，以下几种类别的被排除在预付费式支付手段之外：（1）限于发行之日起 6 个月内使用的；（2）车票；（3）美术馆等场所的入场券；（4）公司内部员工食堂的餐券。该法还将预付费式支付手段分为自家型（单用途）和第三方型（多用途）两种。自家型预付费式支付手段是指所发行的支付工具只能对发行者使用的模式，第三方型预付费式支付手段是指所发行的支付工具不仅能对发行者使用，还能对发行者所指定的其他人使用的模式。

《资金结算法》对发行预付费式支付手段设置了较为详细的监管规则。对自家型的发行者实施备案制管理，对第三方型的发行者则实施注册制。同时，为了保证用户的资金安全，预付费式支付手段的发行者必须将发行而未使用金额的一半以上金额的履行保证金交付托管所进行托管，以防破产等不测情形发生时用户利益受到损害。

资金移动业则是指银行以外主体运营单次换算成日元 100 万元以下的资金移动（汇款）服务的业态。根据形式的不同可以分为营业网点型、互联网型、证书型等类型。

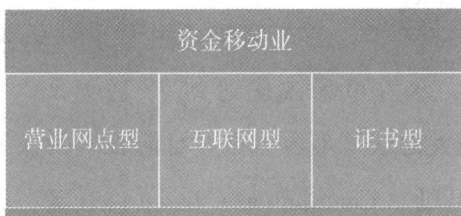

资金移动业		
营业网点型	互联网型	证书型

图 5 - 8　资金移动业类型

资料来源：笔者自绘。

《资金结算法》将运营资金移动服务的主体称为资金移动业者，对其实施注册制管理，同时设置了向监管部门报告和提出资料的义务，监管部门还能对资金移动业者进行现场检查并下达业务改善命令（整改）

乃至于取消其注册资格。此外，资金移动业也有类似于预付费式支付手段的资金托管义务，资金移动业者如果手中持有从用户收取而未付的滞留资金，必须交由托管所托管与滞留资金等额或更多的履行保证金，以切实保护用户的资金安全。

从以上规定我们可以看到，《资金结算法》对预付费式支付手段和资金移动业，都采取了托管资金的监管方式，只不过托管的履行保证金额的最低金额不同：预付费式支付手段的最低金额为发行而未使用的金额的一半，资金移动业的最低金额则为与滞留资金相等的金额。在日本，专门托管资金的托管所是由法务局、地方法务局或其分局等政府机关来充任的，托管所保管的资金，仅在法定情况发生时依当事人的请求交付于当事人，企业不能随意动用，极大地保证了资金安全。日本通过严格的监管制度，保证了支付行业的监管安全。但是，严厉的监管也限制了行业的发展，可以说日本电子支付发展较慢也与监管制度有密不可分的关系。

（二）股权众筹的监管安全

日本众筹业发展迅速，统计显示，2016 年日本众筹业总共有 1.6 亿人次的参与者，众筹市场规模达到 35 亿美元，市场被 Campfire、Readyfor 等几个最大的众筹平台占据。目前日本的众筹市场还非常小，而且类别上以捐献（Contribution - based）众筹、回报（Reward - based）类众筹为主，股权众筹较少。

日本的众筹发展过程中也发生过欺诈事件，例如不能按时或按约定提供产品等。消费者一旦发现融资主体不能按时或按约定提供产品或服务，公司往往会因为失信崩溃。日本消费者对信用的要求非常高，同时日本媒体的舆论监督力量非常强大。故而日本的消费者长久以来对商家的承诺和期待都比较高。一旦这种期待落空，融资主体的信用就会崩溃。

2014 年 5 月 23 日，日本国会通过了《金融商品交易法》等法律的修正案，对股权众筹和非上市公司的股份交易规则进行了调整。该修正案降低了小额股权众筹的监管要求，同时设置了新的行为规则，用以规制互联网上投资劝诱中的欺诈行为。另外，还降低了非上市公司股份交易的规制严格程度，以适应相应的交易需求。

修正前的法案中，只有经过注册的金融商品交易业者才能进行有价证券（股票和基金）的劝诱，而且有最低注册资本金的限制。而非上市公司股票的劝诱被日本证券业协会的自主规制原则上禁止。修法后，对于仅运营小额的有价证券劝诱的从业者，降低了监管要求，调低了注册所需的最低注册资本金要求。同时日本证券业协会也调整了自主规制规则，允许小额的股权众筹项目进行非上市公司股票的劝诱。这里的两处"小额"均指发行总量不满 1 亿日元、人均投资额在 50 万日元以下的项目。为了防止欺诈行为的发生，新法还要求股权众筹平台有义务通过互联网提供适当的信息、确认发行企业的营业内容等。众筹平台有对产品提供者的审查义务，和提供者一同承担连带责任，目前在世界上是独一无二的。

另外，日本证券业协会还配套地调整了非上市公司股票的交易制度。旧有的非上市公司股票交易和劝诱的规制非常严格，能够满足条件进行交易的企业非常少。新制度下，证券公司可以将满足条件的合格投资者组成投资小组，对投资小组的成员就可以进行非上市公司股票的劝诱，相应的交易规则也进行了简化，大幅减轻了非上市公司的交易负担。

法律和相应的行业自律规则的修改，使得股权众筹在日本已经合法化。但是，我们同样能在众筹行业中看到日本金融监管的严格性。日本政府为了保证投资者的利益受保护，给众筹平台设置了对融资主体的审查义务，并与融资主体承担连带责任，这在世界范围内都是独一无二的。严格的监管尽管能够更大限度地保护投资者的利益，但也对行业的创新发展形成了阻碍。

三、日本对虚拟货币安全的治理

（一）日本虚拟货币的治理法制概况

虚拟货币运用网络技术而成立，具备许多传统支付手段不具备的特征，容易被用于逃避外汇管制、洗钱、恐怖主义融资等违法犯罪活动，因而许多国家均将对其进行一定的监管提上了日程，日本的监管规则更是已经出台落地。2016 年 5 月 25 日，日本国会通过了《资金结算法》的修正案，正式将包含比特币在内的虚拟货币纳入了法律规制的体系内。该法于 2017 年 4 月 1 日正式实施，已经发生法律效力。本次修正案的主要内容包括：

（1）明确了虚拟货币的定义，确定虚拟货币是通过互联网可以在不特定多数主体之间用于买卖商品或服务、不以法定货币计价的财产性价值。

（2）规定了虚拟货币交换业的业务范围，将已有的虚拟货币交易平台的法律性质明确为"虚拟货币交换业者"，对虚拟货币交易所正式加以法律规制，将其置于金融厅的严格监督之下，实施注册制管理。

（3）设置了虚拟货币交换业者的业务规则和其他的附属义务。

（4）加强反洗钱、反恐怖融资方面的联动保护。把虚拟货币交换业者列为《犯罪收益移转防止法》中的特定事业者，使其承担该法中规定由特定事业者承担的相应义务。

此外，随着《税法实施令》的修改，从 2017 年 7 月开始，购买比特币等虚拟货币，将不再需要缴纳消费税，这对比特币的交易而言将成为重大市场利好。但在税法上虚拟货币仍被视作一种资产，通过虚拟货币取得的收入不被视作资本利得，而是其他所得（对个人而言）或营业收益（对法人而言），按照这一标准进行课税。

日本本着促进金融科技和数字货币创新发展的原则，采取积极创新的态度，通过本次修正案在世界范围内率先承认了虚拟货币和虚拟货币交易所的合法性。日本积极开放的态度和相应的监管规则值得我们参考。

（二）日本实践中虚拟货币的风险事件

2014 年 4 月，当时全球最大的虚拟货币交易所 Mt. Gox 向东京地方法院申请了破产清算。该事件一出，引起了巨大的轰动，投资者对于比特币的期望值巨幅下滑，给比特币的发展蒙上一层阴影。而对于日本国内曾热衷于比特币投资的人们来说，这一事件给他们带来的却是直接的经济损失。在这次事件中，曾存储在 Mt. Gox 公司中的约 65 万个比特币以及约 28 亿日元的现金丢失，原因是 Mt. Gox 公司的系统长期遭受黑客攻击，比特币被盗。在这次事件中，投资者的损失巨大，日本虚拟货币行业遭受到冲击，同时全球比特币价格也受到影响。因此，在虚拟货币领域的使用者保护问题就成了焦点，是本次修正《资金结算法》的直接动因。

日本修正《资金结算法》同时也是为了加强在虚拟货币方面的国际协同合作。2015 年 6 月 8 日，在 G7 会议上，提出了"包括虚拟货币和其他新兴支付手段在内，都应该进行适当的规制，并为了确保扩大金融的透明性而采取更多的行动"。同年 6 月 26 日，反洗钱金融行动特别工作组（FATF）提出，"各国应对从事虚拟货币与法定货币交换的交易所实行注册制或许可制，同时采取对客户进行确认，并在可疑时提交报告，保存交易记录等防洗钱措施"。

2015 年 12 月 22 日，金融厅公布了其下的"关于金融集团制度的工作小组"和"关于支付结算业务高度化的工作小组"两个工作小组的报告书,并以此为基础,于2016年3月向国会提出了一系列法律修正案,并于5月25日正式通过。为了配合新的《资金结算法》的实施,2016年12月28日,日本政府具体制定并公布了"有关虚拟货币交换从业者的内阁府令"以及"事务章程第三分册(虚拟货币交换从业者关系)"。至此,日本虚拟货币监管体系得以建立。

(三)日本虚拟货币交易所的准入门槛

日本这次修法明确了虚拟货币交换业的范畴。新法第二条第七款规定,虚拟货币交换业的范畴,包括:

(1)买卖虚拟货币或与其他虚拟货币进行兑换。

(2)为前项行为进行中介、居间或代理。

(3)与前两项行为相关的,管理客户的资金或虚拟货币的行为。

这意味着虚拟货币交换业不仅包括了虚拟货币与法定货币的"兑换"也就是买卖,还包括了虚拟货币之间进行相互兑换的行为。新法在承认虚拟货币交换业合法性的同时,正式对其加以法律规制。

日本本次引入的一系列监管规则中,注册制的准入门槛毫无疑问是最引人注目的。新法第六十三条之二规定,未经内阁总理大臣登记注册,不得开展进行虚拟货币交换业务。否则,根据该法第一百零七条第一款第二项、第五项的规定,未经登记注册而从事虚拟货币交换业,或者以不正当的手段进行登记注册的,"将被判处3年以下有期徒刑,或处以300万日元以下罚款,或两项并罚"。

交易机构登记注册时,需要提交包括未来三年的收支预测在内的各种文件。申请资料主要包括:商号及住所、资本金金额、进行虚拟货币交易业务的营业场所名称及所在地、董事及监事、合作第三方会计的姓名或名称、外国虚拟货币交易机构在日本代表人的姓名、运营的虚拟货币的名称、虚拟货币交易业务的内容及方法、虚拟货币交易业务部分向第三方委托的情况，还包括内阁府令确定的其他事项。此外，在交易机构提交的申请资料的基础上，政府还会对其准备状况进行听证和实地调研。

新法第六十三条之五规定了登记注册的拒绝条件：内阁总理大臣在申请者具有下述任意一项规定，或者申请者提交的文件中重要事项有虚假记载，或者重要事实的记载有欠缺时，应当拒绝登记注册申请。这些事项包括：主体资格不适当，不具备必要的财产基础或业务体制，申请人或其董事、监事因非法吸收公众存款受过处罚，等等。内阁总理大臣根据前款规定拒绝登记注册时，应及时公布理由，并将结果通知申请者。

此外，对于现存的虚拟货币交换业者，日本此次的修正案也要求这些机构进行注册登记。新法在附则中规定，已经从事虚拟货币交易的机构需要在修正案实施之日（也就是 2017 年 4 月 1 日）起 6 个月以内进行登记申请。交易机构在正式登记申请之前，也将适用《资金结算法》的规定。2017 年 9 月 29 日上午，日本金融厅在网站上公布了虚拟货币交换业者注册审核的部分结果，11 家交易平台获准注册，正式成为合法的虚拟货币交换业者，另外日本金融厅同时透露，尚有 19 家平台正在审核之中。

（四）虚拟货币交易平台的其他义务

1. 用户保护义务

修正后的《资金结算法》规定了虚拟货币交换业者的各项注意义务，以保护用户利益为核心原则。主要的业务规则包括：

（1）顾客资产与自己资产的分别管理

虚拟货币交换业者应将自己的固有财产与使用者的财产分别进行管理。所采用的管理方法应能一目了然地进行辨别，且能够知道每个使用者的虚拟货币数额。同时，分别管理的情况应当受到注册会计师或监察法人的监察。

（2）为防止顾客误解而提供合同内容和手续费等信息

虚拟货币交换业者应事先给使用者交付书面材料或者使用其他适当的方法，以明示的方式进行说明。内容涉及虚拟货币（限于该公司所支持的）介绍，虚拟货币不是法定货币也不是外国货币，该虚拟货币并非由特定主体保证其价值时应说明其主旨，如果有价值保证者应该将保证人的姓名、商号、名称以及保证内容，及其他能够影响使用者判断的必要信息给予提供。

（3）系统信息安全策略和管理用户信息的措施

虚拟货币交换业者应当采取必要的技术措施，妥善保管各类数据信息。

（4）使用 ADR 解决纠纷

引入替代性纠纷解决机制（ADR）解决虚拟货币行业的各类争端。

（5）接受当局的检查，业务改善命令、业务停止命令，注册的取消

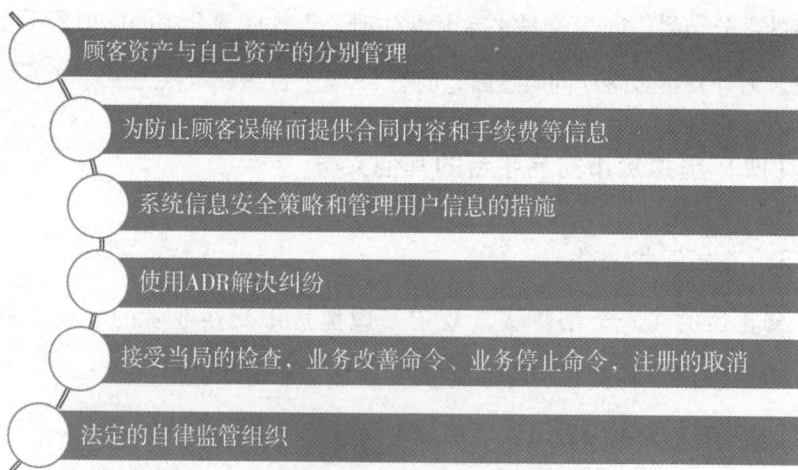

顾客资产与自己资产的分别管理

为防止顾客误解而提供合同内容和手续费等信息

系统信息安全策略和管理用户信息的措施

使用ADR解决纠纷

接受当局的检查，业务改善命令、业务停止命令，注册的取消

法定的自律监管组织

图 5-9　虚拟货币交易平台的用户保护义务

资料来源：笔者自绘。

新的《资金结算法》中对虚拟货币交换业者接受金融厅各类监管措施的义务进行了规定。为保证虚拟货币交换业务适当且正确推行，内阁总理大臣认为有必要时，可以令虚拟货币交换业者提交对判断虚拟货币交换业务实施情况或财务状况构成参考的报告或材料，或者直接到该虚拟货币交换业者的营业场所或其他设施里，对职员进行询问，或者检查账簿及其他文件。该检查可实施对象范围还包括受该虚拟货币交换业者委托的公司，受委托公司无正当理由不得拒绝。内阁总理大臣认为有必要时，还可以下达业务改善命令，要求虚拟货币交换业者采取改善业务运营或财务状况的必要措施。在必要情况下内阁总理大臣也可以取消注册，或者命令其在 6 个月之内停止从事虚拟货币交换业务的全部或部分。

（6）法定的自律监管组织

新的《资金结算法》规定了虚拟货币交换业者的行业协会在符合法定条件、得到当局认可后可以成为法定的自律监管组织，承担法定的自律监管义务并具备相应的法定权利。

2. 反洗钱、反恐怖融资义务

加强反洗钱、反恐怖融资方面的联动保护。把虚拟货币交换业者列为《犯罪收益移转防止法》中的特定事业者，使其承担该法中规定由特定事业者承担的相应义务。

总体而言，日本对虚拟货币交易所的规制已经较为完备，从技术安全、业务制度、反洗钱义务等方面均设置了相应的法律义务，可以说是较为完备的安全治理体系。

第四节　美国金融科技的安全治理经验

自金融科技的概念诞生以来，美国一直是该领域当之无愧的领跑者。根据美国商务部发布的《2016 年金融科技顶尖市场报告》（*2016 Top Markets Report Financial Technology*），虽然中国、英国、日本等国家的金融科技潜力巨大并且不断取得突破性发展，但美国依然是全球金融科技市场最不可忽视的力量。其拥有包含支付、大数据分析、信息咨询、交易平台、评级系统、网络银行及网络借贷在内的非常完整的产业链，以及包含运通公司、标准普尔、穆迪、Visa、贝宝控股在内的著名企业，尤其是金融科技的诞生地——硅谷的强大的技术创新能力，使得美国的金融科技即使在未来依然具有巨大的发展潜力。

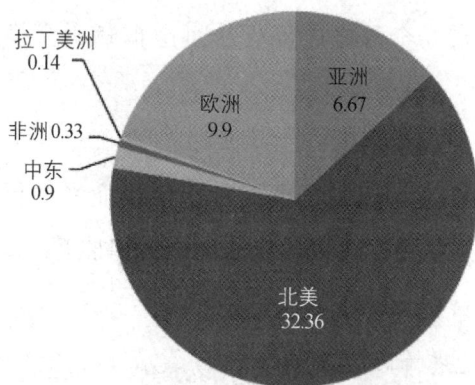

图 5 - 10　2010—2014 年金融科技领域投资规模（单位：10 亿美元）

资料来源：美国商务部《2016 年金融科技顶尖市场报告》。

但是有趣的是，美国虽然在金融科技创新领域走在世界前列，但是在安全治理层面，尤其是监管创新领域，美国却并没有抢占先机，反而是英国、新加坡、日本等国在监管层面的创新实践更为引人注目。即使如此，美国政府面对金融科技行业的发展也在不断调整自己的应对方式，其经验依然值得借鉴和参考。

一、美国金融科技的概念与现状概述

金融科技一词可以从很多个角度去定义，并未在世界范围内形成共识。2017 年 1 月，美国国家经济委员会在白皮书 "*A Framework for FinTech*" 中认为，金融科技包含了大范围内的技术创新，并且这些创新会对众多金融活动（包括支付、投资管理、融资、存款与贷款、保险、监管合规以及在金融服务领域的其他活动）产生影响。这些创新包含丰富的内容，比如为消费者和商家提供移动支付解决方案、网络借贷、储蓄与投资工具算法、虚拟货币、消费者的生物数字身份认证与授权以及企业中勤及后勤的自动化功能，诸如算法、大数据、人工智能和链路分析的应用。

金融科技在美国的发展非常迅速。尤其是 2008 年全球金融危机之后，在智能手机、大数据分析和人工智能等快速膨胀科技的驱动下，创新呈现出指数型增长的趋势。技术创新一直不断地改变着人们的工作、信息分享以及与他人或周围环境互动的方式，这种改变为许多行业带来了巨大的机遇，其中就包括金融服务行业。金融服务行业运行产生了翻天覆地的变化，科技创业企业能更加容易地进入金融服务行业，并直接为消费者和企业提供产品和服务，并且与此同时传统金融机构对于创新的投入也在持续增加。

在美国，政府和行业对金融科技都展现出了积极的态度。金融科技行业创新拥有很大潜力，能够从根本上改变金融服务行业甚至更广义的经济。美国国家经济委员会的相关白皮书指出，虽然金融科技依然处于发展早期阶段，却依然能够在诸多方面发挥作用。比如，促进普惠金融、为个人和小微企业拓展资金获取渠道，在更大范围内改变社会公众与金融服务的互动方式。随着金融科技持续不断的发展，包括政府部门和私营公司在内的从业者都将积极参与行业发展，以确保行业成长能为消费者和整个生态圈带来最大价值。

美国政府已经意识到，虽然从总投资额来看美国目前在全球金融科技领域占据最重要的地位，然而该地位并不是永久不变的。政府必须不断推出能够真正起到帮助行业进步作用的战略决策，以此来保持美国在金融科技领域的竞争力优势，并促进经济增长。白皮书提出决策者与监管者必须不断努力理解掌握这些新科技，在制定政策目标的时候更加支持创新，必须与金融科技的创业者们合作，降低可能存在的风险。

二、当前美国金融科技安全治理的困境

在奥巴马政府任内，美国对金融科技进行一定程度上的扶持，决策、监管部门表现出对于金融科技的前瞻性态度。包括商务部（Commerce）、小微企业管理局（SBA）、国务院（State）、财政部（Treasury）、美国国际开发署（USAID）在内的政府内部的执行机构以及其他部门都通过活动、信息申请（RFI）、白皮书、技术支持和研发以及非正式的接触和对话，与行业内从业者们开展了沟通交流，以此增进对行业的了解，政府在金融科技发展中发挥应有的作用。

为了推动创新，为创业者提供更多的机遇，美国政府通过了诸多法案。典型的比如 *Open Data Initiative*（《开放资料动议》），通过该法案，超过 20 万个政府数据库被解锁，这些数据为创业者提供了创新的原材料；再比如 *America Invent Act*（《美国发明法案》），该法案的通过使得美国专利系统能够更加高效地与发明者互动；还有 2012 年的 *Jumpstart Our Business Startups*（*JOBS*）*Act*，即《创业企业扶助法案》，在帮助小微企业和发展中的公司筹措资金方面发挥了重要的作用。

虽然金融服务业并不是唯一受科技创新冲击的行业，但它是受到规制最多的行业之一，科技创新正在对现有的安全监管体系造成冲击。[①]从安全治理的角度来说，美国对于金融科技的监管是分散式的，并没有

---

① 布莱恩·奈特、陈曦：《从金融科技谈美国金融监管》，《金融市场研究》2016 年第 12 期，第 112 页。

单一的针对金融科技的许可或者是单一的监管部门，而是被纳入广泛的金融监管框架当中。

目前在金融监管方面，美国有各类综合性的和功能性的监管机构，其中在联邦层面与金融科技密切相关的机构包括：

（1）财政部（Treasury）。负责监督整个美国的金融体系和经济状况，在整个金融监管审查领域处于指导地位。

（2）美联储（FED）。虽然，美国没有一个真正意义上的明确的针对支付体系的监管机构，但是美联储事实上直接承担了美国这个职责。

（3）美国货币监理署（OCC）。其主要承担对国家所有银行发放执照并进行监管的职责。除了可以对银行设立分支机构、变更资本的申请进行审查，还可以对其违法违规行为或不稳妥经营行为采取监管措施，并且可以制定有关银行投资、贷款等操作的法规。

（4）美国证券交易委员会（SEC）。SEC是监管美国证券业监督管理的最高机构，并承担保护这一领域消费者权益的职责。

（5）美国联邦存款保险公司（FDIC）。FDIC是所有国有保险托管机构的主要联邦监管机构，通过为存款提供保险、检查和监督金融机构以及接管倒闭机构，来维持美国金融体系的稳定性和公众信心。

（6）消费者金融保护局（CFPB）。CFPB是美国负责金融消费者保护的监管机构。其具体的监管范围包括：存款、抵押贷款、信用卡和其他信用衍生品，不受SEC和美国商品期货交易委员会（CFTC）登记或监管机构的投资和监管建议，贷款服务，收集消费者报告数据，房地产结算，转账，金融数据处理等。① 其监管领域涵盖了大部分新兴金融工具，与金融科技关系密切。

另外，在美国，金融服务行业除了要面对联邦层面的监管之外，还

---

① 杨东：《金融消费者保护统合法论》，法律出版社2013年版，第105页。

需要接受来自州层面或其他层面的监管。比如，银行业和证券业在接受联邦政府监管的同时也受到 50 个州的监管，而非银行的贷款、汇款、保险等活动，大部分直接由 50 个州进行监督管理并许可发放；在证券业领域，除了政府机构监管，行业自我监管也承担重要作用；在重要的金融消费者保护领域，联邦政府起到牵头的作用，但是州政府也在发挥重要的作用。

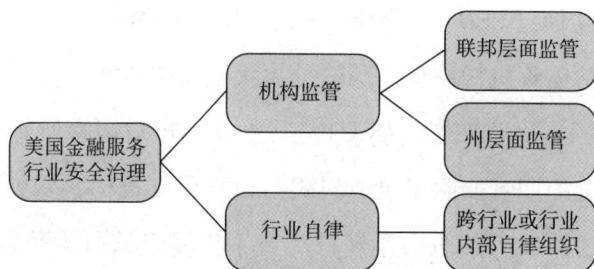

图 5 - 11   美国金融服务行业安全治理框架

资料来源：笔者自绘。

因此，想要运营一个金融科技企业可能要面临联邦政府或者是州政府不同层级、不同部门的监管。我们假设一个金融科技公司想要做贷款、汇款，那么它首先需要在州一级受到监管，遵守州法律的相关规定，而如果它想要成为一个全国性的金融科技公司，那不可避免地需要在州层面同时面对 50 个不同的监管部门及其法律体系，这就致使公司承担风险过高。相对来说，美国的银行面对的金融监管模式更加一体化。对于银行的监管框架也更为统一、协调，所以银行相比于金融科技企业更容易开展全国性的服务。当然，银行为了享受这种相对意义的方便，也必须履行更高行为标准，这是目前大多数金融科技公司都难以做到的，所以跟银行进行合作也是当下美国的金融科技公司的一个重要选择。但即使在这样的模式下，也是需要满足诸多条件，美国联邦银行监管部门，已经制定了对第三方的风险管理要求，包含尽职调查、审计、持续监测等，来指导银行管理和第三方的关系。同时，金融科技公司如果给银行提供某些类型的服务，可能也需要接受美国联邦银行监管部门的直接监督。

包括监管机构在内的美国决策层已经认识到这样一个困境，过去建立在美国庞杂的完善的法律规则上的，用以维护消费者权益的监管体系，在面对金融科技时也可能产生某些反面的作用。这种体系人为设置了行业的高门槛，阻碍了那些缺乏足够资源、无法满足现有安全治理要求，但是富有创新精神的，可能对未来的金融服务业发展有重要价值的小微企业进入该市场。

美国政府对于金融科技的安全治理的架构势必会影响到金融科技公司的运营模式，而且在安全与发展之间，美国政府也需要掌握一定的平衡，行业从业者也需要摸清政府的思路。但是由于美国的复杂情况，所以目前在世界金融科技投资领域占据主导地位的美国却并未在监管层面走在最前列，反而是英国的监管沙盒成为世界瞩目的焦点。

2016年白宫金融科技峰会上，内阁秘书和政府各部门的高级官员们与从业者们开展沟通交流。在活动中，行业从业者和相关人士就表达出对于框架性文件的需求，并希望该文件能清晰表达美国政府对金融科技的观点。所以，2017年1月，奥巴马政府在卸任之前发布了白皮书"*A Framework for FinTech*"，该白皮书阐释了政府的政策目标，一方面反映了政府与金融服务行业的一些共识观点，以及对金融服务行业以及美国政府的期望。另一方面，提出了十条指导性原则，这十条指导性原则将成为决策者和监管者用以参考的重要标准，同时也是从业者和相关人士理解政府监管政策，并据此打造功能健全、普惠大众、更加安全的金融服务企业的标准。

三、美国金融科技安全治理的新突破

对于金融科技，到底是纳入现有的安全治理体系之中还是重新建立新的安全治理体系，美国联邦和州政府以及行业与学界都存在一定程度的分歧，再加上美国过去复杂而完整的金融监管体系的难以突破，以至于美国在安全治理体系的创新方面落后于英国，但是美国也不是没有在这方面有所尝试和突破。

目前世界上各个国家的监管机构采取的措施包括成立创新中心，监管沙盒，提出新的执照要求、更清晰的监管要求（包括直接指导），发布白皮书、报告、倡议这类引导性的文件等。

以美联储（FED）为例，由于事实上管控美国的支付体系，美联储对于分布式账本的技术具有非常浓厚的兴趣，并将其视为未来支付和结算领域的变革者。2016年10月，美联储宣布其麾下的两个工作组已经开始审查和评估整个支付行业有关各方提交的提案。12月，美联储就发布了分布式账本技术研究报告——《支付、清算与结算领域的分布式账本技术》，该报告的一个重要目的就是检验分布式账本技术如何应用于支付、清算和结算，以及识别其实际部署和长期应用中面临的机遇和挑战。虽然该项技术目前尚不能成熟运用于美国的支付系统之中，但是美联储已经在密切关注该项技术。

再比如美国财政部，经过长达数月的公开咨询与信息整理后，于2016年5月，对外公布了第一部网贷行业白皮书——《网络借贷中的机遇与挑战》（*Opportunities and Challenges in Online Marketplace Lending*），并派代表出席了关于网络贷款的几次专题会议。白皮书认为，美国网贷行业总体来说是积极的、有益的，特别是对于小微企业。目前网络借贷中越来越被广泛应用的大数据以及数据建模技术是非常值得关注的创新点，但是目前的技术仍然存在一定的问题，没有给予消费者纠正信息的机会，这就可能导致贷款的违规。因此，从安全治理的角度，网络借贷行业需要加大借贷双方的信息透明度，对小微企业借贷需要增加保护措施和必要监管，网络借贷的信息数据库与政府的数据库进行连接可以确保信贷的安全性和可支付性，并且白皮书还希望通过工作小组的模式在安全治理领域实现跨部门的合作。

在金融科技安全治理领域，消费者金融保护局（CFPB）理所当然地承担着重要的职责，它也是参与金融科技行业最活跃的机构之一。由于诸多金融创新并不符合过去意义上的"银行业"或"银行业务"的规则，但是这些金融产品和服务对于消费者来说确是必要的，作为相关的监管机构，消费者金融保护局必须作出反应，这就是催化剂项目（Project Catalyst）和《无异议函细则》（*No - Action Letter Policy*）诞生的背景。其目的是为创新性金融产品与服务的推出降低来自监管层的政策风险。"无异议函"是一种事前认可机制，申请人须提供关于其产品及服务的相关说明，但它不接受已经正式推出的产品申请，也不接受没有明确推出时间表、只是停留在设想阶段的产品申请。[①] 只要申请无异议函的企业符合规定，则消费者金融保护局就不能在没有重大变化的情况下进行执法行动。再比如 CFPB 为了补充《多德—弗兰克法案》仅适用于传统信用卡和借记卡而发布的"预付卡规则"。该规则的实施扩大了"预付卡"的定义，将如 Google 电子钱包和 Paypal 等移动钱包也包含在内，不仅可以汇款，还可以存储。当然，这也就意味着以前走在监管边缘的这类"预付卡"进入了美国的安全治理体系，也在一定程度上打击了金融科技公司参与此类业务的积极性。

美国也在设立一些创新中心的项目，来打通监管与行业的通道。上文介绍过的消费者金融保护局的催化剂项目是其中之一，还有货币监理署（OCC）的创新办公室、商品期货交易委员会（CFTC）的实验室项目等。金融科技公司和传统的金融机构可以与监管机构进行沟通，包括通过召开会议的模式。参与这些项目的是对金融科技有了解的监管人

---

① 罗锦莉、亚伦·卡特勒、罗雅尔·霍斯利、Hogan Lovells 国际律师事务所：《FinTech 在美国：监管关注点各异》，《金融科技时代》2017 年第 6 期，第 101 页。

员。这些项目成为监管机构与业界的沟通渠道。

关于金融科技的许可问题也在近一两年有所突破。比如纽约州的比特许可，是对从事虚拟货币的公司设立的一种专门的许可和监管项目，得克萨斯州、伊利诺伊州在汇款业务许可方面给予虚拟货币公司豁免权。

美国货币监理署（OCC）也曾提议针对金融科技公司发放专门的全国性银行牌照。但是遭到州监管机构的强烈反对，并提起了对美国货币监理署的诉讼。可见在处理联邦与州的问题上，美国确实存在严重的历史与现实问题。

在金融科技领域的创新中，尤其是大数据技术和算法模型的广泛运用中，涉及安全治理不可避免的一个重要问题——个人数据的保护。在这方面美国具有传统优势，也在根据实际的状况不断完善个人信息保护的法律体系。除了 1974 年的隐私法案，美国国会根据行业特点专门制定了行业隐私法律，包括《金融隐私权法案》《公平信用报告法案》等，与此同时，美国也注重行业自律和政府对于行业的指引，除了行业内部的自律组织如"在线隐私联盟"（OPA）外，还有第三方的独立监督执行机制。而近年来随着金融科技创新，大数据的广泛运用，美国政府也没有放松对于个人数据的保护，2012 年奥巴马提出《消费者隐私权利法案》就确立了几项重要的制度。

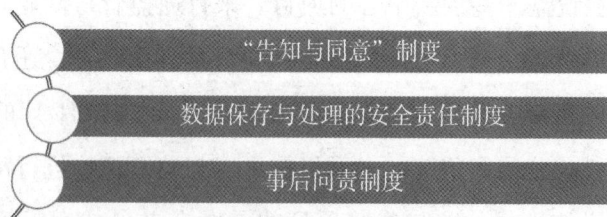

"告知与同意"制度

数据保存与处理的安全责任制度

事后问责制度

图 5-12　《消费者隐私权利法案》确立的几项重要制度

资料来源：笔者自绘。

（1）"告知与同意"制度，使得消费者有权限制数据掌握者对个人信息的收集和使用。

（2）数据保存与处理的安全责任制度，督促企业采取手段确保其保存准确的个人数据，也使得消费者有权合理限制企业对于个人信息的收集和保存。

（3）事后问责制度，包括向第三方公开数据、内部数据使用监控，使得事后问责的机制更加明确。

总而言之，虽然美国由于诸多历史与现实原因未能在金融科技的安全治理领域走在世界的最前列，但是作为目前金融科技的强国，其制度创新和制度构想对于我们依然具有非常重要的借鉴意义。

四、未来美国金融科技安全治理的展望

显然，美国并不想在金融科技的时代落后，无论是在创新层面还是监管层面，美国都在进行有益的尝试。2017 年的白皮书 "*A Framework for FinTech*" 描绘了美国金融科技的愿景。

（一）未来美国金融科技安全治理的基本立场

1. 推动金融科技创新与创业

对于金融科技的安全治理，是建立在一个前提之下的，即金融科技的创新和持续发展，包括监管在内的种种治理措施，不仅是在保护消费者和系统性金融安全，也是在为创新与发展提供土壤。所以在未来，美国政府依然会将扶持金融服务的创新和创业作为主要的目标之一。

一直以来，美国政府为推动创新和创业投入了巨大的资源，也对推动创业和金融服务领域的相关创新保持着积极态度。目前，美国政府部门、机构和独立监管者已经使用了多种多样的工具来推动金融科技创新，上文介绍过的消费者金融保护局（CFPB）的催化剂项目，货币监

理署（OCC）的《负责任创新动议》，美国证券交易委员会（SEC）的金融科技工作小组都是如此，此外，还有商务部的开放创新活动和财政部与美国国际开发署（USAID）合办的普惠金融论坛等。美国财政部还参与资助了 MyMoneyAppUp 挑战以鼓励民众开发并推销手机 APP 的新创意，这是第一次由联邦政府资助的挑战竞赛。这些 APP 要帮助消费者在充分获取资讯后作出财务决策，并改善自身金融健康。美国财政部还在 2014 年设立了一个金融授权创新基金，用以支持人们研发并改进新策略，拓展金融服务渠道和提高财务决策技巧。美国政府利用这些成果使消费者受益、保护金融系统。

2. 推动安全、可负担且公平的资本渠道

对个人和企业来说，能够获得安全且可负担的资金就意味着能够更好地掌控自己的金融事务，还能推动经济增长。但是资金渠道对于许多信用良好的个人和企业来说依旧是个难题。小微企业的资金获取渠道就是一个典型的例子。近期研究表明，超过 70% 的小微企业所寻求的贷款少于 25 万美元，尽管金融危机之后对小微企业的贷款金额逐渐增长，银行依旧不愿意放贷。[①]

金融科技行业，能够在服务这些处于传统信贷空白领域的借贷人中扮演重要的角色。网络借贷、众筹以及其他创新模式也能够提供不逊色于银行的安全、可负担且公平的资金渠道。美国政府非常重视利用创新平台和技术的重要性，在提供资本渠道的同时，也提供充分的保护。比如，2016 年财政部发布的《网络借贷中的机遇与挑战》（*Opportunities and Challenges in Online Marketplace Lending*）白皮书，认可了网络借贷作为资本渠道的潜力，并向上市公司和私营企业提出了六条建议，以保

---

① Karen Mills, Brayden McCarthy, "The State of Small Business Lending: Innovation and Technology and the Implications for Regulation", *Harvard Business School Working Paper Series*, Vol. 12, 2016, p. 12.

证渠道安全可靠。

3. 加强美国的金融健康、合理应对金融稳定风险

美国政府在白皮书"*A Framework for FinTech*"中明确指出，从业者可能会认为普惠金融和国家安全两者之间存在冲突，事实上两者的目标是一致的，双方都会要求将更多的群体和个人纳入已有监管的金融服务体系中并防止非法的金融活动。

金融服务领域的创新能提升透明度并降低成本，可以让金融系统收获良多。当然，新兴的、未经实际测试的技术也伴有风险，包括为新项目采用新方法，而使用现有技术也是如此。如果这些风险得不到管理，可能会对更大范围内的金融系统造成损害。金融危机的一个重要教训就是，系统性金融风险可能以我们始料未及的方式迅速扩散。虽然金融科技只是当前金融服务领域的一小部分，决策者、监管者和整个行业也致力于在行业成长的同时发现并减小这些可能的系统风险。

白皮书认为合作可以利用新科技来辅助风险管理和监管功能。在大萧条时代后所发生的最严重金融危机过后的近十年后，美国必须坚定不移地保证金融稳定。金融危机后的市场环境加上创新的快速步伐令美国获得了独特的机遇，需要研发新的工具以及促进跨部门的合作，以此来实现上述目标。

4. 保护金融消费者

白皮书提出，为了让美国金融系统在全球经济中保持竞争力，美国必须继续以消费者保护、安全和稳健为第一优先，同时继续领导创新发展。为了在金融科技时代更好地保护消费者，决策者与监管者需要做好以下几个方面的工作：

（1）决策者和监管者在了解金融科技生态系统的同时，应该继续依靠基于数据的分析来辅助自身工作。比如，奥巴马政府财政部创建了一个关于网络借贷的整合工作小组，用以分享信息、与从业者和公益组

织沟通交流，并且评估哪里还需要更多的监管透明度以对借款人和投资人提供保护。

（2）决策者与监管者需要努力开发并使用各种工具，帮助他们能够游刃有余地与快速发展的行业保持沟通。比如，笔者在上文反复提到的 CFPB 的催化剂项目（Project Catalyst）和《无异议函细则》（*No-Action Letter Policy*）。

（3）决策者与监管者应当放眼全球，跨出政府部门的界限，考察别国如何与金融科技行业沟通。

（二）白皮书的"十点原则"对于美国金融科技安全的启示

白皮书"*A Framework for FinTech*"除了表达美国政府对于过去金融科技发展与监管的总结，以及美国政府对于推动金融科技创新的积极态度之外，还提出了十点原则，用以指导未来美国金融科技的发展。笔者认为，其中的很多观点对于金融科技的安全治理具有重要价值。

1. 要从更宏观的视角看待金融科技的安全治理

经济健康和国家竞争力需要一个安全、强健和功能健全的金融服务业。为了保护并维持这样的金融业，监管者、从业者必须以更宏大的眼光看待金融生态系统以及自身在其中所扮演的角色。白皮书认为金融科技影响着我们与金融服务的互动方式，有关金融科技的话题已经从要求金融机构与之对抗演变到了两者的共生关系。从业者们将会继续改善社会公众对金融科技的印象，并改变金融服务的本质。

因此，决策者、监管者应当以更加开放的态度帮助金融科技行业可持续发展，而从业者也应当正视自己在国家的金融服务体系中的价值，要以安全、透明、可持续的方式提供产品与服务，为国家作出贡献。

2. 消费者保护依然要放在最重要的地位

金融危机后美国的金融改革着重强调了消费者保护的重要性，随着金融科技行业不断成长和发展，消费者保护应当是金融科技公司在其所提供的产品和服务中的考虑重点。金融科技公司必须将消费者（包括个人消费者和机构消费者）置于首位，必须保证产品和服务安全、透明且对用户友好。同时，应当增加消费者的选择余地，并拓展消费者获取金融服务的渠道。

金融科技公司研发的产品和服务应当从一开始就完全服从消费者保护（以及所有其他相关问题）的法律和监管。与此同时，从业者应当开发并维护健全的合法系统来保证消费者权益，使得消费者保护成为其公司成长中的一部分。不仅仅是单纯地服从法律，而是延伸到帮助消费者在他们的金融服务商处建立有担保的信任感。

3. 要在安全治理与科技创新的过程中克服偏见

大数据、人工智能、进阶分析和相关技术有可能创造巨大的新机遇，不论是政府部门还是金融服务公司对各种假设做测试的能力越来越强，并且能够在数据驱动下作出决策。

但是也必须要注意到算法系统的高客观性有巨大潜力，但目前仍然依赖设计系统的人所做的输入和操作，并且它们产出的信息还需要人类解读。不可避免的，这些系统中使用的算法及其计算出的结果可能会包含系统性、历史性和文化上的偏见，这些偏见可能会不公平且不公正地影响到消费者。

为了保证金融科技的确只是为人们提供更安全、更公平的金融产品和服务的工具，而不是带来收入差距、种族或性别不公平的工具，创业者们应当积极地评估其数据的质量，评估其在开发和利用这种技术的过程中是否有潜在的偏见性或负面外在因素。同样地，政府部门应当与私人公司一起合作，开发并促进各种创新，用以减少金融服务中的偏见。这种合作应该保证人们能够公平地获得最好的产品和服务，以此来拓展经济中的机遇。

4. 继续保持金融产品的透明度

提供透明的金融产品和服务的重要性是美国政府从 2008 年全球金融危机中吸取的重要教训。当金融产品变得非常复杂，金融服务令人困惑不已，消费者、机构和监管者都难以理解它们的结构和含义时，其结果往往是灾难性的。政府、金融科技企业以及消费者都应当承担自己的责任。

从政府的角度来说，应当强制金融科技公司的行为保持恰当的透明度，不要偏离监管的期望，同时自身内部工作也要建立起透明机制；金融科技公司应当服从监管的要求，并提供透明的金融产品和服务；消费者也需要承担起自己的责任，合法地享受这些服务。

透明度除了对金融科技发展总体上具有重要性之外，在实现拓展金融系统的接触渠道和防止系统被滥用这两个目标上，透明度也是核心要素。金融科技公司正确地进行客户尽职调查和监控金融活动之后，不仅能更好地提供定制的、以客户为中心且安全的金融服务，还能够甄别可能损害金融系统的潜在违法用户和金融活动。公营机构和私营公司通过互相合作提升透明度，能够为金融系统的高效和安全带来巨大的助力。

5. 建立具有互用性和协调性的技术标准

金融服务不断地去中介化，消费者越来越寻求个性化的、灵活的金融解决方案，金融科技公司和金融机构应当使其产品和服务的技术标准具有互用性和协调性（或可协调性）。该做法可以降低消费者的摩擦成本，以相同方式帮助缺乏服务或得到充分服务的消费者们连接其财务生活中的不同目标。互用性和协调性还能帮助行业实体围绕最佳实践方案和能够在广泛范围内达成目标一致的模型进行联合合作。白皮书鼓励行业与政府当局应当在技术和标准有变化的时候进行积极有效沟通，并准备好在行业内外共同合作，确保这些标准在扶持创新的同时能够减少潜在风险。

6. 重新构建网络安全、数据安全体系

随着大数据技术的广泛应用和网络安全问题的不断尖锐，新兴金融科技公司需要从一开始就建立健全网络安全、数据安全和隐私保护的体系，并在产品和服务的生命周期内不断地维护完善。随着金融科技的创新发展，越来越多的实体能够获得个人的数据，也必然导致更多尝试获取此类数据的非法行为，保护消费者和机构的数据以及保护金融服务行业安全的必要性不言而喻。

第六章

监管科技
——金融科技安全治理的核心手段

　　传统的金融监管体系和原则是建立在监管技术相对固定的基础之上而形成的最优监管体系和原则。然而，近十年来，科技和金融的二元融合与渗透，加速推进了金融市场的颠覆式发展，导致审慎监管束缚手脚，行为监管和功能监管等也力不从心，即便所谓新监管模式：穿透式监管、实质性监管等也是新瓶装旧酒，没有实质性的监管模式和理论的突破重构，唯有科技驱动型监管（RegTech）才是构建新金融监管的模式和维度的正道，才能克服目前存在的监管失灵与过度监管、不监管与"一刀切"粗暴监管的问题，同时解决政府监管能力的建设问题。

第一节　金融科技安全体系下传统监管的局限

这一轮新科技在金融领域的应用创新，确实提高了金融的效率，降低了金融的成本，使新的金融模式、金融业态成为可能，提升了金融的覆盖面、渗透率，然而在缺乏配套的、相适应的社会规则和管理的前提下，新科技的应用可能使已有的风险放大，也可能产生新的风险，普惠金融的发展可能成为金融风险从高净资产的精英人群向普通老百姓扩散的通道，而金融业态的创新也可能成为监管套利的工具。金融科技的应用，新的金融业态的产生，也提出新的安全理念、新的安全要求。在进行扩张、追求效益的同时，也必须兼顾安全、控制风险，两者不能偏颇。

金融发展具有扩张性的特点，在经济稳定的环境下，当市场鼓励创新的时候，金融创新就会不自觉地绕过既有的监管体系和监管机制。由于金融行业对经济稳定和社会发展的重要作用，在创新的金融模式意图突破监管的情况下，传统的监管往往倾向于采取压制创新的手段来维持现行稳定的经济运行状态。而中国在这波世界各地兴起的金融科技发展浪潮中，审时度势，在力图保障金融稳定的同时采取了鼓励创新的态度，使得中国金融行业的发展有了质的突破。同时，传统的监管体系与金融科技创新之间的磨合却愈演愈烈，暴露出传统监管的局限性，以下介绍一下这些局限性。

一、原有安全问题的表现

金融科技企业在经营过程中相较于传统金融机构仍然面临着很多旧有的安全风险问题，并在金融科技的前提下有了新的变化。

（一）流动性风险

流动性是指资产能够以合理的价格顺利变现的能力，流动性风险则是指经济主体由于金融资产的不确定性变动而遭受经济损失的可能性。对于理财平台来说，大多数网络理财平台为了提升用户的投资理财体验，而实行"T＋0"或者"T＋1"的赎回方式，但在提升用户体验，尽可能保证收益的前提下，牺牲资产组合的流动性，往往会以期限错配的方式投资期限较长的存款协议或者债券。平台往往在一定程度上进行着资金垫付，但如果发生较为严重的负面事件，打击用户信心，如黑客攻击，重大投资损失等，可能会出现用户集中赎回，而平台难以招架的情况。类似的部分P2P网络借贷平台出于提升平台竞争力，维护平台声誉吸引金融消费者的考量，仍然通过第三方担保，风险备付金的方式承诺刚性兑付。

然而担保公司为了效益从而过度担保的现象仍然屡禁不止，风险备付金方面，大多数风险备付金均是由网贷平台自身的管理层管理运作，且存管银行并不会真正核查资金的用途，风险备付金同平台自身资金隔离等问题仍然缺乏明确有效的规范，一旦借款人大面积逾期，出借人资金安全保障仍然面临挑战。同样的问题在第三方支付领域也存在，尽管《支付机构客户备付金存管办法》有明确规定第三方支付机构的客户备付金缴纳，明确了备付金专用账户，不能擅自挪用、占用、借用，但这种备付金缴纳仅是针对正常的备付金提取以及常见的由于市场波动而形成的挤兑情况设立的，随着金融科技的发展以及市场竞争的逐步激烈，对于第三方支付机构的流动性承压能力也提出了新的要求。2011年由于与淘宝网的间隙，部分中小卖家集体从支付宝提现，以"检测支付宝的流动性"，这种人为刻意煽动集中挤兑就给支付宝带来了流动性风险。网络作为重要的信息联通工具被大多数金融科技企业所依赖，然而网络不仅仅可以作为连接客户的工具，也可以成为扩散风险的途径，使触发风险的事件更易于爆发，使金融科技企业的流动性管理面临更大的挑战。

（二）金融消费者适当性难度加剧

适当性制度的落实能够避免金融消费者暴露在超出其自身承受能力的风险之中，是金融消费者保护的核心制度。相较于传统金融机构的适当性制度落实，金融科技公司往往通过网络，缺乏像传统金融机构通过线下实体网店，客服代表同客户面对面接触，更多地基于问卷、表格来了解客户的风险偏好、承受能力和风险识别能力。与传统金融机构一对一、面对面地适当性审查相比，金融科技企业的适当性审查缺乏个性化，根据个体客户实际情况的调整变化，容易被有心者针对。而金融科技企业有较大的客户获取需求，当前的规范和监管也缺乏对适当性制度落实不力的处罚措施，企业易于懈怠，使适当性验证流于形式。同时，金融科技企业同以往的传统金融机构相比，服务的客户大部分是传统金融服务难以渗透或服务不足的群体，这些群体本身就缺乏金融知识，但却有金融服务需求，自身风险意识淡薄，对风险损失更为敏感，企业适当性保护提供能力与金融科技企业客户风险承受能力形成了剪刀差，让金融科技企业的适当性制度落实的形势更为严峻、急迫。

（三）技术风险仍然存在并不断放大

金融和信息科技从来都是紧密相连的。计算机等信息科技的不断普及应用从根本上改变了金融的面貌。随着计算机等信息科技的应用，美国证券交易所自 20 世纪 70 年代以来，此后 30 年的交易总量超过以前 200 年的交易总量之和。然而技术更新驱动金融效率提升的同时，是背后金融对于科技系统的依赖显著提升，科技系统上所承载的财富与价值日渐增加，支撑这套系统的计算机软硬件设施也日趋复杂，维护的成本和难度，更易于出现漏洞和错误。金融科技的技术安全问题体现在以下几方面。

第一，网络安全方面，金融科技企业在运行过程中，由于自身漏洞或者外部不法分子利用系统缺陷恶意植入软件，破坏数据完整性、保密性、客户隐私，使系统运行稳定性降低，扰乱金融科技企业的正常经营秩序。例如2014年2月24日，当时世界上最大的比特币交易运营商Mt. Gox交易平台的85万个比特币被盗，平台无奈不得不下线申请破产保护。网络安全上的疏忽直接导致平台被击垮，投资者蒙受巨大损失。系统故障问题，可能出现在系统的硬件与软件两个方面。由于设计、安装时的失误，或者对未来可能出现的状况缺乏全面详细的考虑，导致系统运行时出现了意想不到的状况，而使系统的效率降低，状态变差，信息丢失，交易无法正常运行。

第二，人为的操作失误风险增加，操作风险与不当的内部管理流程、管理制度设计、人为失误有关，此类风险随着企业内部的运作量的增加，有着一定的不可预期、难以避免性，规避的关键在于通过合理的管理体系、培训、系统与人工验证流程的设置来避免因操作失误导致损失发生。随着金融科技的发展，在计算机信息技术的辅助下，每一个金融科技工作者所能够运作的价值与财富显著增加，发生操作风险时可能引发的损失也随之提升，最典型的事件就是2013年8月16日的光大乌龙指事件，交易员在下单时将拟购买的30万手股票误打成3000万手，放大了100倍，引发当日中国A股震动，为公司带来1.9亿元人民币的损失。技术漏洞是金融科技企业面临的一大挑战，相较于传统金融机构，金融科技企业的技术所带来的安全风险更为明显。

（四）信息不对称风险

信息不对称包括三方面，数据不对称、信息不对称、知识不对称，三者间的关系是：信息来源于数据，知识来源于信息。数据的获取是信息不对称问题形成的关键一环，数据是生成信息的基础。在金融中，被监管者向监管者提供的是数据，而监管者通过加工形成监管、决策所需的监管信息和监管知识。信息不对称会导致逆向选择与道德风险。被监管者为了获取更大利益，有动机绕开监管、逃避监管，在向监管者提供数据时有所取舍，甚至刻意伪造。当监管者无法掌握真实、全面的信息时，在进行规制、调控时，合规的经营主体各项指标反而不如那些逃避监管的经营者，而金融消费者在根据监管者公布的信息选择金融服务提供者时，也会受到干扰，合规的良好经营者其优势难以体现，转化为竞争力。在信息不对称的条件下，合规的经营者其合规成本反而成了其竞争劣势，这就形成了"劣币驱逐良币"的恶性局面。在金融科技推广发展的背景下，信息通过计算机技术大量产生，网络快速扩散，这种条件既可以为真实的信息有效传播，提升金融透明度创造条件，也可以被虚假信息造成信息不对称所用，是金融科技条件下的信息不对称风险的新特性。为此，国外的很多监管者成立了专门的信息甄别部门，例如美国金融研究办公室，就专门进行金融数据、信息的收集和分析。

（五）金融科技企业的反垄断问题

垄断是市场自然竞争的最终结果，然而垄断将会造成低效率，最终损害社会整体的利益。我国传统金融中存在的低效率问题就和少数寡头控制市场有关，然而当前金融科技市场中，80%的市场被大型科技公司控制着，而其余20%被近5年成立的初创企业控制着，但很少有初创企业能够真正幸存下来，成为像阿里巴巴、腾讯这样的大公司，也很少有能够成功上市的，但这些小企业尽管小而分散，它们掌握了大量的客户，它们的存在也影响着金融科技行业的发展。

二、面临的安全挑战

我国正值经济转型升级的关键时期，以网络借贷、股权众筹等为代表的互联网金融科技在近年的快速发展一方面为推动经济的转型升级、促进就业创新起到了积极作用，而另一方面，部分企业在通过互联网开展资产管理及跨界从事金融业务的过程中存在规避要求，存在监管套利，漠视投资者利益、业务经营不规范等问题，扰乱了市场竞争秩序，带来了巨大的风险隐患。这其中可能包括多种情形：一些金融科技企业不具备相关资产管理业务资质，跨界开展金融活动，例如，线下私募发行的金融产品通过线上向非特定公众销售，或者向特定对象销售但突破法定人数的限制，通过多类资产管理产品嵌套开展资产管理业务来规避监管要求；一些传统的资产管理公司具备相关业务资质，但违规通过互联网进行不规范的业务，例如持牌机构委托无代销资质的互联网金融企业代销金融产品；未取得资产管理业务资质，通过互联网企业开办资产管理业务；未取得相关金融业务资质，跨界参与除 P2P 网络借贷、股权众筹、互联网保险、第三方支付、资产管理业务以外的互联网金融活动；还有一些金融科技企业，具备多项金融业务资质，但综合性经营，未遵循禁止关联交易和利益输送等方面规定，账户管理混乱，客户资金保障不力，内部防火墙制度不完善，可能引发风险的交叉感染，德意志银行所面临的困境，就很可能是快速多领域扩张之后内部管理不善导致风险集中所引起的，我国的互联网科技巨头也有多领域跨行业经营的特性，应引以为戒。

网络平台的电子证据与纠纷解决。随着金融科技的发展，越来越多的金融交易通过网络以数字化的形式进行，数字交易中双方大多以电子合同签订，而电子合同相对于传统的纸质合同易于篡改变造，缺乏明确统一的规范。虽然目前已有相关可以固定交易证据的技术手段，但很多金融科技企业并没有采纳推广，充分有效的证据保障是电子合同纠纷公平快捷解决的前提基础，也能避免纠纷的发生。在金融科技前提下，纠纷的解决也应符合金融科技的特点，网络交易迅速、频繁，当前金融科技中占据多数的普惠金融服务大众，单笔金融通常较小，如果按照传统金融的方式依靠司法途径解决则成本太高，不符合金融科技的客观现实和发展规律，应更多提倡调节。网上便捷高效的调节机制是实现科技金融发展，提高纠纷解决效率的必然选择。当前的天猫等电子商务平台就已经建立起了网上快速高效的纠纷机制，运用网络调解员提供纠纷解决服务。

金融消费者隐私保护与数据安全。伴随着金融科技行业的快速发展，通过网络，金融覆盖了大量传统金融难以覆盖到的人群，人们通过移动端等更便捷的渠道接入了金融服务，在提供服务的同时，金融科技企业也获得了大量个人的信息。个人信息权与个人信息保护的问题被逐渐引起关注，个人姓名、性别、地址、电话、邮箱、身份证、爱好、风险倾向等信息通过大数据技术收集、汇总、脱敏、处理后制作成数据产品，为金融以及金融以外的企业决策与定向推广等方面提供帮助，带来新的效益，然而这些信息产生自一个个真实的个人，一方面，如果脱敏不彻底，很可能会有有心者通过搜索引擎、数据库比对将脱敏的数据同匿名的数据库以连接追影等方式还原，从新具备指向具体个人的能力，泄露个人隐私，常见的危害包括使被泄露隐私的个人被指向性的广告骚扰，被一些商户有针对性地差异化对待。另一方面，部分金融科技企业经营不规范，在协议中并未明确说明就私下收集金融消费者的个人信息，侵犯了金融消费者的权益，也削弱了用户对金融科技的信任。同时，一些不法分子通过贿赂数据管理工作人员，或者制作钓鱼网站、植入木马以及电信诈骗等方式，通过不法渠道获得数据，给金融科技企业的内部管理与信息安全保障提出了更高的要求。

三、传统监管的局限

金融在服务社会、满足投融资需要的同时，不可避免地会出现自身难以调节的问题。金融监管就是建立在过往金融问题的反思总结的基础之上形成的最优监管原则与监管手段。[①] 然而随着金融科技的兴起，金融业态与金融科技的更迭演进，创新促进了金融市场金融服务的快速发展，尽管金融科技的出现并没有改变金融监管的目标与功能，金融安全隐患不断出现，金融风险积累的速度、频率，爆发的范围、深度，传播的速度等都与传统金融风险相比发生了变化。传统金融监管通过总结过去，分析传统金融风险的模式，而去预测未来，应对金融科技风险的防范方式无疑是难以为继的。

（一）传统监管规则与理念滞后于金融科技的发展

传统监管难以有效地监管金融科技，一个重要的原因是其监管原则、手段滞后于金融科技。首先，传统监管所基于的监管规则、原则是诞生于传统金融，滞后于金融科技的。法律相对于丰富多变社会的现实具有滞后性，成文法出台需要经过编纂、通过的程序，而法律一旦制定又需要保持一定的稳定性，不能反复，否则会给公众造成困扰，法律的滞后性是一种必然。相对于其他方面的法律法规，金融监管法规则具有更明显的时期性，通常这个时期由一次次金融危机、金融膨胀的周期划分。很多金融监管机构、规则的设立，从根本来讲，是对一次次金融风险经验的反馈回应，经历过这些金融危机之后人们认识到，金融市场的

---

① 如美国 1933 年《证券法》和 1934 年《证券交易法》规定的监管规则及其实施细则，在实施后的近半个世纪内仍发挥法律效力，这很大程度源于该期间证券市场整体的稳定性。Chris Brummer, "Disruptive Technology and Securities Regulation", *Fordham Law Review*, Vol. 84, 2015, p. 1000.

混乱，金融机构的缺陷，会迅速蔓延给实体经济造成真实的影响。金融监管法规不会是自发形成的，而是由人们对金融实体经济连带影响的认识和以往危机的经验促成的。正是由此，金融监管法规，随着金融业态的兴衰、经济形势的好坏，具有显著的周期性，是一个时期金融监管制度、理念的集中体现，从诞生之日起就具有滞后性。传统监管的滞后问题根本上源自于传统监管的框架并未能将未来可能发生的状况纳入考量，尤其是金融创新、金融科技所可能带来的监管问题。规则制定者通常根本没有或者太晚才考虑到对于创新的监管需求或者相关的监管问题。传统的规则制定者通常依赖于稳定的、被推定为最优的监管规则、范式，这些规则、范式通常都是针对业已发现很久的监管问题提出的成熟的监管应对，但却很少加入对于节奏不断加快的创新可能对这些规则、范式适用环境产生改变带来的影响。在创新不断涌现的当今，监管者需要选择正确的监管时机，而时机的选定会受制于规则制定到出台的程序，由于正式的规则制定耗时过长，通常科技从被开发到实践应用，新的金融产品不断被推出，使得有限的针对创新的监管规范通常在最终出台以前就已经过时。

以这种滞后的监管制度、理念管理造成了很多问题。当前的审慎监管理论以风险控制为核心，着眼于金融机构的资本充足率、资产质量、流动性水平等指标的把握控制，以实现逆周期调控管理、重点监控系统性重要的金融机构监管，从宏观、微观两个层面审慎监管。然而，不论金融监管的理论和系统如何完善，如何充分总结吸收了先前危机的经验，都只能应对基于相同原因引发的危机而采取相应的防范措施，对于新的科技产生的新的事物、活动、关系而可能引发的矛盾问题，则天然地难以检测并作出相应的回应。随着人们围绕新事物、新理念所运行的新行为当中，既有的法律法规可能无法像当初设置的那样有效运行，实现既定的规制目标。同时，既有的监管者难以在新环境下有效地用旧的法规准确及时地应用于新的事物、活动、关系中，如何对这些新的事物分类，如何确定旧的不同法律法规的调整对象、范畴，是应该将这些新的事物涵盖还是排除，若要进行好金融监管服务，这些都是需要妥善解释说明的问题。随着金融科技的发展，以互联网为媒介，围绕着新科技开展新金融、普惠金融相对于以实体线下网店为媒介进行的针对高净资产、大企业的传统金融将逐渐增多，但旧的金融监管仍是以后的规制核心和着眼点，导致规范的逻辑与规范的对象不再契合，监管的效果不再符合制度的成本效益分析。

在当前的金融业发展状态下，传统的为应对历史上出现的金融危机的监管模式所带来的效益预期与自身的监管成本不成比例，审慎监管通过事前的规定约束企业，提高了其合规成本，为符合如资金充足率等规定也使企业丧失了很多进行经营获取收益的机会，总体上降低了企业的经营效率。当今社会效率是金融机构国内外竞争的重要因素，因而高成本的审慎监管也为行业所诟病。这种扎根于历史上金融危机的金融监管滞后性也是美国 CHOICE 法案产生的原因，2008 年全球金融危机以后，美国《多德—弗兰克法案》强化了监管，给美国的经济带来了严重的负担，该法案制定时考虑到金融危机的失当行为以及不完整的信息披露给美国民众的利益造成了损失，希望通过细致入微的监管进行校正，然而 1000 多页的法案以及基于法案产生的臃肿不堪的监管机器并未能有效地通过预防金融波动来保护民众的利益，反而监管成本本身成了侵害民众利益的负担。CHOICE 法案强调通过削减监管减轻压抑金融的枷锁，促进经济增长，但当危机发生绝不用纳税人的钱去救助"大而不倒"的金融机构，这个法案在一定程度上完全否定了先前法案，这种几届政府间连环出台相互否定的法案无疑是对美国司法资源、行政资源的高度浪费，这种监管政策上的反复代表了传统金融监管的周期性、滞后性的明显缺陷，是金融创新快速推进环境下的突出显现。

传统金融监管理念必须随着时代的变化而变化，金融科技时代传统金融监管的理念已经难以适应，也必须有自身的金融监管逻辑。金融科技的发展和应用诞生了很多新的金融模式，诞生了很多以互联网为媒介的金融科技平台，例如网络借贷平台等。这些平台具有双边市场的特性，对接投资、融资的双方，平台作为信息中介并不触碰资金，当欺诈的风险通过平台发生，监管者会惯性地对平台进行监管以抑制扰乱市场秩序的行为，但这些行为本身却并不是平台的行为，而是平台使用者的所为，对于平台进行规制、处罚能在多大程度上起作用仍是问题。很多传统的金融监管理念在金融科技的时代也难以起作用，例如传统监管中的消费者保护有些是通过对于金融机构行为的规范来实现，然而在金融科技的时代，很多金融消费者的服务通过金融信息中介来获得，不再直接接触金融机构，而很多时候为他们提供金融服务的也是有对应需求的其他金融消费者。同时，金融科技时代的金融服务提供者同金融消费者身份是可以快速转换的，透过不同金融平台，一个场景中的金融消费者很可能就是另一个场景中的金融服务提供者，这种变化是传统行为监管难以应对的。

（二）传统金融监管者难以招架金融科技的快速发展

目前金融监管模式基本可以划分为行为监管、机构监管、审慎监管、双峰监管，面对金融科技的飞速发展，无论是哪种监管模式都展现出力有不逮的情况。金融行业借力金融科技获得了飞速腾飞，无论是金融行业还是消费者、监管者，都应该抱着拥抱创新的态度，来迎接金融的新纪元。在这个新时代里，无论是云计算、大数据还是人工智能，这些创新型信息技术大大提升了金融行业的效率。金融业瞬息万变，更是关乎一个国家的经济命脉，具有为实体经济提供资金融通的功能。所以信息技术的革新给金融行业带来的是飞速发展的机遇。世界各国之间的资金融通使得不同的国家之间紧密相连，流通速率越高则资金使用效率越高，这些新兴科技可以大大提升金融行业资金融通的速率，比如利用大数据技术能够弥补传统征信行业的不足，从而扩大金融服务人群，从而促进普惠金融的发展。

与金融科技的发展背道而驰的是传统监管的滞后，传统监管的滞后给监管者和被监管者都带来了巨大的负担，举例来说，监管会对银行提出认识其自身的消费者以保障适当性要求得到满足，反洗钱要求，金融消费者信息保护，信息安全，网络安全等方面的问题，随着一家银行的成长，交易量的增加，这些合规方面的要求会越发复杂。然而金融企业受与竞争的压力，更灵活地不断引入新的技术来提升合规效率、降低合规成本，实现内部管理运作的数据化，在此过程中，也为监管者进行监管产生了大量的数据。

然而在金融危机前监管者并不太擅长利用监管科技，通常一个国家的央行有庞大的数字化的支付系统，并配有收集数据的科技预警系统，然而这些系统都没有经过危机的检验，在危机中并未能发生作用，一个重要的原因是，在当今时代，获得数据只是第一步，如何实现数据的标准化，实现不同数据源的联通整合才是真正的问题。在雷曼兄弟倒台时，由于雷曼兄弟有如此之多的子公司，没有人知道这家公司是否已经处在了崩溃的边缘，甚至他们内部的人也不知道。听起来很荒唐然而确实在真实生活中上演了。

对于大的跨国银行来说，除了不同地域的不同分支机构间可能存在数据的沟通障碍，自身内部的各个纵向分割的部门间也是如此，一个银行的金融账簿可能没有被设计上优化以使能够和风险账簿、交易账簿或者财政账簿对账，当真的市场波动来临时，银行的管理层很难从收集的数据中进行处理，找到想要的信息，来评估自身的风险处境，对于身处外部的传统监管者来说更是如此。巴塞尔银行协会曾在几年前发布过风险累积数据理论，就是为了方便银行，向他们提供建议来理解风险积累数据模型，方便他们根据各个部门的数据直接套用模型评估风险状态。如果不能实现数据的标准化，就会面临数据多但却没有意义的困境，监管也无从下手，传统的监管者就深受其害。一个典型的现象是，美国在联邦层面有 8 个通常不相互沟通的监管机构体系，50 个州又有自己的监管者，收集的数据相互孤立，难以衔接的同时，也面临着数据冗余收集、冗余存储的问题，也给被监管的金融机构造成负担。为应对这个问题，多德—弗兰克法案组建立了一个金融研究办公室，着手尝试实现金融数据收集报告的标准化，预计 80% 的已有数据都能通过一定的操作实现可相互读取、认证。另外，传统监管者已经难以在当今时代同其监管对象对抗，两者间的力量差距随着金融业的发展，金融巨头的形成和壮大而不断拉大。如果美联储现在接到举报，要对高盛进行检查，很可能受制于单位编制和公务员相关规定的要求，只能派出两三个刚刚毕业、工薪微薄的雇员，拿着装有表格的公文包前来考察，而高盛则会有一百多个年薪百万，坐在设施齐备、高度数字化的办公大楼里，有律师团等候。传统监管者在人力和物力上总是会落后于金融机构，随着金融科技的发展，这一点上的差距会愈加明显。对于监管者来说唯一的出路就是跟上时代的步伐拥抱监管科技，通过大数据、云计算等计算机科技，充分利用信息，让有限的人力物力资源发挥出最大的作用，使监管成本小而效能高。

第二节　监管科技的概念界定

一、监管科技的基本概念及对于金融科技的意义

金融和技术是密切相关的一种业态，现代金融的生命力在于科技技术的应用，没有科技技术就没有现代金融。科学技术植入金融体系后，并不会改变金融风险隐蔽性、突发性、传染性和服务外部性等特征，金融、技术和网络风险更容易产生叠加和扩散的效应，使风险传递得更快、波及面更广，这便引发了对运用科技进行金融监管的需求。换句话说，技术不仅是监管风险的来源，而且被视为监管的机遇。当今时代涌现的区块链、大数据、云计算、人工智能、生物识别等新型金融科技将强有力地提升金融监管的质量和效率。因此就出现了监管科技的概念。

监管科技（RegTech，即 Regulation Technology 的合成词）是指把科技（尤其是信息技术）运用在监管、监控、报告以及合规的场景中。监管科技，又被翻译为技术驱动型监管。根据英国 FCA 的定义，监管科技是指利用技术手段实现金融监管，属于金融科技的一部分。具体来说，RegTech 主要的应用领域有三类：（1）促进企业实现合规，提升配合监管的能力；（2）改变监管者和被监管者进行监管的方式，使监管实时动态，强化对市场的检测能力，提高金融服务效率；（3）改进监管者监管方式，降低监管难度、成本。也就是说，监管科技在实操中分为两个层面：第一个层面的行为主体是企业。企业运用新技术来更有效地解决监管合规问题，旨在减少不断上升的合规费用。第二个层面的行为主体是金融监管者。监管者依靠金融科技手段获取信息，并进行实时、动态的监管，从而解决监管信息不对称和缓解法律滞后性弊端。

监管科技被引入中国市场后，为了适应中国的监管形式及金融业态，有学者对监管科技提出新的定义，是辅助被监管机构提升合规效率和降低合规成本，同时辅助监管机构提升风险监测识别效率和降低监管工作量的技术应用解决方案的统称。同时提出，监管科技并不完全包含在金融科技当中，两者的范围有交叉重合的部分，但是也有互不交叉的部分，两者交叉重合的部分就是金融监管科技的部分。监管科技则侧重于提升金融监管合规效率、效用并降低实施成本，通过创新金融机构与监管机构间的协作模式，以更好地达到金融监管合规目标。

金融科技（FinTech）最广义上来讲是指利用科技来提供金融解决方案。这一做法由来已久，延续了三个时代，近年来得到加速发展。金融服务持续不断地吸纳科技创新的成果，这一事实给监管带来了转型压力。监管的目标不再是控制人类的行为，而是监督自动化的过程。换句话说，金融科技的发展引发了对监管科技（RegTech）的需求。

在 2008 年全球金融危机以前，金融机构是金融科技发展的推手。为了支撑运营，这些机构进行科技投资，包括对风险管理领域和互联网银行领域进行投资。金融科技发展通常也在监管者的紧密协作下实现，电子支付手段和证券系统的开发过程即是实例（例如纳斯达克）。2008年以后，新兴的金融科技企业成为金融科技发展的主要催化剂。当然，这一趋势难称全新，因为在 20 世纪 80 年代初即有 Bloomberg，而在 20世纪 90 年代则有 Paypal 这样的金融科技的先例。但不可否认的是，金融服务业中新进入者的数量在过去十年间急遽增加。

监管科技作为一种创新，其起源同样早于 2008 年的全球金融危机。与金融科技相似，监管科技的发展也得益于金融机构在过去十年里对新型风险管理和合规系统的投资。但与金融科技不同的是，监管科技经历的是一种自上而下的创新。在此过程中，大型金融机构希望降低监管和合规方面的成本，监管者希望增强对市场的监控能力，而技术提供者分别满足这两项要求。由于投入巨大，监管科技创新正在对金融机构的体系和人员雇佣产生变革性的影响。它不仅给科技公司（如 IBM）、信息公司（如汤森路透、彭博社）以及咨询公司带来机会，也给新兴企业带来机遇。尽管目前监管科技最重要的进步都发生在金融部门，但它不局限于这个部门。一些监管者希望利用科技提升他们的监管水平，他们还希望对目标市场进行几乎是实时的监控，以便改善监管效果。在下一个演进阶段，监管科技很可能满足这样的期待。

2008 年的全球金融危机开启了金融科技的新时代，其标志是一批新兴企业的出现，它们或直接（P2P、B2C）或间接（B2B）地带来了可以运用于金融业的新技术。大概十年以后，监管科技出现了。它不仅是一种能够更快速高效地实现合规功能和报告功能的方法，在人工监管转变为由机器和数据分析完成的监管的现实条件下，监管科技也是一种理解金融监管的新路径。在金融和合规行业已然数字化但尚未数据化的时代，金融科技和监管科技都呼应了安德森·霍洛维茨（Andreesen Horowitz）的预言，即"软件正在吞食这个世界"。监管科技本质来说是金融科技的一个新的发展阶段，从对外和客户的关系，不断提升客户体验，为与客户沟通提供方便，对内提升内部管理体系，风险控制发展。

二、监管科技的特征和优势

在企业层面，监管科技已在多个领域得到应用，如数据聚合、风险建模、情景分析、身份验证和实时监控。监管科技公司通过对海量的公开和私有数据进行自动化分析，帮助金融机构核查其是否符合反洗钱等监管政策，利用云计算、大数据等新兴数字技术帮助金融机构遵守相关监管制度，避免因不满足监管合规要求而带来的巨额罚款。[①] 通过对人工智能、生物识别、API（应用程序编程接口）、云计算等技术的运用，监管科技能够满足金融机构风险管理、对外业务、内部控制和识别新法规变化等方面的需求。据数据公司 CB Insights 预测，全球金融行业对监管科技的市场需求在 2020 年将达到 1187 亿美元。在强需求的驱动下，全球市场上现有数百家创新型公司提供监管科技服务，每年 RegTech 行业新获融资达 10 亿美元。[②] 监管科技的商业应用主要包括运用大数据分析寻求最优解决策略、风险和合规监测、自动合规。

IBM Watson 就是一个典型的例子。作为一个科技公司，它为金融服务企业提供技术产品，同时也收集到了持续增加的数据。这些数据可以用来提升自身的技术水平和分析能力，以此减少合规成本，提升效率。

当看到一个原本与金融服务绝缘的科技公司不断向金融扩张，进入监管者视野时，监管者头脑中最核心的问题是这个科技企业何时才能变成一个受到监管的金融机构。如果它不能成为一个金融机构并受到监管，就会存在极高的监管套利风险和不公平竞争的风险，某些行为显然会触发监管程序。比如把客户的资金转移到机构自身的资产负债表中，或者对客户的资金管理出现疏漏，又或者擅自将客户的资产集中。但是一般而言，科技金融企业不会过早地呈现出银行或金融服务的某些标准特征。除非扩张到一定程度，大多数科技金融企业不会申请授权开展任何需要被监管的业务；某些司法管辖权情景下，许多企业可能在没有寻求过任何授权的前提下向个人和小微企业提供信用服务或者复杂的支付

---

① 孙国峰：《从 FinTech 到 RegTech》，《清华金融评论》2017 年第 5 期，第 96 页。

② 曹硕：《RegTech：金融科技服务合规监管的新趋势》，《证券市场导报》2017 年第 6 期，第 1 页。

服务。尽管授权申请的时机千差万别，但是当中介机构在获取客户资金时，不论是从银行账户还是从保证金中获取，大多数金融监管当局都要求中介机构提出授权申请。比如，吸收存款业务需要申请授权，因为这项业务把客户的资产变成中介的资产，而客户只是从中介处得到一张（无担保的）存款证明。

招揽客户，金融服务的营销和设定，这些行为也都会受到监管。但是在科技金融界，客户经常自发地联系科技金融企业购买某些服务；从技术上说，这可能不是招揽客户行为，也不是营销和设定行为，因此也就无需满足金融监管的授权要求。此类情况发生的原因是金融科技公司不寻求获取客户的资产，它们要的是客户的数据：有了数据，万事皆有。监管科技正式从数据入手。

比如，大量的客户可以通过脸书、亚马逊以及阿里巴巴这样的平台获取其他服务。其中某些服务是经过认证的，而有些则未经过认证，比如一些网店的访问服务。通过获取数据而非资金来产生影响力，这正是监管科技的关键特征。对于监管者来说，也是如此，这也正是监管科技的力量所在。

然而科技金融企业若要直接获取客户的资金，比如从 Alipay 的货币基金中获取资金，它们就必须至少是应当接受强制监管。即便如此，由于作为科技公司的母公司已经把必须接受审批的业务隔离出来，真正受到监管审查的数据集和算法在整体中只占极小一部分。相应地，监管者对风险起因的了解也是极不全面的。而监管科技的合理使用则能弥补这些问题。

在接受监管之前，科技金融企业通常会建立数据驱动的、国际化的市场形象，开发自己的网络设施，并收集海量数据。它们无需成为金融中介，只是通过把数据卖给金融服务提供商的方式，或者扮演渠道的角色，帮助客户从现存金融机构购买服务，就可以对金融活动产生影响。

而监管科技所实现的不仅仅是绕开监管，而是通过对数据的把握，系统的合理设置，智能化的风险评估，使科技金融企业无需传统的禁锢式的合规成本。

在监管科技中，数据对于风险防控的决策越发重要，监管科技企业采用的大数据方法将会提升业务决策水平。原因是，企业拥有的数据集的质量在两个方面显著优于传统金融机构的数据集。首先数据的内容更加全面。传统银行关注业务交易的后端，即银行账户中显示的现金流动，以及客户对预期的收入和支出作出的（准确度存疑的）定性陈述。交易的前端涵盖了客户关系，具体包括客户的产品偏好，客户与来自于其他网络的参与者产生了何种联系，联系的原因是什么，何种商品被退回，退回的原因是什么。传统银行无从获取此类信息，但这些信息对金融科技企业却是至关重要的。在考虑是否为一项业务提供信用、保险或其他金融服务时，监管科技企业可以利用以上信息对该项业务的金融状况作出近乎实时的评估，因而对这项业务的了解要比传统银行准确得多。监管科技企业将能够区分客户的一笔现金到底是来自外部贷款还是它的销售收入。它还能够了解一家零售商或者制造商的商品回报率是高是低，并在某种程度上推断客户经营状况的好坏。由于监管科技企业通常能够跟客户建立前端关系，因此也就能够获取所需数据，取得跟传统金融机构相比的优势地位。

另外，监管科技企业的数据集包含更广泛的社会部门和经济部门，传统金融机构的数据集涵盖的范围要小得多。监管科技企业来自于那些原本与金融服务业无关的领域。它们可以从社交媒体和一般经济活动中获取数据并加以利用，但现存金融机构却难以充分做到这一点。

数据分析工具得到了各种相关性，未来十年的挑战是辨别出哪些关系是随机的，哪些关系可以帮助实现审慎的业务决策。大数据分析的基础是相关关系而非因果关系。但是，如果诸多的相关关系暗示了潜在的因果关系，它们就能为进一步监管科技企业的研究开辟道路。

在监管者层面，通过对监管科技的应用，监管层可以通过技术手段去主动解决数据获取、收集、分析、储存问题，监管由被动变主动，监管者与被监管者处于平等获取信息的地位，通过数据共享形成一个有机的交互系统，降低监管成本，真正实现实时、可预测、自上而下的，以技术支撑为核心的监管体系。

监管的兴趣点在金融科技的时代达到了一个转折点。监管者不再仅仅是防止之前的危机再次发生，他们更寻求如何支持市场未来的发展同时保证金融稳定。监管者更早地和 FinTech 企业互动是有溢出的，即是他们还不理解其中的意义。这给监管者提早提供了理解 FinTech3.0 模式的能力，以及及时调整监管团队。通过监管科技实现实时的监管。

在 2008 年全球金融危机的点醒下，监管者的职责和审慎程度都获得了提升，监管者已经向着风险为基础的监管方法转变，在此之下，数据的获得是审慎监管的核心。美国护身符内部大数据管理和分析公司的数据科学家丹尼尔·古铁雷斯（Danil Gutierez），分析了数据是如何扮演这一个越来越重要的角色，在确保金融机构能够承担他们行为的后果以及确保他们及时负责的方面，这看起来是一个值得称赞的发展。数据透明使得监管者能够获取他们的监管对象信息，在不找监管对象要报告的前提下，实现对监管对象的监管。直接信息获取可以避免监管对象针对监管者的要求而对其行为进行有针对性的调整。

对于金融机构来说，一切监管行为意味着成本增加，不管是资本要求（Basel Ⅲ）还是运营（Human Resources），或者处罚。单就最后一点来说，自 2008 年，西方国家的银行被罚超过 2420 亿美元。从某种角度来说，行业和监管者都有一个共同的利益追求就是减少欺诈，很多利益攸关方致力于提升透明度和建立监管流程。2015 年英国银行提出了公平和有效性市场调查，探求科技在合规性中可能发挥的作用，提到

"公司开始尝试回应当前监管措施的局限，包括如何利用新科技，来超越分析关键词监管和简单的统计检查之前公司常用的反不正当交易获得措施"。

金融科技监管的信息披露呈现多元化趋势，信息披露主体更加多元，不仅包括金融机构、信用平台，还包括行业协会和相关政府部门等。传统金融监管中的信息披露是通过法律法规，强制要求市场主体被动地向监管者和社会公众进行披露。而在技术驱动型监管模式下，监管者与创新主体之间所构建的平等的信息共享机制，使得监管者通过申报提交或者主动抓取的模式获得金融机构、消费者的数据，实时跟踪和监测金融企业的风险，判断企业的不良行为，进而对金融企业进行管理、处罚以及对消费者进行保护。数据驱动的监管强调由"被动取证"到"主动监督"，强调不依赖客体的信息和数据而进行的主动监管。这种新的信息披露机制，从根本上改变了传统的强制性、被动性的信息披露机制，重构了金融监管体系。

另外，传统的"自上而下"的金融监管体系将监管者与被监管者对立起来，被监管者有逃避监管的强烈激励；监管者处于高高在上的被动地位，监管手段单一，而且监管效率低下、成本高昂，往往出现"一管就死，一放就乱"的局面。在金融科技时代，数据和信息是监管的核心抓手，通过数据共享，形成统一的监管生态系统，从而降低了监管成本以及数据有效性问题，真正实现实时的、预测的、自上而下的、以技术支撑为核心的监管体系。科技驱动型监管强调通过实时、动态，且各方主体共同参与的信息共享机制来进行监管，使得监管者能够与金融服务机构、金融科技公司建立一个新型的关系，在双方之间进行开放式的谈话，从监管者的视角了解监管的目标以及从公司的视角观察监管要求。因此，监管模式将由监管方单一治理转为相关利益方共同治理，监管扁平化将取代过去层级制的监管。

第三节 监管科技助力金融科技安全发展

一、监管科技的最初发展

监管科技是在金融科技飞速崛起的背景下发展起来的，人们普遍认为监管科技是金融科技的一部分，注重于金融监管领域。监管科技是金融科技的一个分支，相比现存的监管，其关注于能够提升监管要求的落实和传递效率的科技。监管科技应用到的技术手段有大数据、云计算、人工智能、区块链等，金融科技发展过程中所利用的技术都可以应用在监管科技方面。

监管科技最开始是被用于帮助企业进行监管合规及风险防范，产生于大型 IT 企业、审计公司等。除了商业方面的应用，对市场发展具有高度敏感性的监管者们开始主动进行将技术应用于监管方面的探索。在2015 年上半年，英国金融行为监管局就开始进行将科技运用于监管领域的相关研究，美国等其他发达国家的监管机构不甘落后，也积极进行这些方面的应用探索。无论是监管科技在商业方面的应用，还是金融机构和监管机构利用监管科技来提供的政府规制服务。最先注意到监管科技的巨大市场前景的是商业领域，监管科技在商业领域的应用前景使其获得大量的融资。CB Insights 数据显示，2012—2016 年间监管科技（RegTech）创企共通过 317 个交易筹集 23 亿美元。监管科技的商业应用主要包括运用大数据分析寻求最优解决策略、风险和合规监测、自动合规。传统的金融行业付出巨大的成本来满足监管机构的合规要求，满足监管机构出于审慎监管而设置的金融机构的准入门槛、金融产品合规要求、业务流程设置等风险防控标准。监管科技的发展则可以帮助相应的监管对象，如银行、保险公司、证券公司、信托公司等金融机构，更高效地完成相应的合规监管，提高符合监管条件的效率，节省了为达到监管条件所付出的时间成本和人力成本。

此外，监管机构也开始关注到监管科技所具有的发展潜力。2008年金融危机席卷全世界，绝大多数的国家都受到这次危机的重创。危机过后，监管者为了应对这次危机，同时总结经验教训，以防止未来同样危机的产生，在2009年出台了很多新的规定，比如《巴塞尔协议Ⅲ》《多德—弗兰克法案》等。可是这种总结经验教训式的监管方式，给金融行业戴上紧箍咒，防止它们因为过度追求高风险、高收益而脱离实体经济，监管机构无法实现穿透式监管，却能够将各行各业席卷其中。

2008年金融危机过后，各方从不同的角度对此次危机的发生进行反思，有一点不容忽视——金融机构的数据虽然符合监管要求，实际上却暗藏风险。面对金融风险，从监管机构的角度出发，一方面，由于监管机构收集的金融机构的数据有限，金融机构为了避免合规成本而提供的数据不足或虚假，监管机构通过金融机构提供的数据，不一定能真正透视其存在的风险；另一方面，尽管监管者收集了金融行业的大量数据，却因为缺乏对数据适当的分析能力，因此无法发掘出这些数据潜藏的真正的有价值的、反映监管机构真实风险隐患的信息。因此，金融机构真正的经营情况与监管者掌握的情况之间存在巨大的差距，监管者与被监管者之间天然的信息不对称因为监管机构技术力量的不足而被拉大。

从被监管者——金融机构的角度而言，在金融机构不顾风险进行逐利行为时，它自身对自己所设计的金融产品的风险性、整体所存在的潜在危机是不了解的。金融机构自然本着逐利的心态来设计产品，可是它应当对自己产品的风险性承担责任，而不应该是将风险转移在抵押机构、金融产品的消费者身上就万事大吉。根据"大而不能倒"原则，为了维持金融的稳定性，要防止系统重要性金融机构的倒闭或破产，所以一旦此类金融机构发生危机，政府当局及监管者应当不惜财力、人力，保证此类机构的正常运转从而维持金融系统的稳定性。虽然根据白芝浩原则①，中央银行在遵循"大而不能倒"原则救助金融机构时应当要求其支付充足的抵押品，但是仍然无法避免道德风险的存在。金融机构在开发新产品、进行金融创新的时候，由于"大而不能倒"原则的存在，怀有懈怠心理，为了逐利而罔顾金融产品所潜藏的风险。

回顾 2008 年美国金融危机，美联储和财政部决定不对雷曼兄弟进行救助的原因之一就是雷曼兄弟无法按照白芝浩原则提供相应的抵押，事后，雷曼兄弟的倒闭却导致了金融危机的扩大。雷曼兄弟破产严重冲击了国际金融市场，使这次全球金融危机的严重性超过了历史上任何一次，并且加深了整个世界经济衰退的程度。这里暴露出一个非常严重的监管悖论，即如果严格执行白芝浩原则及"大而不能倒"原则，那么一些系统重要性金融机构就会无法得到及时的救助，这将会给金融系统造成更大的破坏；如果对系统重要性金融机构进行及时的救助，给予巨额的财力和物力，当金融危机过去，这些金融机构恢复正常的运转之后又会重蹈覆辙，继续设计高风险的金融产品，继续利用金融创新来逃避金融监管，从而引起系统性金融危机。

无论从监管者的角度，还是从被监管者的角度，现行的金融监管存在的弊端主要体现在监管者运用的技术手段不足以应对金融创新，以及监管者收集的监管数据不足。而监管者在认识到这些弊端后也开始试图寻求新的路径来进行金融监管，监管科技的出现，带给监管者新的启发和思路。目前世界各国的金融监管者都在关注监管科技的发展，不论是发达国家还是发展中国家，在应对传统的金融监管模式所展现的弊端及

---

① 为了避免金融恐慌的蔓延，中央银行应当切实履行最后贷款人职责，及时向那些濒临破产的金融机构发放贷款，金融机构则应提供充足的抵押品，并支付惩罚性高利率。

金融科技发展中出现的新问题时，都在试图通过监管科技寻求这些新旧问题的解决方案。

二、国外监管科技发展动态

（一）英国监管科技发展现状

在英国，最典型的监管科技的应用是监管沙盒（Regulatory Sandbox），可是有意思的是，在监管沙盒的模式被世界其他国家纷纷效仿的时候，监管科技的概念却还没有在全世界金融监管行业中受到重视。监管沙盒是 2015 年 5 月 9 日英国 FCA 提出的，旨在给金融公司提供一个安全的高度还原市场的试验环境，用于创新型金融产品、金融服务技术、新型商业模式等项目的测试。

英国金融行为监管局在进行沙盒测试之前，对金融服务或金融产品设定了以下几个考量标准，一个是该服务或者产品是否符合创新，另一个则是是否有利于消费者。另外还会考量服务或者产品的提供者是否足够成熟。但是监管沙盒机制并不是给进行测试的金融服务或产品发放一个准入市场或禁止准入的许可，而只是提供一个测试的场所，该服务或者产品不论是否最后通过测试，金融行为监管局只是提供一个测试报告，这个报告只是建议性的，避免金融行为监管局为该服务或者产品背书。而这些经过测试的金融机构，则可以自行决定是否将服务或者产品推出，它在将其推出市场的时候可以标明"已通过沙盒测试"。

目前，根据英国 FCA 发布的报告，监管科技的领域已经覆盖了全球范围的监管规范，既有业已实施的规范要求，也有将要通过的规范，特别的例子是应用监管科技来适应《新欧盟金融市场法规》（MiFID II）、《巴塞尔协议III》、资本充足率、压力测试和美国《多德—弗兰克法案》

等。监管科技目前主要的应用方向是针对现行的监管体系和监管措施，利用科技来帮助监管者完成这些监管规范的制定和监管标准的达成。而监管科技的发展肯定不止于此，当监管者学会用技术来适应金融行业的创新，现行的金融监管模式必然会发生重大的变革。

特别是，英国银行强调了如下三种形式的监管科技（见表6-1）。

表6-1　英国银行强调的三种监管科技

规律分析	通过找出违反规律的行为
大数据技术	利用远超出正常数据摄入的科技来开发数据资源，找出超出传统行为规律分析方法所能发现异常行为
预测性编程	通过已有的规律来标记出潜在的关注点
语音通话的数字化	部分公司认为这分析书面材料更有效

资料来源：笔者自制。

结果是，RegTech有效地降低了企业合规成本。有意思的是，在西方，RegTech被更多地由监管者开发，但其被监管者使用还有很多不确定性，特别是原则为基础的监管方法是否比规则为基础的监管更好。要理解监管者的获得，只需要考虑两个方面。在宏观的层面，监管者的利益反映了指引金融市场转型的需要。就像是一个唐突地朝着自由化的金融市场转型可能会给经营者与消费者带来损害一样，一个快速的科技化的转型也可能导致新的风险。在微观的层面，随着FinTech3.0的数字驱动领域的不断提升，这些新生企业对新透明信息系统依赖的事实，促使监管者去不断尝试新的合规机制。例如，实时监管可以成为未来发放牌照过程的一部分。

从市场的角度，监管者能够实时分析监测破产、流动性、由于金融机构导致的风险，可以提升市场的稳定性和竞争力。监管模式和实时数据详解，是对监管资源的补偿，也给新进入市场的企业降低了准入成本。这种层级的监管资源和审慎可以在将来极大地提升行业的增长，相对于当前的无差别许可发放系统。

（二）美国监管科技发展动态

当前在美国，随着金融科技的不断发展，其促进经济发展、创造就业的优势和作用不断显现，美国奥巴马政府对于激励金融服务创新保持着积极的姿态，各个管理部门和独立的监管者运用了一系列方法刺激金融科技创新，其中有美国货币监理署（OCC）的"《负责任创新动议》（Responsible Innovation）"监管框架，消费者金融保护局（CFPB）的"催化剂项目（Project Catalyst）"，证券交易委员会（SEC）的"金融科技工作小组（Fintech Working Group）"，商务部的"开放创新（Open for Innovation）"活动，以及财政部与美国国际开发署（USAID）的"普惠金融论坛（Financial Inclusion Forums）"，都展现出对金融科技的拥抱态度。

奥巴马政府拥抱创新的积极态度，促进了一系列促进金融创新的政策的发展，这些创新政策的目标：培养积极的金融服务创新和创业；促进安全的、可负担的、公平的资本获得；强化美国国内外的普惠金融和财务健康；处理金融稳定性风险；保持国家竞争力。

2017 年年初，美国国家经济委员会发布了名为 "*A Framework for FinTech*" 的白皮书概括了奥巴马政府对金融科技创新监管政策的原则框架，为金融监管机构认识金融科技生态系统提供了以下十点原则：A. 对金融生态系统给予广泛的思考；B. 将金融消费者放在首位；C. 促进金融的包容性和金融健康；D. 认识和克服潜在技术偏见；E. 透明度最大化；F. 努力实现互操作性和协调技术标准；G. 网络安全、数据安全和隐私保护；H. 提升金融基础设施的效率和效能；I. 维护金融稳定性；J. 持续加强跨部门合作。

美国为了促进金融创新的"十点原则"的公布，是在对以前金融危机经验教训总结的基础上提出的，所以既注重维护金融稳定，同时也注重适应金融科技发展的大潮流。保持经济健康和国家竞争力需要一个安全、强健、完善的金融服务体系支持，为了建立并维护这样的体系，美国金融监管机构认识到必须从更广泛的角度思考认识金融生态系统。2010 年《多德—弗兰克法案》是自美国大萧条以来最彻底的金融体系改革。当金融和科技进步相结合之后，金融服务领域所发生的改变难以被忽视，因此金融监管者应当引导传统金融机构重新认识自身在金融生态系统中所处的位置，从更开阔的角度思考自身。

随着金融科技领域的发展，金融科技公司必须将金融消费者放在首位，金融科技公司需要为他们提供安全、透明、易于交互的产品和服务，消费者保护应成为金融科技公司提供产品和服务是需要关注的主要问题，并建立可靠的监管体系，使保护金融消费者成为金融科技公司产品、服务设计的内在基因。保证金融消费者对于产品及服务的理解，保障金融消费者的选择权。另外，通过完善的保障体系，促使金融消费者建立起对金融服务提供者的信任。

金融科技的产品和服务应持续促进金融的包容性和金融消费者的财务状况健康发展。金融科技行业应着眼于建立安全的产品和服务，让更多人接触金融服务，增加金融服务的覆盖范围，并改变金融消费者的财务健康程度。同时应促进政府和企业间的合作，促进金融企业发展，提升金融产品质量和安全性，扩大其规模。

大数据、人工智能等更先进高效的技术分析手段带来巨大的新机遇。但这些技术手段尽管高度智能自主，但其底层算法、逻辑仍需人工输入设计，可被人为理解的偏颇干扰。底层算法中可存在的潜在地域、历史和文化的偏见可能对消费者产生不公平的情况。为确保金融科技是真正安全公正的金融产品、服务提供途径，政府和金融企业应主动探索、合作，评估并降低金融服务和产品提供渠道或方式中的偏见，保证所有人能公平地获得最佳的产品和服务，使全社会共同获得经济发展机会。

2008 年金融危机的一大教训是要保证提供金融产品和服务的透明度。当金融产品服务变得复杂、令人困惑时，消费者和监管机构都难以理解其所涉问题，容易导致灾难性后果。金融科技重塑了金融工具，金融科技企业应努力在各个层面上做到简洁透明。决策者和监管者应利用白皮书、峰会、监管指引等去教育消费者，促进其对金融科技的理解。

随着金融服务的去中介和金融消费者不断寻求更灵活定制化的金融解决方案，金融科技公司和金融机构应使他们的金融产品和服务标准化，相互之间能够相互操作，减少金融消费者使用不同服务或产品时的不适应。同时，随着大数据价值的显现，网络安全风险的增加，金融科技公司必须将网络安全、数据安全和隐私保护贯穿其生产经营活动始终。保护消费者和机构客户的数据，对金融科技公司来说，也是在保护整个金融科技行业的诚信度和行业基础设施的完整度。政府和企业应一同主动保护网络安全、数据安全以及客户隐私安全。

金融科技对广义的金融业来说影响还较小，但金融科技公司必须重视并提前预防金融科技创新可能带来的风险。金融创新会提高效率，但同时也会给金融体系带来难于理解、预见的不确定性。金融科技公司应和机构、政策制定者、监管者相互配合、合作，识别并缓解不利于金融体系稳定的因素。金融科技企业应与金融机构、监管部门保持沟通合作，有利于监管当局及时了解行业动态，发现问题，缓解金融中的不确定性。同时各方之间的密切合作也有利于加速金融创新，促进创新的合规化，并加速新模式的商业化进程。

第四节　监管科技在中国的应用及发展潜力

一、监管科技在中国的应用

监管科技无论是服务于被监管者，还是服务于监管者，它的应用必须充分保障金融科技的安全。诚如本书一开始对金融科技安全的界定的内容，金融科技安全的内涵既包括传统金融行业的安全问题，又包括金融科技发展过程中带来的新型安全问题，包括但不限于技术安全。监管科技在商业领域的应用，为金融科技的稳健发展保驾护航，保障了新型金融业务的健康、快速的发展速度，也在提高消费者用户体验的同时保障了消费者的资金、信息安全。与此同时，金融科技在业务层面的利用率增加，倒逼监管层快速跟进。因此，监管科技成为监管机构能够有效地进行金融监管的唯一路径。中国的监管者不仅仅在金融创新浪潮中拥抱创新，给金融行业带来了飞速发展的契机，在金融风险事件频发、金融风险积聚的情况下，也及时地调整自己的运营模式，以疏解积聚的金融风险，保障金融安全。

首先，从商业方面监管科技的运用来进行分析。监管科技最典型的应用体现在金融科技公司保障本公司业务运营安全方面。以中国最典型的金融科技公司之一——蚂蚁金服为例，讨论其如何运用监管科技保障业务运营模式的安全稳健运行，还能同时保障在巨额业务量面前的高效运转。蚂蚁金服旗下的主营业务之一是支付宝，支付宝开启了手机支付的先河，给中国带来了支付手段的革命，以手机支付为突破口，互联网金融行业开始崛起。

为保障消费者账户安全和资金安全，支付宝开发了基于大数据和机器学习的交易级的实时风险监控系统，能够对每一个用户的每一笔支付进行 7×24 小时的实时风险扫描，每一次风险扫描平均耗时在十分之一秒，即人眨一次眼睛的时间，正常用户不会受到任何干扰。而这种基于大数据和云计算技术手段的风险监控体系，掌握和追踪了每个支付宝用户的行为模式，并能够对用户使用支付宝的行为进行操作，防止因为账户信息泄露导致的金融欺诈等金融风险。

当用户因为手机木马等原因误将自己支付宝相关信息泄露，犯罪分子利用这些信息进行修改密码或者异地登录的时候，蚂蚁金服的风控系统就能在十分之一秒内甄别出交易的风险，从而及时制止交易，及时有效地保障用户资金安全及账户安全。蚂蚁金服作为典型的金融科技公司，不断地以本身掌握的大量用户交易、转账、行为轨迹等数据积聚而成的大数据为基础，不断地训练云计算技术的准确性，以实现保障自身金融业务运行的有效性。这也是监管科技在金融科技公司商业运营中的有效运用，监管科技促进金融科技公司金融业务的有效发展，而金融科技公司的业务模式又不断地为监管科技手段的准确性提供数据支撑。

其次，从监管者的角度审视监管科技对金融科技安全的保障作用。"金融活，经济活；金融稳，经济稳"① 这句话反映了防控金融风险的重要性，保障金融安全就是保障经济安全，而金融安全离不开金融科技的安全。传统的金融业务仍然主要在传统的审慎监管体系运营，审慎监管的成本之高显而易见，但是确实是在保障金融稳定的必备要件。金融科技的兴起，给中国带来的不仅仅是一批新型金融企业，甚至这些企业有望发展成为世界金融巨头，也给略显僵化、无法保障普惠金融的传统金融业务注入新的活力，传统的金融机构也在纷纷力求变革。这种情况下，金融监管手段的革新就是保障金融有效运行的唯一手段，传统监管方式亟须转变为监管科技赋能下的科技监管。

---

① 《习近平总书记在中共中央政治局就维护国家金融安全进行第四十次集体学习会议上的讲话》，2017 年 4 月 25 日。

　　中国的金融监管体系仍然保持着"分业监管"的模式，以"一行两会"为主进行金融监管。分业监管的模式面对跨业的金融服务和产品的迅猛发展出现了捉襟见肘的窘迫，因此监管协调难度加大，现在各界对新成立的金融监管协调委员会的成立充满期待，可是制度带来的弊病并非如此轻易就能解决。

　　面对中国金融监管制度难以有所突破的现状，只能寻求监管手段的突破。监管科技伴随着金融科技而生，受到世界各国的监管机构的青睐，尤其是在中国制度弊病尚无法快速解决的现状下，自然监管科技成为金融监管摆脱困境的有效手段和希望。中国的金融监管机构也不断进行自我革新，学习新的监管手段，以应对金融行业日新月异的新局面。

　　近年来金融监管当局提出了穿透式监管的概念，穿透式监管强调击穿复杂的资产层、交易结果和中间环节以探明业务真实属性，实现对金融业的实质、有效监管。穿透式监管的重点在于防范和化解系统性金融风险，确保金融监管的有效性。在监管科技模式下，监管者、金融消费者和金融中介机构都是平等的参与主体，依靠区块链、大数据和人工智能等技术手段，可以实现实时、动态监管；不但能提前发现预防金融风险的发生，也能实现同步监管跟踪，更能为事后监管提供强有力的证据依据。在传统的金融监管模式下，银行主要依靠业务人员的努力（如财务报表分析、实地调查）来判断借款人的信贷风险。这种主要依靠个人经验积累和业务员主观判断的风控模式，成本高昂且准确性差，使得银行的坏账率居高不下。但若银行利用借款人在第三方支付平台、移动社交网络或电子商务平台的数据，对其大数据分析和挖掘，可以有效识别借款人的信用风险，从而作出信贷决策。另外，由于这些数据产生频率高、更新速度快，信贷机构甚至可以做到对贷款的实时监管，有效规避借款人的违约风险。

- 中国金融监管体系及其监管范围
  - 金融稳定发展委员会 - 中国人民银行
    - 银保监会
      - 银行理财业务
      - 信托业务
        - 单一信托
        - 集合信托
        - 管理财产信托
      - 消费金融业务
      - 保险业务
        - 保险产品
        - 保险资管产品
      - 融资租赁业务
      - 商业保理业务
      - 典当业务
    - 证监会
      - 券商集合理财资管计划
      - 公募基金业务
        - 股票型基金
        - 混合型基金
        - 债券型基金
      - 私募基金业务
        - 私募证券
        - 私募股权
        - 私募其他类
        - 私募资产配置类
  - 地方政府金融服务（工作）办公室
    - 金交所业务
    - 融资性担保业务
    - 小额贷款业务

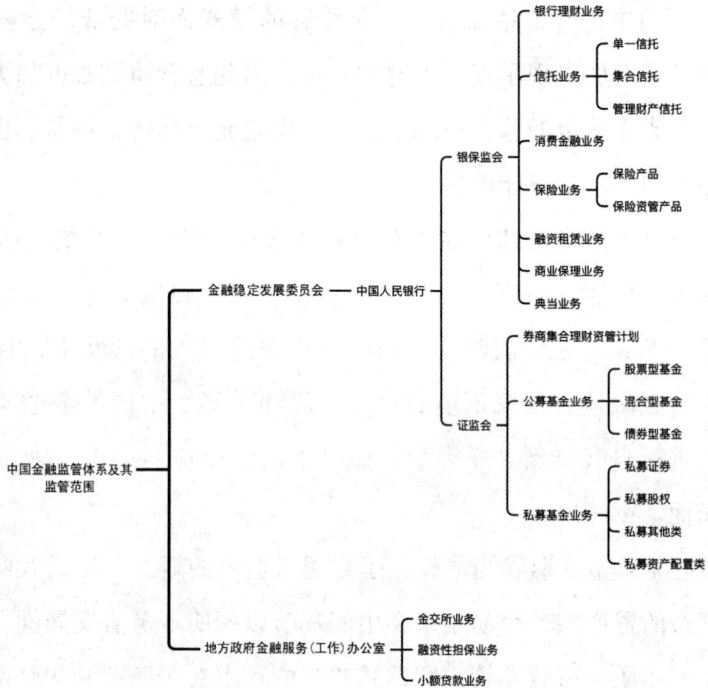

图 6-1 中国现行金融体系及监管框架

监管科技需要充分利用大数据进行监管。在信息时代，金融监管机构只有掌握了充足的金融数据才能实现有效的金融监管，否则如同无米之炊、无根之木。因此某种程度而言监管科技是数据驱动的监管手段。传统的监管模式都要求金融机构主动提供数据供金融监管部门进行监管，或者对金融机构课以严苛的信息披露义务以更好地对金融行业进行监管。但是在监管科技模式下，则是监管者利用技术及时有效地获得数据，首先通过技术手段有效实现数据触达。此外，由于跨业金融业务的存在，金融监管机构之间只有实现有效地信息共享才能降低金融交易成本，充分保障金融交易安全。数据在监管层（包括横向和纵向的监管主体）、行业协会以及消费者之间或者内部的共享；数据共享是统合监管的基础。数据保护或本地化规则可能成为有效信息共享的障碍，并导致金融机构中信息的低效，并成为"孤岛"。因此，必须打通地方与中央、中央各部门之间的数据孤岛，实现数据的实时共享。目前由中国互联网金融协会牵头，芝麻信用和腾讯征信等首批个人征信试点机构和诸如百度、网易等行业相关机构联合发起成立的个人征信机构——"信联"①，就是在数据共享方面的努力。

二、监管科技发展为技术治理是未来趋势

技术创新和制度变革的循环往复推动了人类社会螺旋式前进。新技术推动商业和社会的变革，带来大量新的法律问题，使得传统的金融法律制度无法应对金融科技迅猛发展带来的行业变革。前述问题达到一定的广度和深度后，可能挑战深层次的治理原则和理念。与以往的技术只是被动地被治理角色不同，以金融科技为核心的新技术由于具有新的方法论和新的智能手段，已经演化为新的治理模式，开始深刻地改变我们原有的法律和治理。

美国网络法学者劳伦斯·莱斯格教授认为，应该从经济学的角度考虑网络行为规制四要素（法律、准则、市场和结构）的社会成本，从而选取最佳的规制路径。尽管法律处于更高的核心地位，但法律并非在所有情况下都是最好的选择。为破除法律不确定性给民众带来的恐惧，法规必须保持确定性，与此同时安定的法规不可避免地滞后于时代的发展；而监管通常被视为可预测性的来源，且注定要持续进行，伴随创新速度的加快，制定法规注定亦无法跟上时代步伐。因此，有时法律通过其他规制要素的间接控制要比其直接控制更加有效和成本低廉，网络世界尤其如此。现实世界主要受法典或法律规制，而网络世界则主要由代

---

① "信联"的目的在于实现各个机构之间的数据共享，统一标准，得出更客观真实的个人征信报告，打击多头借贷这些行业不良现象，为消费金融、网络借贷健康发展提供强有力的支持。

码所规制。具体来说，技术应用已经在深刻地影响着法律和治理，技术已不简单的是法律实施的工具，技术也是法律，并且与法律融合，带来新的法律和治理。最终技术标准将变得与法律同等重要。法律是代码化的社会标准。但是在未来，代码化的技术标准将会和法律同等重要。随着网络逐渐成熟，从非标准期特有的一切免费到标准期的创新潮，最后进入到全面发展的标准植入期，标准将越来越法律化。标准也将随时间越来越固化。它们很难改动并且渗透到硬件中。它们的代码连接到芯片里面，随着芯片传播，标准渗透程度越来越深。

当监管科技从监管手段逐步发展为技术治理的概念，则可以实现直接用技术实时监控、保障金融安全。

参考文献

［1］白雪梅、石大龙：《中国金融体系的系统性风险度量》，《国际金融研究》2014 年第 6 期。

［2］布莱恩·奈特、陈曦：《从金融科技谈美国金融监管》，《金融市场研究》2016 年第 12 期。

［3］曹硕：《RegTech：金融科技服务合规监管的新趋势》，《证券市场导报》2017 年第 6 期。

［4］陈文君：《金融消费者保护监管研究》，上海财经大学出版社2011 年版。

［5］陈欣怡：《从传统金融风险来看互联网金融风险及其防控》，《商情》2017 年第 10 期。

［6］凡咏齐：《金融消费者个人信息保护中的疑难问题及对策》，《法律适用》2013 年第 7 期。

［7］何颖：《金融消费者权益保护制度论》，北京大学出版社2011年版。

［8］胡伟：《金融消费"买者自负"原则的检视与展望》，《西南金融》2013 年第 5 期。

［9］焦瑾璞、孙天琦等：《数字货币与普惠金融发展——理论框架、国际实践与监管体系》，《金融监管研究》2015 年第 7 期。

〔10〕金福海:《消费者法论》,北京大学出版社 2005 年版。

〔11〕鞠晔、王平:《云计算背景下欧盟消费者个人敏感数据的法律保护》,《法学杂志》2014 年第 8 期。

〔12〕李安琪:《英国清算支付体系发展历程及未来发展》,《中国市场》2015 年第 40 期。

〔13〕刘伟:《计算机安全管理在防范金融科技风险的作用探讨》,《科学与财富》2013 年第 4 期。

〔14〕刘文华、潘静成:《经济学》,中国人民大学出版社 1999 年版。

〔15〕罗锦莉、亚伦·卡特勒、罗雅尔·霍斯利、Hogan Lovells 国际律师事务所:《FinTech 在美国:监管关注点各异》,《金融科技时代》2017 年第 6 期。

〔16〕〔美〕米什金:《货币金融学》,钱炜青、高峰译,清华大学出版社 2009 年版。

〔17〕苗文龙:《互联网金融:模式与风险》,经济科学出版社 2015 年版。

〔18〕全国人大常委会法制工作委员会民法室:《中华人民共和国消费者权益保护法解读》,中国法制出版社 2013 年版。

〔19〕齐爱民:《个人信息保护法研究》,《河北法学》2008 年第 4 期。

〔20〕苏苗声:《商法思维下对金融法安全观的再认识——从互联网金融对传统金融法制安全观的启示说起》,《中国商法》2013 年第 1 期。

〔21〕孙国峰:《从 FinTech 到 RegTech》,《清华金融评论》2017 年第 5 期。

〔22〕王宝泉:《试论经济法平衡协调原则的体现》,《内蒙古科技

与经济》2011 年第 24 期。

［23］王晓红：《互联网金融消费者个人信息安全权法律保护问题探讨》，《内蒙古金融研究》2017 年第 2 期。

［24］王志诚：《现代金融法》，新学林出版社 2009 年版。

［25］张显龙：《吴晓灵：业务安全和技术安全两手都要抓》，《中国信息安全》2017 年第 7 期。

［26］熊进光：《论金融商品销售的适合性原则——美、日金融商品销售行为规范的经验与启示》，《甘肃社会科学》2013 年第 3 期。

［27］徐孟洲：《论中国经济法的客观基础和人文理念》，《法学杂志》2004 年第 4 期。

［28］杨东：《互联网金融的法律规制——基于信息工具的视角》，《中国社会科学》2015 年第 4 期。

［29］杨东：《金融消费者保护统合法论》，法律出版社 2013 年版。

［30］杨东、文诚公：《互联网金融风险与安全治理》，机械工业出版社 2016 年版。

［31］杨东：《监管科技：金融科技的监管挑战与维度建构》，《中国社会科学》2018 年第 5 期。

［32］郑南磊：《金融科技：未来金融业发展的制高点》，《证券市场导报》2017 年第 1 期。

［33］朱太辉、陈璐：《FinTech 的潜在风险与监管应对研究》，《金融监管研究》2016 年第 7 期。

［34］张文显：《二十世纪西方法哲学思潮研究》，法律出版社 1996 年版。

［35］Chris Brummer, "Disruptive Technology and Securities Regulation", *Fordham Law Review*, Vol. 84, 2015.

［36］Davidoff, S. M., "Paradigm Shift: Federal Securities Regulation in the New Millennium", *Ssrn Electronic Journal*, Vol. 22, No. 1, 2008.

[37] Eileen A. Scallen, "Promises Broken vs. Promises Betrayed: Metaphor, Analogy, and the New Fiduciary Principle", *U. III. L. Rev.*, 1993.

[38] Financial Conduct Authority, "Regulatory Sandbox—Appendix 4: Customer Protection Approaches", November 2015.

[39] Karen Mills, Brayden McCarthy, "The State of Small Business Lending: Innovation and Technology and the Implications for Regulation", *Harvard Business School Working Paper Series*, Vol. 12, 2016.

[40] Robert N. Rapp, "Rethinking Risky Investments for that Little Old Lady: A Realistic Role for Modern Portfolio Theory in Assessing Suitability Obligations of Stockbrokers", *Ohio Northern University Law Review*, 1998.

[41] Robert J. Shiller, "Capitalism and Financial Innovation", *Financial Analyst Journal*, Vol. 69, No. 1, 2013, p. 21.

[42] Smith D. Gordon, "The Critical Resource Theory of Fiduciary Duty", *Vanderbilt Law Review*, Vol. 55, No. 5, 2002.

中国人民大学"区块链研究院"

一、背景和宗旨

2019 年 10 月 24 日下午，中共中央政治局就区块链技术发展现状和趋势进行第十八次集体学习。习近平总书记特别指出，要加强人才队伍建设，建立完善人才培养体系，打造多种形式的高层次人才培养平台，培育一批领军人物和高水平创新团队。这彰显了党和国家在政策上对区块链技术发展的高度重视。

中国人民大学区块链研究院正式于 2020 年 5 月成立，致力于打造一批引领学术前沿、聚焦问题导向、集成交叉学科优势的学科标志性重大平台和成果。通过搭建学科平台，推动相关学科研究团队组建、优势资源共享，充分发挥中国人民大学哲学社会科学与理工学科交叉融合的集群效应，助力新文科建设。区块链不仅仅是技术，也是生产关系的重构，其与经济、法律、管理等社会科学联系极为紧密。而中国人民大学在人文社会科学的深厚沉淀使其具有独特的天然优势。

二、成绩和优势

1. 教学和人才培养

中国人民大学在区块链领域人才培养起步较早，法学院、创业学院、物理系等在 2015 年开始开设多门全国第一部本科生区块链课程。中国人民大学信息学院软件工程专业已经培养了国内第一批研究区块链的硕士研究生，已有较多区块链相关学位论文。已有数据法学、智能大数据技术等区块链相关荣誉辅修学位。

2. 科研成果

中国人民大学专家团队具有丰富的区块链研究经验。第一个赴中南海和全国人大等讲授区块链，帮助落地第一个区块链政务项目，帮助学生孵化中国第一个区块链金融应用项目，2015年10月出版中国第一部区块链相关著作，2017年出版了全球第一部区块链法律的著作，2018年出版全球第一部区块链监管著作《区块链+监管=法链》，2019年在英国出版全球第一部中国区块链的著作《区块链与共票经济学：新经济时代》，共票制度，也是中国原创的数字货币理论。

研究院成员已经在《中国社会科学》《人民日报（理论版）》《人民论坛》《经济学家》《中国金融》《当代传播》《统计与决策》《审计研究》《管理现代化》《档案学通讯》《Emerging Markets Finance and Trade》（SSCI）等发表区块链相关中外论文100多篇，并获得教育部高等学校科研优秀成果奖二等奖、三等奖等国家级奖励。

在《人民日报（理论版）》《红旗文稿》《学习时报》《经济参考报》等主流报刊发表区块链相关文章，在"区块链+时间银行""区块链+政务""区块链+政法工作""区块链+不动产"等前沿问题上取得了丰硕的研究成果。研究院多名专家经常接受中央电视台、凤凰卫视、中国日报网、新华网、人民网等知名媒体采访，就区块链等相关议题发表看法。为区块链的研究和普及作出了贡献。

3. 智库成果

中国人民大学已经发布多份区块链相关的高质量报告、内参成果等，在《经济参考报》发表的区块链相关文章受到习近平总书记肯定性长文批示。

研究院多名专家应邀赴中南海国务院办公厅、全国人大、教育部、中央网信办、中国人民银行、国家发改委等单位讲授区块链理论与实践，受广东、云南、四川、贵州、重庆等地常委、政法委书记等领导邀请为累计数十万名干部和公务员做区块链专题报告。

向中央和国家有关部门提交近 100 份内参报告，相关报告和研究成果多次得到国家领导人和省部级领导等的批示。

2019 年教师节研究院执行院长杨东教授在人民大会堂受到习近平、李克强、王沪宁等党和国家领导人的亲切接见。

4. 服务国家战略

2016 年成立了中国第一个大数据区块链与监管科技实验室，为政府和企业布局区块链战略提供指导。研究院执行院长杨东教授参与发起中国计算机学会区块链专业委员会并担任常务委员，早在 2014 年年底把区块链技术率先在贵阳落地，2015 年开始对青岛、娄底、深圳、重庆、成都等地方政府区块链实践进行了指导推广，并担任四川省、贵阳市、杭州市、深圳市、青岛市、重庆市、娄底市等地方政府的专家顾问或担任课题组负责人，为区块链场景的应用与发展作出了贡献，2018 年 5 月被澎湃新闻社称为区块链风口的策源地与思想高地、区块链推广第一大使等。

5. 创新创业成果

中国人民大学的创业学院、法学院、商学院等已经成功培育多个有影响力的区块链创业公司。通过区块链相关课程帮助学生开展了区块链创业，开发了区块链钱包等应用，诞生了中国第一个大学生区块链创业公司金股链，该公司成功完成了湖南娄底的全球第一个区块链不动产登记项目，目前正在承担北京、成都、重庆、宁波、深圳等地方政府的区块链项目。

6. 国际合作成果

研究院多名专家受邀担任联合国国际电联数字货币顾问、中欧数字经济专家组成员和世界互联网大会高级别专家委员会顾问等。

当前研究院团队已经和国际电信联盟、联合国南南合作中心、耶鲁大学、牛津大学、剑桥大学、芝加哥大学、墨尔本大学、东京大学、一桥大学等国际组织、高校展开了一系列区块链研究合作和学生交流活动。具备较好的国际合作的基础，与国际同行几乎处于同一个起跑线上。

研究院杨东教授提出区块链的"共票经济"理论，并自筹经费带领学生近500人次开展国际游学人才培养模式，赴美国、英国、日本、澳大利亚等地进行国际考察，在取得丰富研究成果的同时也获得了联合国国际电信联盟、英国央行、金融服务局、日本央行、金融厅、澳大利亚证券与投资委员会、澳大利亚联邦储备银行（澳洲央行）、澳洲贸易委员会等政府机构的认可和各类合作研究和项目。

7. 政产学研合作成果

研究院已经与阿里巴巴、蚂蚁金服、网易、高瓴资本、京东、字节跳动、腾讯等企业展开了初步合作，已经获得了近500万元的赞助合作。

研究院成员还兼任全国人大证券法、期货法、电子商务法立法专家。国务院互联网金融风险专项整治办公室专家，国家发改委大数据流通与交易技术国家工程实验室专家委员，证监会和证券投资者保护基金公司专家委员，网信办中欧数字经济和网络安全专家工作组成员，国家互联网金融安全技术专家委员会委员，中国互联网金融协会网络借贷专业委员会委员，北京青年互联网协会监事长等。

研究院还参与发起了中国金融科技50人论坛、中国人工智能30人论坛、中国个人信息保护与数据治理30人论坛、中国互联网竞争政策30人论坛。

三、顾问和团队（部分）

区块链研究院第一批拟聘的专家顾问有中国工程院院士倪光南、李幼平，英国皇家工程院院士、欧洲科学院院士、牛津大学区块链研究中心主任比尔·罗斯科，国际欧亚科学院院士、科技部原党组成员、科技日报社原社长张景安，美国斯坦福大学高级金融科技中心主任、前美联储高级官员劳伦斯·瑞佛诺，联合国国际电联法定数字货币焦点组主席、美国法定数字货币研究院主席文武等国内外院士、专家学者、政府和行业协会领导。

研究院以信息学院、高瓴人工智能学院、统计学院、数学学院、大数据研究院和理工学科建设处为主，研究区块链底层技术开发、区块链数据采集、区块链数据存储与共享等问题。包括区块链领域的行业趋势、技术路径、应用创新、模式探索等。对分布式账本、密码学、云计算和大数据等技术持续深入研究，积极追踪探索法定相关核心技术的研究、人民币数字化的建设，推动区块链技术在社会各领域的创新应用与市场推广。关键技术攻关包括：（1）区块链的链接；（2）共识机制；（3）解锁脚本；（4）交易规则；（5）交易优先级；（6）Merkle 证明；（7）RLP（Recursive Length Prefix，递归长度前缀编码）相关技术研究。区块链基础理论技术研究团队如下：左美云（信息学院教授）、秦波（信息学院副教授）、李锡荣（信息学院副教授）、贺荣强（物理系副教授）、沈栋（数学学院副教授）。

针对"真问题"，解决"真痛点"，研究院以商学院、应用经济学院为主研究区块链新经济和商业模式，探索一批适宜的产业场景和商业模式，推动区块链在电子商务、共享经济、物联网、智能制造、供应链管理等领域的示范应用。重点研究推动区块链在 B2B 交易领域的落地，逐步形成"区块链＋具体行业"的发展模式，实现以区块链引导行业提质增效的价值传导。区块链与经济新业态研究团队如下：易靖韬（商学院教授）、宋华（商学院教授）、程华（应用经济学院副教授）。

以信息资源管理学院、公共管理学院、新闻学院为主研究区块链在政府管理系统建设、公共资源评估与分配、档案真实性保障等领域的应用。在理论方面，研究如何借助区块链助力政府数据开放，提高公民和社会组织在社会公共事务中的参与度，打造个性化政府服务等一系列问题。在实践方面，进一步研究区块链如何应用于身份认证、护照办理、时间银行、土地交易信息公开等与公民个人相关的公共服务领域。区块链政务应用研究团队如下：曲卫东（公共管理学院教授）等。

面对区块链技术的快速发展，已经出现了包括比特币、以太坊等数字货币，包括中国在内的诸多国家先后研制并计划发行法定数字货币，这意味着金融运行风险的增大，监管复杂程度的攀升，加速全球货币体系的变革。其可能引起的传统金融运行模式重塑与变革，全球货币体系正处于新一轮革命前夜。绳短不能汲深井，以财政金融学院、经济学院为主研究法定数字货币发行、数字货币及交易所监管、区块链征信与数据权属等问题，在理论深度上对数字货币等金融创新进行全面供给。区块链金融创新研究团队如下：许荣（财政金融学院教授）、谭松涛（财政金融学院教授）、宋科（财政金融学院副教授）等。

区块链的兴起也使得传统犯罪形式与新型技术特征交杂，技术问题与法律监管问题混同，传统法律面临理论与技术供给不足的问题。以法学院为主，联合财政金融学院、经济学院等研究数字货币交易所法律监管、区块链存证、智能合约、区块链法律监管与新型数据财产权等问题。研究加强区块链在投融资、智能合约、资产证明等领域的法律制度构建，维护区块链产业生态的良性运转，降低相关企业的合规性风险。例如建设区块链智能合约。智能合约是一种在满足特定条件时，自动执行的计算机程序，其基本原理是把传统合同的条款编制成一套计算机代码，各方签署后自动运行。通过预设自动执行的智能合约代码，依靠技术使信息更加透明、数据更加可追踪、交易更加安全，大大降低了执行成本。为持续加强规范国内交易所，严控场外交易，严厉打击洗钱、诈骗、传销等违法犯罪行为，为规范交易监管措施建言献策。区块链法律监管研究团队如下：杨东（法学院教授）、张吉豫（法学院副教授）、郭锐（法学院副教授）等。

绿色产业的本质是提高人类的生活质量，为人类的健康创造一个平等、自由、公正的社会环境。以农业与农村发展学院和环境学院为主，研究区块链农产品溯源、区块链精准扶贫以及区块链在提升环境监测透明度与效率方面的应用，培育新的经济增长点。区块链绿色产业发展研究团队如下：仇焕广（农业与农村发展学院教授）、吕捷（农业与农村发展学院副教授）。

四、愿景和目标

在利用区块链技术实现基于公平原则的数据利益分配机制等方面实现突破，充分发挥数据生产要素的功能，推动金融领域与服务领域的新业态、新组织、新治理以及监管结构信息传递高效化，推动数据传递高效化、社会服务均等化建设。具体而言，中国人民大学区块链研究院力争完成以下目标：

第一，发布区块链技术研究报告和区块链应用研究报告、区块链与治理能力指数等品牌报告。研究包括区块链相关的发展规律、政策法规、风险管控、业务规范、行业规制、区块链在监管科技中的应用和技术创新应用等七个方面，凸显研究院的核心竞争力。

第二，区块链技术在中国的理论发展与实践研究已经带动了一大批企业的快速崛起，与此相关的区块链实践在塑造产业的同时，也不断推动治理能力和治理体系现代化。为此，有必要通过在全球范围内出版英文著作和论文，介绍源自中国的区块链实践与理论创新。

第三，研究院面向本科生、硕士研究生、博士研究生开设 10 门左右区块链相关课程，推进人才培养工作。同时，依托全国研究院的人才资源以及整合能力，为中央和地方各级政府官员提供区块链培训，包括政策、监管、风险、安全、模式以及整体解决方案。此外，由于国内区块链技术和监管人才奇缺，研究院规划建立相关人才培养计划，为国内的区块链产业提供人才保障。

第四，研究院与各省、自治区、直辖市政府及相关监管部门建立紧密合作，向各级地方政府及相关监管部门反映行业情况，上报研究简讯，同时承接政府委托的相关课题。通过政府、研究院和企业三方的合作，促进区块链行业的规范化发展。

第五，通过国际学术交流、产学研合作，引进先进科技和理念，立足于我国行业状况和地方特色，发展适应我国特色的区块链技术、监管科技和监管策略。研究院将组织力量，积极引入当前世界范围内陆续出现的区块链技术创新，已与美国、英国、澳大利亚、日本、韩国等国家的区块链政府和行业建立了经常性交流合作机制。通过举办全球行业性峰会论坛，交流、引导国内的相关企业走出国门，占据全球市场。

第六，研究院正在联合相关国际机构筹备发起成立世界区块链行业协会、全球数字资产交易所联盟等区块链和数字货币全球联盟。

第七，研究院已完成或正在开展首个监管科技（RegTech）国家社会科学基金课题"技术驱动型金融监管的法律问题研究"、国家社会科学基金重大项目"互联网安全主要问题立法研究"、国家自然科学基金委员会与英国经济和社会研究理事会合作研究项目、商务部重大项目"跨境支付应用及安全策略分析"、司法部"我国股权众筹模式的法律问题研究"、中国人民银行"法定数字货币风险与防范研究""开放银行金融服务生态体系研究""电子支付立法研究""支付清算条例草案"、中国人民银行征信中心课题"大数据与个人信息保护"、中关村科技园区管理委员会"众筹行业发展研究报告"、中国支付清算协会金融科技专业委员会"大数据与投资者适当性制度管理"、数字货币风险与防范、ICO 风险与防范、法定数字货币模式和监管、Libra 与数字货币、区块链安全治理、区块链与金融、区块链教育、区块链社会治理、监管科技与区块链、区块链医疗健康与防疫、区块链数据共享、区块链与物联网、区块链与人工智能、区块链与公益慈善、区块链与能源等区块链相关重大项目或课题。

第八，研究院与全球各个高校建立了长效合作机制，从人才引进、项目合作及科技成果转化方面，深化高校与区块链产业园区的双向合作，实现产学研协同发展。建立全球、国家、地区不同层级组成的行业联盟，通过线上、线下多种形式，加强交流合作。研究院建立区块链全球社区，致力于为全球成员提供专业的知识学习与交流共享及资源整合等服务，为全体成员提供交流平台，建立互信、互补、互惠的合作机制。打造以监管科技为纽带，以链接时代为方向，为区块链研究者打造服务与社交的聚合社区。为构建人类命运共同体贡献力量。

中国人民大学高礼监管科技与金融科技实验室方案

一、建设背景

习近平总书记在党的十九大报告中强调，要"深化科技体制改革，建立以企业为主体、市场为导向、产学研深度融合的技术创新体系，加强对中小企业创新的支持，促进科技成果转化"。

当前，特别是疫情发生以来，全球金融发展不稳定性上升，金融领域"服务实体经济、防控金融风险、深化金融改革"三大任务凸显紧迫性和艰巨性：从中行"原油宝"事件、比特币暴跌到美国股市震荡，从区块链、央行发行数字法币、大数据、5G 到人工智能、云计算、物联网等，科技不断地改变着金融发展的格局。同时，金融安全也面临着新挑战、新困难，各国对金融机构的监管都趋于严格，发展创新科技与传统金融监管全方位融合的新产物——监管科技，也日益受到重视。为应对金融市场的挑战，更好预测、防控和监管中国银行"原油宝"、美国股市巨震等类似风险，监管科技以及金融科技的研究和应用成为新时代最重要的任务之一。

二、实验室定位、任务与发展目标

（一）实验室建设定位

定位于"AI、区块链＋人文社科"交叉学科平台的发力点，监管科技、金融创新的理论增长点，复合型跨学科人才培养的实践新平台，以学校为主、广泛动员社会资源参与高等教育、促进教育增量发展的改革试验田，促进"双一流"高质量高效率发展的国际化新特区。

服务学校监管科技和金融科技相关学科的提升，服务学术资源整合，共享共用；对于传统金融、法学、商科等学科进行学科重组文理工交叉，即把 AI、区块链等新技术融入课程中，制作一批可推广的、开放的、可柔性组合的课程；拓展探索学科的理论前沿。

服务国家和地方政府的智慧政府、金融稳定和数字经济建设，通过前沿研究、数据监控、咨询和政务项目，以及金融项目建设等工作，为国家和地方提供外部智库、理论实践以及技术支持。

建设全校全国共享的监管科技与金融科技教学及实验资源平台，实现学科资源、不同来源的数据、知识库、知识图谱、课程的共享，并促进不同课程之间的融合，形成监管科技、金融科技实验课程群的统一规划发展。进一步消除信息孤岛、知识孤岛，从课程及实验体系设置上为学生的综合知识运用能力的提高创造条件。

服务于跨学科复合型顶尖人才培养，通过第二学位项目，专硕培养以及面向行业应用的实训平台支持，国际名校的夏令营、学期交换交流，特定领域的竞赛赛事，以及行业峰会等工作，培养和选拔监管科技、金融科技领域优秀学生。

（二）实验室建设任务

实验室建设由学校主导主管，统筹全校相关学科资源，以高礼研究院 2014 年开展的"金融科技本科辅修二学位"项目和 2016 年成立的"大数据区块链与监管科技实验室"的既有发展成果为基础，依托高瓴人工智能学院、智能社会治理中心和区块链研究院等平台，广泛团结并服务于优势经济学科院系如统计学院、财政金融学院、经济学院、商学院、法学院、信息学院、数学学院、新闻学院等优势学科，在学校"社会治理实验室"平台上进行建设。是中国首批针对监管科技和金融科技的实验室之一，中国最早的监管科技实验室。

实验室任务定位于研究、利用区块链技术、大数据技术、5G 技术、人工智能、云计算等领域的最新成果，服务于"双一流"建设，为提升政府监管、金融创新、智能社会治理能力开拓创新研究思维和监管技术、机制，为中国金融市场的创新发展、安全发展、稳健发展提供新鲜血液和技术动力，致力于为打好"三大攻坚战"、实现国家金融发展"十四五"规划的大目标提供智库支持和输送国际化复合型创新人才，多方努力，尽快建设成为该领域首批首个北京市、教育部和国家重点实验室。

实验室主要研究涉及以 AI、5G、区块链、大数据、物联网等前沿科技为基础的多个最新金融科技的行业应用、发展规律、政策法规、风险管控、业务规范、行业规制、新兴技术等，及其在监管科技和金融科技中的应用和技术创新应用共七个方面。

实验室也承担引进国内外各类优势学科资源，与国家金融管理监管机构、国际机构、国际名校、一流企业、金融数据池企业建立长期稳定的合作关系，组织国内外开展涉及金融科技、监管科技的学术活动，组织涉及金融科技、监管科技的行业峰会、论坛，承接地方政府及相关管理机构委托课题等多项职能。

实验室在完成教学教研任务的基础上，专注于同广大区块链、大数据、5G 技术等新兴科技产业协同合作，社群生态体系建设，建立"政产学研用"高端合作交流平台。

（三）实验室发展目标与建设原则

实验室发展目标为在三年内建成监管科技、金融科技领域的国家重点实验室。自 2020 年起，短、中、长期目标分别为：

短期目标（0—1 年）：

建立和完善实验室发展的软硬件基本环境。对标国际顶尖大学同类实验室，提升学科质量，整合监管科技以及金融科技方向的资源、数据、课程，能够初步服务全校相关专业师生授课、教研和实践创新。举行全国大学生金融科技赛事、组织涉及金融科技、监管科技的行业峰会、国际小学期和夏令营、冬令营等活动。第一年主要服务校内。

中期目标（2—3 年）：

完成监管科技和金融科技的社群生态体系建设，建设独立运营的数据中心、教学资源中心、模型算法中心、案例课程中心，并依据规则开发数据共享接口和管理体系，支持中国人民大学校内的相关交叉学科的应用和课程服务，并试点支持北京市高校的校际课程授课以及金融监管实验。为中国智慧政府、监管科技以及金融市场的创新发展、安全发展、稳健发展提供了新鲜血液和技术动力，并联合政府机构、企业和行业组织，建立"政产学研用"高端合作交流平台。

在第二年服务北京市和业界，三年内建设成为北京市一流的监管科技与金融科技科研平台和教学教育平台。第三年稳定发展，全面开启服务全国和国际的监管科技和金融科技的发展。

长期目标（3—5 年）：

同广大区块链、大数据、5G 技术等新兴科技产业协同合作，建立社群生态体系建设。提供面向全国的高校以及校外行业人员的课程，开放吸引其他学校和顶尖企业的人员。并协同国际著名大学，建设成为国际监管科技和金融科技交叉学科协作、研发和交流中心。建设成为监管科技与金融科技领域的教育部或国家重点实验室。

（四）优劣势

实验室的建设目前依托中国人民大学和高瓴资本集团两大平台以及与阿里巴巴、蚂蚁金服、腾讯、京东、字节跳动等，在智慧政府、高等教育、投融资、AI 赋能实体经济、国家监管层面等领域的国内外广泛影响力和深厚人脉积累，在高礼研究院六年成功办学基础、2016 年成立的"大数据区块链与监管科技实验室"和中国人民大学区块链研究院的既有成果之上，团结高瓴人工智能学院、信息学院、统计学院、财政金融学院、法学院、商学院、经济学院、新闻学院、农业与农村发展学院、数学学院等优势学科，发挥"大交叉、大协同、大共享"的优势。

（1）政府和监管机构资源。实验室拥有国家金融、网络监管机构以及北京市政府的支持，特别是中国人民银行、银保监会、证监会和中央网信办在金融、法律和技术的联合支持，中国支付清算协会、中国银行业协会、中国保险业协会等的实质性合作支持，教育部留学基金委等在人才方面的支持。

（2）国际组织和名校资源。当前实验室团队已经和联合国审计署、国际电信联盟、联合国南南合作中心等国际组织，"哈耶斯牛剑"、MIT、UCLA 价值投资项目、芝加哥大学——会计与基本面分析 VI 硕士班、墨尔本大学、东京大学、一桥大学等高校展开了一系列研究合作和学生交流活动。实验室具备较好的国际合作的基础，与国际同行几乎处于同一起跑线上。

（3）高瓴人工智能学院执行院长文继荣教授正率队负责国家发改委"十四五数字经济发展研究"项目，团结了官产学研用多领域的顶级专家。

（4）名企实践资源。实验室拥有丰厚国内外企业合作资源。已经与包括高瓴资本、阿里巴巴、蚂蚁金服、网易、京东、字节跳动、腾讯等进行合作，获得一线行业发展前沿的信息数据，以及资金支持；同时具有国际一流大学的专家、研究和学术教学支持，高礼研究院与国际高校之间已经建立紧密的教师和学生之间的交流关系。

（5）"AI + 人文社科"交叉学科人才培养研究优势，高礼研究院金融科技双学位项目在 2014 年创建，是中国乃至全球第一个金融科技本科学位，已经具有较成熟的复合型人才培养体系基础，积累了交叉学科的丰富的学术教学经验和学术融合经验。高礼研究院具有较强的运营灵活性，可以在学校、高瓴资本集团和北京市政府、国家相关部委支持下，获得较为充裕的资金支持能力。实验室通过未来广泛合作将获得持续运营能力。

（6）研究成果优势。实验室在金融科技、监管科技、区块链、政府管理、司法治理等跨学科交叉融合研究方面取得一定的国际引领性。作为教育部"长江学者"特聘教授杨东教授率领实验室提出了"共票经济"、"金融统合法"、"市场型间接金融"和"众筹金融"等理论，最早受邀赴中南海和全国人大等讲授金融科技、监管科技、区块链等，帮助落地第一个区块链政务项目，帮助学生孵化中国第一个区块链金融应用项目。金融科技、监管科技等相关研究获得教育部国家级二等奖等。2018 年出版全球第一部区块链监管著作《区块链 + 监管 = 法链》，2019 年在英国出版全球第一部中国区块链的著作《中国原创数据理论：区块链与共票经济学：新经济时代》。

除此之外，实验室完成了《金融科技概论》《银行的变革》《保险科技白皮书》《数字货币》等的基本撰写，并与英国金融科技权威专家苏珊娜·奇斯蒂合作翻译出版《预见财富管理》和《从 Fintech 到 InsurTech：保险的未来之路》、《保险科技权威指南》等著作（中国人民大学出版社）。

三、工作架构和团队建设

实验室设立"首席科学家负责制"，聘任首席科学家担任实验室主任全面负责学科、科研以及运营建设管理，并签订目标责任书、接受国家、学校、资金捐赠方等方面的考核评估。

同时，实验室实施首席研究员学术团队制度（PI 制），以学术带头人为核心的学术研究单元，由若干位教师和实验技术人员组成，原则上对应于各系所学科方向规划中的一个研究方向，特别重要的和范围较大的研究方向可以组成两个甚至多个学术团队。

实验室有专家顾问多名，专家委员会设国内专家委员会与国际专家委员会。

中国人民大学金融科技与互联网安全研究中心

国内首家以金融科技命名的研究中心，设在国家首批十大智库之一的国家发展与战略研究院内，依托于中国人民大学法学院未来法治研究院，联系人大法学院、信息学院、财政金融学院、商学院、高礼研究院、汉青经济与金融高级研究院等院系，汇聚了互联网金融、金融科技、大数据、区块链、信息、计算机等领域的青年学者。目前研究中心承接了众多国家级和重量级课题，与蚂蚁金服、京东金融、腾讯、奇虎360、中国联通等企业和机构保持深度合作关系，同时与高礼研究院共同成立了大数据金融实验室、区块链实验室等中国首批创新实验室。研究中心一直致力于打造支持行业发展的高层次、专业化的国家金融创新的智库，以及金融创新的"政、产、学、研、用"合作交流平台。

目前"新金融"的发展迎来"野蛮发展"转向"规范发展"的关键阶段，研究中心将广泛对接和参与各种典型"新金融"的科学发展模式，依托广泛的资源和研究力量，可以通过历史分析、比较研究、跨学科研究、实证研究等多种研究方法，横向对比各种发展模式的优势和劣势，纵向对比各个发展阶段的典型特点和风险，为金融科技和创新的发展及安全问题提供相应策略和智库支持。

金融科技与互联网安全研究中心

研究中心秉承"求真务实融合古今，开放包容贯通中西"的精神，基于全球视野和时代责任感，以"责任、专业、团结、创新"为文化，以"人才是核心，研究是基础，社会效益是追求"为理念，践行勤勉奋进的"梅花精神"和开放包容的"牡丹精神"，打造学习型组织和创新型团队，为新经济常态下的中国经济改革、企业转型升级提供理论输出和人才输出。

监管科技：金融科技的
监管挑战与维度建构

全文内容可扫如下二维码：

责任编辑：孟　雪

封面设计：林芝玉

责任校对：史伟伟

图书在版编目（CIP）数据

中国金融科技安全教程/杨东，林侃，臧俊恒著 . —北京：人民出版社，
　2020. 7

ISBN 978 - 7 - 01 - 019398 - 4

Ⅰ. ①中…　Ⅱ. ①杨…　②林…　③臧…　Ⅲ. ①金融—科学技术—安全管
　理—中国—教材　Ⅳ. ①F832

中国版本图书馆 CIP 数据核字（2018）第 117436 号

中国金融科技安全教程

ZHONGGUO JINRONG KEJI ANQUAN JIAOCHENG

杨　东　林　侃　臧俊恒　著

人民出版社　出版发行

（100706　北京市东城区隆福寺街 99 号）

北京盛通印刷股份有限公司　新华书店经销

2020 年 7 月第 1 版　2020 年 7 月北京第 1 次印刷

开本：710 毫米×1000 毫米 1/16　印张：19.5　彩插：1

字数：243 千字

ISBN 978 - 7 - 01 - 019398 - 4　定价：75.00 元

邮购地址 100706　北京市东城区隆福寺街 99 号

人民东方图书销售中心　电话（010）65250042　65289539